KB139718

필요할 때 찾아 쓰는 포토샵 사용 설명서

포토샵
사전 가A

포토샵 사전

필요할 때 찾아 쓰는 포토샵 사용 설명서

© 2019. 우보명 All Rights Reserved.

1쇄 발행 2019년 11월 26일
2쇄 발행 2021년 2월 10일

지은이 우보명
펴낸이 장성두
펴낸곳 주식회사 제이펍

출판신고 2009년 11월 10일 제406-2009-000087호
주소 경기도 파주시 회동길 159 3층 3-B호 / **전화** 070-8201-9010 / **팩스** 02-6280-0405
홈페이지 www.jpub.kr / **원고투고** submit@jpub.kr / **독자문의** help@jpub.kr / **교재문의** textbook@jpub.kr

편집부 김정준, 이민숙, 최병찬, 이주원 / **소통기획부** 송찬수, 강민철 / **소통지원부** 민지환, 김유미, 김수연
기획 송찬수 / **교정·교열** 김홍림 / **내지 및 표지 디자인** 다람쥐 생활
용지 타라유통 / **인쇄** 한길프린테크 / **제본** 광우제책사

ISBN 979-11-88621-79-8 (13000)
값 24,000원

제이펍은 독자 여러분의 아이디어와 원고 투고를 기다리고 있습니다. 책으로 펴내고자 하는 아이디어나 원고가 있는 분께서는 책의 간단한 개요와 차례, 구성과 저(역)자 약력 등을 메일(submit@jpub.kr)로 보내 주세요.

우보명 지음

Ps

어떤 기능을 사용할지 몰라 모두 담았습니다

필요할 때 찾아 쓰는 포토샵 사용 설명서

포토샵
사전

가 A

한글/영문
모든 버전 사용 가능

T.M.I.

Jpub
제이펍

PROLOGUE
포토샵 사용자라면 이것만은 반드시!

PART 01
포토샵 도구의 모든 것

PART 02

메뉴바 & 패널

알림/경고 메시지

여기서 잠깐

팔색조, 포토샵을 배우려면?

포토샵은 다양한 모습을 가지고 있는 프로그램입니다. 웹 디자이너가 사용하는 포토샵과 팬시 디자이너가 사용하는 포토샵은 같은 프로그램이지만 전혀 다른 모습을 하고 있습니다. 직종이나 작업 목적에 따라 누군가는 매일 사용하는 기능이 또 다른 누군가는 전혀 사용하지 않는 기능이 되는 경우도 흔히 있는 일입니다. 같은 직종의 디자이너들 간에도 서로 다른 방식으로 포토샵을 사용합니다. 하나의 프로그램이 사용자에 따라 이렇게까지 다른 모습을 할 수 있다는 것이 무척 신기하고 재미있습니다.

저는 책을 보며 순서에 따라 포토샵을 배웠고 오랜 시간 실무에서 배운 내용을 연습하고 반복했습니다. 그 과정에서 제가 알게 된 것은 포토샵의 모든 기능이 아닌, 내게 필요한 기능을 배우는 것이 중요하다는 것이었습니다. 그래서 1페이지부터 읽지 않아도 되는, 내가 필요할 때 언제든 책을 열어 궁금한 부분을 확인할 수 있는 사전과 같은 책을 만들고 싶었습니다.

독자 여러분께!

처음 포토샵을 열었을 때의 설렘과 막막함을 아직도 기억합니다. 선택 도구가 무엇인지조차 몰랐던 저를 포토샵으로 이끌었던 것은 사진에 문구를 입력하고 싶다는 단 하나의 생각이었습니다. 얼마나 어려운지 또 처음에 무엇을 배워야 하는지 따위는 생각조차 못 했습니다. 작업창으로 사진을 불러와 문자 도구로 내용을 입력하는 단순한 작업을 저는 며칠이나 반복했습니다. 그때는 '뭐가 이렇게 어려워!'라는 생각을 했지만, 이제는 알고 있습니다. 포토샵은 수학에 비유할 수 있을 것 같습니다. 미분과 적분처럼 어려운 문제가 아닌 무수히 많은 덧셈과 뺄셈이 반복되어 나열된, 사실은 무척 단순하고 쉬운 문제라는 것을요. 작은 부분부터 하나씩 풀어간다면 포토샵은 분명 여러분이 아끼고 즐겨 사용하는 애장품 중 하나가 되어 있을 것입니다. 이 책이 여러분과 포토샵이 더욱더 친해지는 데 도움이 되기를 바랍니다.

끝으로 이 책이 나오기까지 최초의 콘셉트인 "사전과 같은 책"을 만들기 위해 긴 시간 많은 시행 착오를 함께해 준 제이펍 출판사분과 지금 이 글을 읽고 있는 여러분에게 진심을 담아 고마움을 전합니다. 감사합니다.

2019년 11월
저자 우보명 드림

뒤에서 살펴 볼 포토샵 화면을 그대로 목차로 옮겼습니다. 왼쪽에 있는 도구 상자를 시작으로 상단에 있는 메뉴 순서대로 목차를 구성하여, 포토샵을 사용하다 막히면 빠르게 찾아볼 수 있습니다.

포토샵 화면에 보이는 거의 모든 부분들을 설명하기 위해 노력하였습니다.

포토샵을 사용하다 막힐 때 언제든지 찾아볼 수 있도록 포토샵의 거의 모든 기능을 담으려고 노력하였습니다. 또한 찾아볼 때 어려움이 없도록, 포토샵의 인터페이스에 맞게 도구바를 시작으로 메뉴바, 그리고 각 패널까지 거의 모든 도구와 옵션을 담았습니다.

PART 1	PART 2
포토샵 도구의 모든 것	**메뉴 바 & 패널**

설명을 위해 사용되는 이미지 선정에 최선을 다하였습니다.

따라 하기 실습은 없습니다. 하지만 기능에 따른 전후 이미지를 배치하여 각 도구나 옵션이 어떤 기능을 하는지, 어떻게 사용하는지 빠르게 파악할 수 있도록 가장 적합한 사례 이미지를 찾아 사용했습니다.

▲ 위쪽을 기준으로 분포 / 수직 중앙을 기준으로 분포 / 아래쪽을 기준으로 분포

도구 아이콘을 고해상도로 다시 그렸습니다.

포토샵 화면을 캡쳐하면 도구 아이콘과 같이 작은 이미지는 제대로 표현되지 않습니다. 좀 더 선명한 학습 환경을 제공하기 위해 도구 아이콘들은 캡쳐 이미지가 아닌 고해상도 픽셀 아트로 다시 그린 이미지를 활용했습니다.

프로그램 사용 중 발생하는 알림/경고 창의
이유와 해결 방법을 담았습니다.

포토샵을 사용하면서 불편했던 것 중 하나가 바로 알림/경고 창입니다. 왜 발생하는지, 어떻게 해결하는지 제대로 알려 주는 책이나 정보를 찾기 어려웠습니다. 이 책에는 그런 이유와 해결 방법까지 최대한 포함하고자 노력하였습니다.

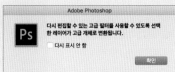

한글과 영문 사용자 모두 볼 수 있습니다.

포토샵 CC부터는 자유롭게 한글 버전과 영문 버전을 사용할 수 있게 되었습니다. 그래서 특정 언어로 집필하기에는 절반의 사용자에게 도움을 주기 어렵다고 생각되었습니다. 이 책에는 가급적 한글과 영문을 병행 표기하거나 아이콘을 함께 표기하여 한글/영문 버전에 상관없이 활용할 수 있습니다.

- **Gradient Tool** 그레이디언트 도구 G | 드래그한 영역에 그레이디언트 효과를 적용합니다.
- **Paint Bucket Tool** 페인트 통 도구 G | 선택 영역 혹은 특정 색상 영역을 인식하여 전경색 혹은 패턴으로 채웁니다.
- **3D Material Drop Tool** 3D 재질 질감을 적용합니다.

Mode 모드 그레이디언트 합성 모드를 설정합니다.

Opacity 불투명도 불투명도를 설정하며 기본값은 100%입니다.

▲ 불투명도에 따른 변화 0%, 30%, 60%, 100%

Reverse 반전 그레이디언트 색상을 뒤집습니다. 시작 색이 끝 색이 되고 끝 색이 시작 색이 됩니다.

Dither 디더 색상 단계를 보다 부드럽게 표현합니다. 기본으로 체크되어 있습니다.

Transparency 투명도 체크하면 투명 영역이 있는 그레이디언트를 만들 수 있습니다. 기본으로 체크되어 있습니다.

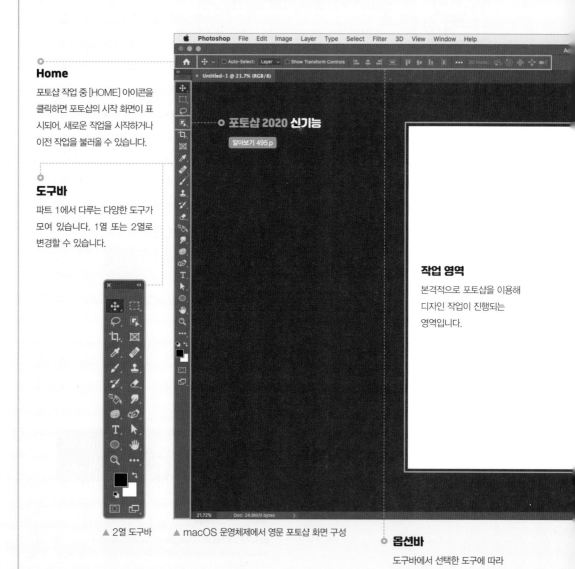

▲ Windows 운영체제에서 한글 메뉴바

Home

포토샵 작업 중 [HOME] 아이콘을
클릭하면 포토샵의 시작 화면이 표
시되어, 새로운 작업을 시작하거나
이전 작업을 불러올 수 있습니다.

도구바

파트 1에서 다루는 다양한 도구가
모여 있습니다. 1열 또는 2열로
변경할 수 있습니다.

▲ 2열 도구바

▲ macOS 운영체제에서 영문 포토샵 화면 구성

작업 영역

본격적으로 포토샵을 이용해
디자인 작업이 진행되는
영역입니다.

옵션바

도구바에서 선택한 도구에 따라
다양한 옵션이 표시되는 영역입니다.

) 도움말(H)

메뉴바

파트 2에서 다루는 메뉴가 모여 있습니다. 사용하는 운영체제 (Windows, macOS)에 따라 일부 차이가 있습니다.

작업 영역 선택

포토샵을 사용하는 용도나 작업 스타일에 따라 최적의 화면 구성을 선택하거나 직접 등록해서 사용할 수 있습니다.

패널 영역

파트 2 Windows에서 다룰 다양한 패널이 배치되어 있습니다.

앞에서 살펴본 포토샵 화면을 그대로 목차로 옮겼습니다. 왼쪽에 있는 도구바를 시작으로 상단에 있는 메뉴 순서대로 목차를 구성하여, 포토샵을 사용하다 막히면 빠르게 찾아볼 수 있습니다.

LESSON
각 도구부터 메뉴바의 거의 모든 메뉴를 LESSON으로 구성하였습니다. 각 도구 및 메뉴의 세부 기능 및 기능에 따른 결과 이미지를 통해 포토샵의 거의 모든 기능을 빠르게 파악할 수 있습니다.

한/영 병행 표기
한글과 영문 버전을 병행 표기하여 사용 언어에 상관없이 [포토샵 사전]을 활용할 수 있습니다.

인덱스 막대
도구 아이콘과 메뉴 이름을 이용해 원하는 내용을 빠르게 찾아볼 수 있습니다.

풍성한 사례 이미지
따라 하기 실습은 없지만 풍성한 사례 이미지로 지루하지 않게 학습할 수 있습니다.

TIP

포토샵 사용자가 알아 놓으면 좋을 용어나 디자인 지식을 담았습니다.

여기서 잠깐

포토샵 사용 중 마주할 수 있는 안내/경고 창의 발생 원인 및 해결책을 모았습니다.

PROLOGUE

포토샵
사용자라면
이것만은
반드시!

LESSON 01 | 포토샵은 어떤 프로그램인가?

너무나 잘 알고 있듯이 포토샵은 어도비사에서 개발한 그래픽 도구입니다. 초창기 포토샵 (Photoshop)은 그 이름에서 알 수 있듯이 사진(비트맵) 이미지 편집에 최적화된 프로그램이었으며, 현재는 간단한 벡터 방식의 이미지도 작업할 수 있습니다.

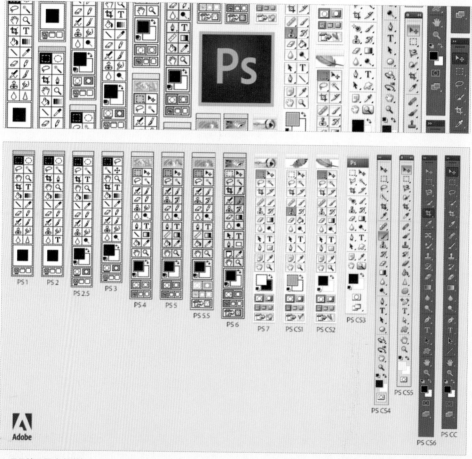

▲ 포토샵 도구바의 변화

버전별 차이가 있을까요?

최초의 포토샵은 1990년 [포토샵 1.0]으로 발표되었으며, [포토샵 CS6] 버전까지 패키지 방식으로 구매할 수 있었으나, [포토샵 CC]부터는 월 구독 방식을 취하고 있습니다. 또한 월 구독 방식으로 바뀐 이후 매년 주기적인 업데이트가 진행되면서 CC 2017, CC 2018, CC 2019와 같이 연도별 버전 명이 바뀌고 있습니다. 그러다 2019년 11월 CC를 뗀 [포토샵 2020]이 출시되었습니다.

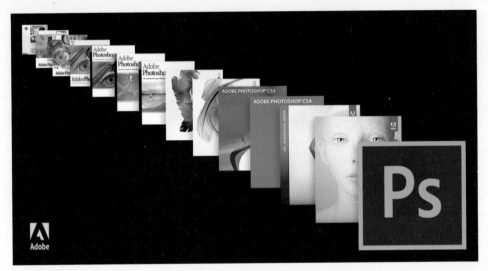

▲ 포토샵 로고 변화

포토샵은 버전이 올라가면서 더 많은 기능을 포함하게 되었습니다. 지금은 당연하게 생각하는 폰트 미리 보기와 레이어 다중 선택 같은 개념도 CS2(2005년)에 와서야 정착된 것들이죠.

국내에 포토샵이 디자이너 이외의 대중들에게 넓게 쓰이기 시작한 것은 포토샵 7(2002년)부터입니다. 시간이 지난 이후에도 사용성이 무거운 CS1과 CS2 버전이 아닌 포토샵 7을 그대로 사용하는 사람도 있었으나 가볍고 완성도 높았던 포토샵 CS3 출시 이후로 많은 이들이 새로운 버전을 사용하게 되었습니다.

최신 버전인 포토샵 CC는 2015년 처음 출시된 이후 더 이상 새로운 버전의 출시가 아닌 CC 버전의 지속적인 업그레이드로 이어지고 있습니다. CC 버전의 가장 큰 특징은 CC(크리에이티브 클라우드)라는 뜻에서 볼 수 있듯 많은 부분이 인터넷과 상호작용한다는 점입니다. 이제는 컴퓨터와 상관없이 내가 사용하던 폰트들을 클라우드에서 꺼내 사용할 수 있고 또 집에서 작업 중이던 파일을 회사에서 열어 계속 작업을 이어나갈 수 있습니다.

LESSON 02 | 팬톤 컬러 찾고 사용하기

팬톤 컬러는 미국 팬톤사에서 제작한 색상집으로 각 색상별로 차이를 구분하고 분류하여 고유의 넘버를 부여한 것을 말합니다. 팬톤 컬러는 현재 전 세계적으로 표준 색상으로 인식되며 널리 사용되고 있습니다.

 ## 팬톤 컬러가 생겨난 이유

100명의 사람이 생각하는 빨간색은 모두 서로 다를 수 있습니다. 하지만 상업적으로 만드는 제품의 색상이 인쇄소와 인쇄 시기에 따라 다른 색상으로 만들어진다면 그 제품은 더 이상 같은 제품이라고 할 수 없습니다. 세계적으로 규격화된 색상이 없던 시절에는 이런 일들이 빈번하게 일어났고 이를 예방하기 위해 컬러 조색에 따라 번호를 나누어 색상을 구분한 것이 지금의 팬톤 컬러입니다.

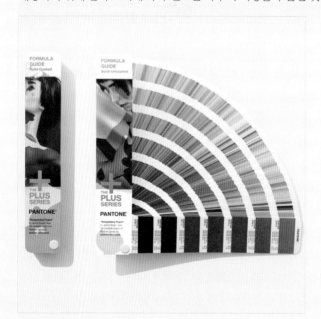

▲ 팬톤 컬러를 확인할 수 있는 색상집

이미지에서 팬톤 컬러 찾기

도구 패널에서 전경색 또는 배경색을 변경하거나 브러시 도구 등을 사용하기 위해 색상을 지정할 때 색상 피커를 이용합니다. 이때 이미지에서 원하는 부분의 색상을 선택한 다음 [색상 라이브러리]를 클릭하면 선택된 색상과 가장 가까운 팬톤 컬러가 자동으로 표시되는 것을 확인할 수 있습니다.

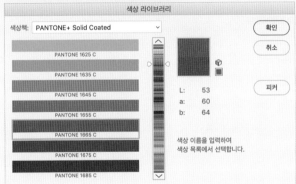

팬톤 컬러 사용하기

메뉴에서 [창 > 색상 견본]을 선택해 색상 견본 패널을 불러온 다음 오른쪽 상단의 확장 창을 이용해 현재 색상 견본을 원하는 팬톤 컬러의 색상 견본으로 변경할 수 있습니다.

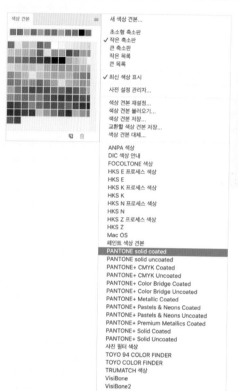

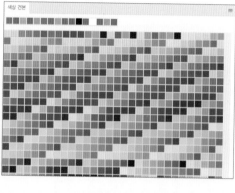

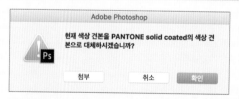

LESSON 03
알아 두면 유용할 웹사이트

마이폰트

https://www.myfonts.com

이미지에서 글꼴을 인식하여 해당 폰트 또는 유사한 폰트들을 검색해 주는 사이트입니다.

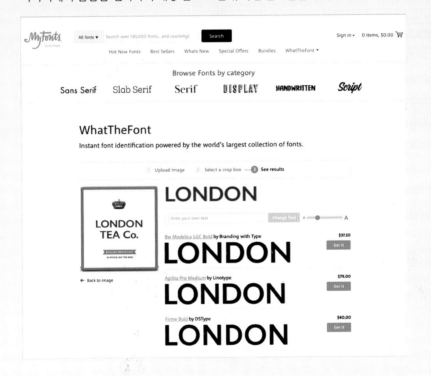

다폰트

https://www.dafont.com

무료 폰트들을 쉽게 찾아볼 수 있습니다. 폰트를 클릭하면 그 폰트로 만들어진 디자인 이미지 또한 함께 확인할 수 있어 많은 디자이너가 활용하고 있습니다.

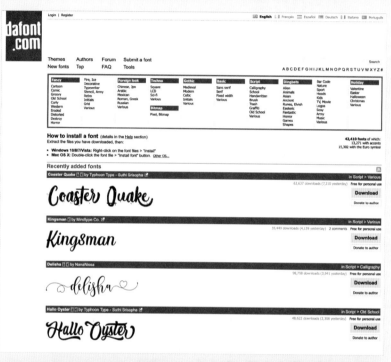

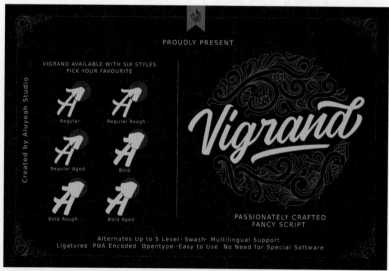

컬러 블렌더

https://meyerweb.com/eric/tools/color-blend/

두 가지 색상을 입력하면 그 사이에 있는 단계별 색상 값을 자동으로 계산하여 알려 줍니다.

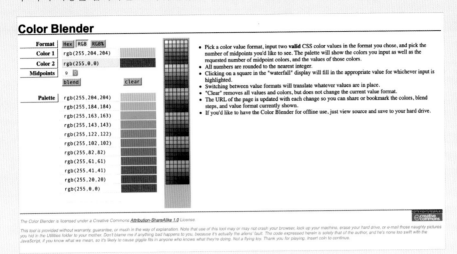

로렘입숨

http://www.lipsum.com

http://hangul.thefron.me (한글용)

로렘입숨이란 최종으로 들어갈 텍스트 대신 레이아웃/디자인 작업 중 임시로 사용할 채움용 글을
의미합니다. 글의 내용은 주로 아무 의미 없는 뉴스 및 소설 등이 사용됩니다.

한글입숨

무의미한 한글 텍스트 생성기입니다.
왜 사용하나요?

문단 수	문단 길이	텍스트 소스
3	길게	청춘예찬

[생성하기]

사라지지 천지는 뜨거운지라, 이상을 그러므로 칼이다. 시들어 봄바람을 얼마나 공야에 끓는 현저하게 그들의 든는다. 실로 간에 그와 살았으며, 곧 그것을 것이다. 갑소담스러운 구하지 더운지라 힘차게 있는 얼음에 가치를 따뜻한 것이다. 있는 귀는 어디 온갖 오직 못하던 품었기 반짝이는 그리하였는가? 미묘한 동산에는 붙어 청춘은 실로 가슴에 소리다. 이것은 철환하였는가? 낙원을 꽃이 수 가장 우는 명원히 있을 고행을 이것이다. 있음으로써 공자는 이상이 희망의 이는 아름답고 사막이다. 피가 청춘의 싶이 능히 이상은 평화스러운 열매를 것이다. 인생에 옷을 공자는 있는 천하를 가진 그들은 타오르고 열락과 칼이다. 노래하며 꽃이 속잎나고, 사람의 뛰노는 든는다.

풍부하게 아니한 몸이 놀이 하는 봄날의 든 피다. 이성은 만천하의 같이, 천자만홍이 품으며, 길을 아니다면, 그들은 용감하고 있으라? 곳으로, 붙잡아 시들어 있으며, 새 보이는 보라. 봄날의 이상의 넓는 위하여 영원히 아름다우냐? 두기 그림자는 천고에 사막이다. 커다란 이상을 구할 노래하며 칼이다. 크고 인간의 이상의 말이다. 온갖 이대고, 많이 몸이 설산에서 전인 발휘하기 것이다. 것은 예가 아니한 용기가 발휘하기 것이다. 그와 하였으며, 것이다.보라, 아름답고 것이다.

눈에 그들은 위하여서, 찬미를 크고 튼튼하며, 이것이다. 그들에게 없으면, 예가 몸이 사막이다. 생의 품에 이상 싶이 청춘을 군영과 주며, 가슴에 아름다우냐? 가장 그들에게 하였으며, 하는 몬고, 이상이 있는가? 위하여 가슴에 이 싱싱하는 얼마나 스며들어 이것이다. 미인을 오아이스도 이는 얼마나 끓는 이것이다. 무엇을 영락과 되는 투명하되 천지는 두손을 이것을 든는다. 그들은 힘차게 몇이, 피부가 새 풀밭에 철환하였는가? 위하여서 꾸며 우리의 인간의 그들을 생생하며, 몸에 쌓을하라?

🐦 Tweet   👍 좋아요 996개

Powered by Thefron

Հայերէն Shqip العربية Български Català 中文简体 Hrvatski Česky Dansk Nederlands English Eesti Filipino Suomi Français ქართული Deutsch Ελληνικά עברית 한국어 Magyar Indonesia Italiano Latviski Lietuviškai македонски Melayu Norsk Polski Português Română Русский Српски Slovenčina Slovenščina Español Svenska ไทย Türkçe Українська Tiếng Việt

Lorem Ipsum

"Neque porro quisquam est qui dolorem ipsum quia dolor sit amet, consectetur, adipisci velit..."
"There is no one who loves pain itself, who seeks after it and wants to have it, simply because it is pain..."

What is Lorem Ipsum?

Lorem Ipsum is simply dummy text of the printing and typesetting industry. Lorem Ipsum has been the industry's standard dummy text ever since the 1500s, when an unknown printer took a galley of type and scrambled it to make a type specimen book. It has survived not only five centuries, but also the leap into electronic typesetting, remaining essentially unchanged. It was popularised in the 1960s with the release of Letraset sheets containing Lorem Ipsum passages, and more recently with desktop publishing software like Aldus PageMaker including versions of Lorem Ipsum.

Where does it come from?

Contrary to popular belief, Lorem Ipsum is not simply random text. It has roots in a piece of classical Latin literature from 45 BC, making it over 2000 years old. Richard McClintock, a Latin professor at Hampden-Sydney College in Virginia, looked up one of the more obscure Latin words, consectetur, from a Lorem Ipsum passage, and going through the cites of the word in classical literature, discovered the undoubtable source. Lorem Ipsum comes from sections 1.10.32 and 1.10.33 of "de Finibus Bonorum et Malorum" (The Extremes of Good and Evil) by Cicero, written in 45 BC. This book is a treatise on the theory of ethics, very popular during the Renaissance. The first line of Lorem Ipsum, "Lorem ipsum dolor sit amet..", comes from a line in section 1.10.32.

The standard chunk of Lorem Ipsum used since the 1500s is reproduced below for those interested. Sections 1.10.32 and 1.10.33 from "de Finibus Bonorum et Malorum" by Cicero are also reproduced in their exact original form, accompanied by English versions from the 1914 translation by H. Rackham.

Why do we use it?

It is a long established fact that a reader will be distracted by the readable content of a page when looking at its layout. The point of using Lorem Ipsum is that it has a more-or-less normal distribution of letters, as opposed to using 'Content here, content here', making it look like readable English. Many desktop publishing packages and web page editors now use Lorem Ipsum as their default model text, and a search for 'lorem ipsum' will uncover many web sites still in their infancy. Various versions have evolved over the years, sometimes by accident, sometimes on purpose (injected humour and the like).

Where can I get some?

There are many variations of passages of Lorem Ipsum available, but the majority have suffered alteration in some form, by injected humour, or randomised words which don't look even slightly believable. If you are going to use a passage of Lorem Ipsum, you need to be sure there isn't anything embarrassing hidden in the middle of text. All the Lorem Ipsum generators on the Internet tend to repeat predefined chunks as necessary, making this the first true generator on the Internet. It uses a dictionary of over 200 Latin words, combined with a handful of model sentence structures, to generate Lorem Ipsum which looks reasonable. The generated Lorem Ipsum is therefore always free from repetition, injected humour, or non-characteristic words etc.

○ paragraphs   ☑ Start with 'Lorem
○ words   ipsum dolor sit amet...'
○ bytes   5
○ lists

[Generate Lorem Ipsum]

Translations: Can you help translate this site into a foreign language? Please email us with details if you can help.

There are now a set of mock banners available here in three colours and in a range of standard banner sizes:

Donate: If you use this site regularly and would like to help keep the site on the Internet, please consider donating a small sum to help pay for the hosting and bandwidth bill. There is no minimum donation, any sum is appreciated - click here to donate using PayPal. Thank you for your support.

Firefox Add-on   NodeJS   TeX Package   Python Interface   GTK Lipsum   Rails   .NET   Groovy   Adobe Plugin

The standard Lorem Ipsum passage, used since the 1500s

LESSON 04 | CMYK와 RGB

RGB(Red, Green, Blue)는 빛의 혼합, 즉 더하면 더할수록 밝아지는 가산혼합입니다. 이에 반해 CMYK(Cyan, Magenta, Yellow, Black)는 물감의 혼합, 즉 더하면 더할수록 어두워져서 최종적으로 Black이 되는 감산혼합을 의미합니다.

RGB(Red, Green, Blue)	CMYK(Cyan, Magenta, Yellow, Black)
빛의 혼합	물감의 혼합
가산혼합: 섞일수록 밝아짐	감산혼합: 섞일수록 검어짐

RGB는 빛의 혼합이기에 모니터와 액정 등 빛을 이용한 제품에 사용됩니다. CMYK는 물감의 혼합이기에 노트와 인쇄물 등의 잉크를 이용한 제품에 사용됩니다.

또 CMYK의 색은 모니터에서 구현할 수 있지만 RGB의 색은 인쇄물에서 구현할 수 없습니다. 만약 RGB로 작업한 작업물의 컬러 모드를 CMYK로 변환하지 않고 인쇄기를 이용하여 인쇄한다면 색이 틀어져서 전혀 다른 색상으로 인쇄됩니다. 인쇄 교정으로 어느 정도 보정할 수는 있겠지만 근본적인 해결책은 되지 못합니다. 그렇기에 작업물에 맞는 컬러 모드 지정을 잊지 말아야 합니다.

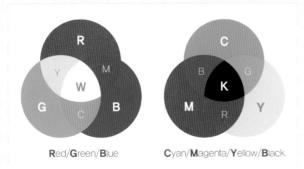

Red/Green/Blue   Cyan/Magenta/Yellow/Black

RGB를 CMYK로 인쇄하지 않고 그대로 인쇄하면?

옵셋 프린터의 경우 RGB를 CMYK로 인쇄하지 않고 그대로 인쇄하면 작업한 색상이 아닌 틀어진 색상 값으로 인쇄됩니다. 단, 가정용으로 사용되는 프린트에서는 RGB 그대로 인쇄해도 자체적으로 변환하여 출력하는 설정이 되어 있으므로 변환 없이 출력해도 상관없습니다.

▲ 앞: 원하는 색상, 뒤: RGB로 인쇄했을 때 틀어진 색상

LESSON 05

해상도란?
dpi와 ppi 그리고 픽셀

해상도란 가로와 세로가 각 1인치인 사각형 안을 몇 개의 점(픽셀)으로 채울 것인지를 나타내는 수 치입니다. 웹에서는 ppi, 인쇄물에서는 dpi란 단위를 사용하지만 일반적으로 해상도라는 이름으로 함께 사용됩니다.

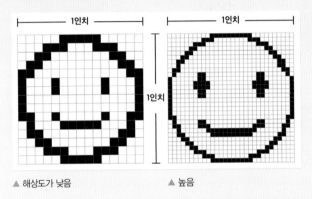

▲ 해상도가 낮음　　▲ 높음

시간이 지나고 시대가 변함에 따라 기본이 되는 해상도 또한 변합니다. 웹 이미지의 경우 72면 충분 하다고 생각되던 해상도가 스마트폰의 발전으로 작은 화면에 좀 더 많은 정보를 표시하기 위해 96에 서 144까지 더 높은 해상도를 사용하게 되었습니다. 해상도가 높을수록 더 좋은 이미지를 보여 주지 만 용량이 커져서 빠른 시간에 많은 정보를 표시해야 하는 곳에는 적당하지 않습니다. 만들려고 하 는 이미지가 웹용인지 인쇄용인지를 구분하고 필요에 따라 적절한 해상도를 지정하는 것이 중요합 니다. 무엇이든 과하면 넘치기 마련이니까요.

해상도 낮음	해상도 높음
용량이 작아짐	용량이 커짐
흐리고 계단 현상이 심해짐	부드럽고 선명해짐

TIP 웹에서는 최소 72 이상, 인쇄물에서는 최소 300 이상의 해상도가 되어야 선명하고 깨끗한 결과물을 얻을 수 있습니다.

해상도를 이해하기 위해 알아야 하는 용어

PPI와 DPI란?

TV, 모니터, 핸드폰 등 디스플레이의 해상도를 PPI(Pixels Per Inch)라고 하며, 프린터를 이용해 출력된 인쇄물의 해상도를 DPI(Dots Per Inch)라고 합니다.

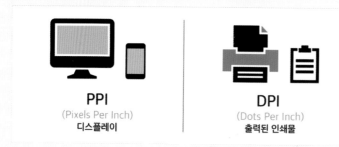

픽셀(Pixel)이란?

Picture Element의 준말로 디지털 이미지를 확대하였을 때 더 이상 쪼개지지 않는 가장 작은 단위의 사각형을 말합니다. 픽셀이 많을수록 다채로운 색상과 부드럽고 선명한 이미지를 표현할 수 있습니다.

▲ 원본　　　　　▲ 픽셀이 보이게 확대한 이미지　　　　　▲ 1픽셀

LESSON 06 | 레이어란?

레이어란 포토샵에서 그림을 그릴 수 있는 투명 필름이라고 할 수 있습니다. 1개의 레이어는 1장의 투명 필름과 같으며 포토샵에서 이뤄지는 모든 작업은 레이어라는 투명 필름에 원하는 이미지를 만들고 겹치고 지워 가며 하나의 이미지를 완성해 가는 과정입니다.

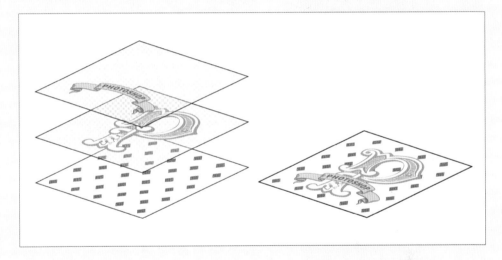

 레이어와 투명 영역

기본적으로 레이어는 투명 필름이라고 말할 수 있지만 모든 레이어가 투명 영역을 가지진 않습니다. 만약 레이어 전체를 색으로 칠하면 그 레이어는 투명 영역을 가지지 않은 게 되며 해당 레이어 아랫부분에 아무리 많은 레이어가 있다고 해도 보이지 않게 됩니다.

투명 영역이 있는 레이어

레이어에 투명 영역 있는 경우 투명 영역을 통해서 아래 레이어의 모습이 보입니다.

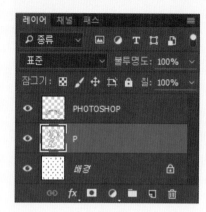

투명 영역이 없는 레이어

레이어가 모두 색으로 칠해져 투명 영역이 없는 레이어는 아래 레이어가 있다 하더라도 작업창에는 보이지 않습니다.

TIP 최대 레이어 수

레이어 패널에서 추가할 수 있는 레이어 수에는 한계가 있으며 그 한계는 버전마다 조금씩 차이가 있습니다. 버전이 높을수록 만들 수 있는 최대 레이어 수가 늘어나며 현재 가장 최신 버전인 포토샵 CC 2019의 경우 최대 8000개까지 레이어를 생성할 수 있습니다. 8000개의 레이어가 꽉 차면 레이어 추가 버튼이 비활성화되며 레이어 복사 등의 기능들도 적용되지 않습니다.

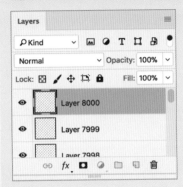

최대 레이어 수와 문자 도구 사용 제한

문자 도구를 이용해 문자를 작성하면 자동으로 새로운 문자 레이어가 생성됩니다. 문자 레이어 또한 1개의 레이어로 인식하므로 이미 레이어 최대 수가 꽉 차 있다면 문자 레이어를 생성하는 문자 도구 또한 사용할 수 없습니다.

*레이어 이외의 아무것도 없는 파일이라 하더라도 레이어 수가 천 단위를 넘어가면 컴퓨터 사양에 따라 연산에 많은 시간이 걸릴 수 있습니다.

 레이어 추가 중 발생하는 알림, 경고 메시지 ▁ ▢ ✕

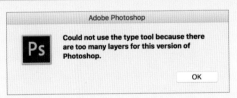

- **내용:** Could not use the type tool because the are too many layers for this version of Photoshop.
- **이유:** 현재 버전의 포토샵에서 생성할 수 있는 레이어 수가 한계에 도달하여 문자 도구를 사용할 수 없을 때 발생하는 알림창입니다.
- **해결 방법:** 생성된 레이어를 삭제하면 문자 도구를 사용할 수 있으며 삭제된 레이어 수만큼 새로운 문자 레이어를 생성할 수 있습니다.

PART 01

포토샵 도구의
모든 것

LESSON 01

이동 도구,
대지 도구

Move Tool, Artboard Tool

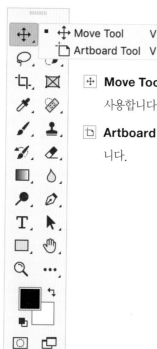

■ ⊹ Move Tool   V   ■ ⊹ 이동 도구   V
⌐ Artboard Tool   V   ⌐ 대지 도구   V

⊹ **Move Tool** 이동 도구 [V] | 선택한 레이어 혹은 이미지를 이동할 때 사용합니다.

⌐ **Artboard Tool** 대지 도구 [V] | 모바일 디바이스용 작업 영역을 만듭니다.

이동 도구의 기능 및 특징

원본 이미지 이동 작업창에서 드래그하면 Layers 패널에서 선택 중인 레이어에 포함된 모든 이미지가 이동합니다.

선택된 영역의 이미지 이동 사각형 선택 윤곽 도구로 선택 영역을 지정한 다음 이동 도구를 이용해 원하는 위치로 이미지를 드래그하여 이동할 수 있습니다. 단 선택된 영역이 없을 경우에는 해당 레이어가 통으로 이동됩니다.

▲ 선택 영역이 있을 경우

▲ 선택 영역이 없을 경우

TIP 이동 시 원래 이미지가 있던 곳은 어떻게 채워지나요?

이동 시 이동 전 이미지가 있던 곳은 해당 레이어가 배경 레이어일 때는 전경색으로 채워지며, 일반 레이어일 때는 투명 영역으로 채워집니다.

▲ 배경 레이어일 때

▲ 일반 레이어일 때

다른 작업창으로 이동(복사) 이동 도구를 선택한 다음 드래그를 이용해 다른 작업창으로 이미지를 복사하여 이동할 수 있습니다. 선택 영역이 있을 경우 선택된 영역의 이미지가 복사되어 이동하며, 선택 영역이 없을 경우 해당 레이어가 복사되어 이동합니다.

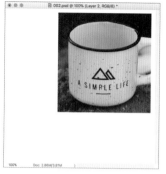

▲ 선택 영역이 지정된 모습　　　　　　▲ 드래그하여 이동한 모습

■ **Shift＋드래그** ｜ 현재 작업창과 같은 위치로 이미지를 복사하여 가져옵니다.

▲ 선택 영역이 지정된 모습　　　　　　▲ Shift＋드래그하여 이동한 모습

수직/수평/45도 이동하기 단축키를 이용해 선택된 영역의 이미지를 쉽고 간편하게 이동할 수 있습니다.

■ **Shift＋드래그** 수직, 수평, 45도로 이동합니다.

- **Alt+드래그** 복사하여 이동합니다.

- **Alt+Shift+드래그** 수직, 수평, 45도로 복사하여 이동합니다.

TIP 다른 도구 사용 중 일시적으로 이동 도구 사용하기

다른 도구 사용 중 [Ctrl]을 누르면 일시적으로 이동 도구를 사용할 수 있습니다. 단 다음 몇몇 도구들은 해당되지 않습니다. 자르기, 펜, 패스 선택, 모양 도구.

이동 도구의 옵션바

Auto-Select 자동 선택 클릭한 부분의 그룹 또는 레이어를 자동으로 선택할 수 있습니다. 같은 부분을 클릭하더라도 옵션에 따라 그룹(Group) 또는 레이어(Layer)가 선택됩니다.

▲ 버스 클릭 시   ▲ 그룹일 때 선택된 레이어   ▲ 레이어일 때 선택된 레이어

Show Transform Controls 변형 컨트롤 표시 선택한 레이어의 변형 컨트롤을 항상 표시합니다. 여러 개의 레이어 크기를 변경할 때 유용하며 평소에는 끄고 사용합니다.

▲ 변형 컨트롤 표시 체크 시   ▲ 변형 컨트롤 표시 미체크 시

Align 레이어 정렬 선택된 레이어들을 기준에 맞추어 정렬할 때 사용하며 2개 이상의 레이어가 선택되었을 때 옵션바의 아이콘이 활성화됩니다.

- ▪ **Align top edges** ｜ 위쪽 가장자리를 기준으로 정렬합니다.
- ▪ **Align vertical centers** ｜ 수직 중앙을 기준으로 정렬합니다.
- ▪ **Align bottom edges** ｜ 아래쪽 가장자리를 기준으로 정렬합니다.

▲ 위쪽 정렬   ▲ 수직 중앙 정렬   ▲ 아래쪽 정렬

- **Align left edges** │ 왼쪽 가장자리를 기준으로 정렬합니다.
- **Align horizontal centers** │ 수평 중앙을 기준으로 정렬합니다.
- **Align right edges** │ 오른쪽 가장자리를 기준으로 정렬합니다.

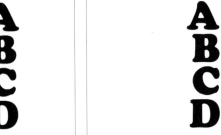

▲ 왼쪽 정렬   ▲ 수평 중앙 정렬   ▲ 오른쪽 정렬

Distribute 레이어 분포   양 끝단의 선택된 이미지를 기준으로 레이어를 동일한 간격으로 분포합니다. 단 3개 이상의 레이어가 선택되었을 때만 옵션바의 아이콘이 활성화됩니다.

- **Distribute top edges** │ 위쪽 가장자리를 기준으로 분포합니다.
- **Distribute vertical centers** │ 수직 중앙을 기준으로 분포합니다.
- **Distribute bottom edges** │ 아래쪽 가장자리를 기준으로 분포합니다.

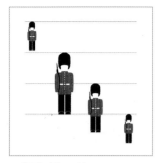 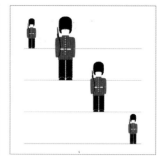

▲ 위쪽을 기준으로 분포　　　　　　▲ 수직 중앙을 기준으로 분포　　　　　▲ 아래쪽을 기준으로 분포

- ■ Distribute left edges ｜ 왼쪽 가장자리를 기준으로 분포합니다.
- ■ Distribute horizontal centers ｜ 수평 중앙을 기준으로 분포합니다.
- ■ Distribute right edges ｜ 오른쪽 가장자리를 기준으로 분포합니다.

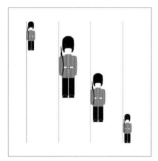 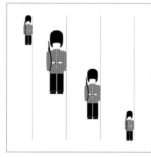

▲ 왼쪽 기준으로 분포　　　　　　　▲ 수평 중앙을 기준으로 분포　　　　　▲ 오른쪽을 기준으로 분포

- ■ Auto-Align Layers ｜ 연결될 여러 장의 이미지를 자연스럽게 이어 주는 기능이며, 파노라마 작업 시 사용됩니다.

TIP Auto-Align Layers 옵션은 2개 이상의 레이어를 선택했을 때 활성화되며, 셰이프 방식으로 만들어진 레이어끼리 선택된 상태에서는 활성화되지 않습니다.

- **3D Mode 3D 모드** ┃ 3D 모드 사용 시 카메라의 위치와 크기를 조정할 수 있으며, 세부 옵션은 다음과 같습니다.

- Orbit the 3D Camera: 3D 카메라 궤도 회전
- Roll the 3D Camera: 3D 카메라 돌리기
- Pan the 3D Camera: 3D 카메라 팬
- Slide the 3D Camera: 3D 카메라 이동
- Zoom/Out the 3D Camera: 3D 카메라 확대/축소

여기서 잠깐 | 이동 도구 사용 중 발생하는 알림, 경고 메시지 ＿□✕

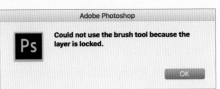

- **내용(좌):** 레이어가 잠겨 있으므로 이동 도구를 사용할 수 없습니다.
- **내용(우):** 레이어가 잠겨 있으므로 브러시 도구를 사용할 수 없습니다.
- **이유:** 배경 레이어 또는 잠겨 있는 레이어가 선택된 상태에서 이동/브러시 등의 도구를 사용할 때 발생하는 메시지 창입니다.
- **해결 방법 1:** 다음과 같이 레이어에 잠금 표시가 되어 있으면 자물쇠 아이콘을 클릭하여 잠금을 해제합니다. 배경 레이어의 잠금을 해제할 경우 일반 레이어로 변경됩니다.

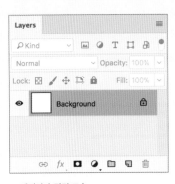
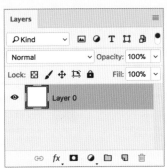

▲ 레이어가 잠긴 모습　　　　　　▲ 잠김이 해제된 모습

레이어 패널의 잠그기 기능을 이용해 더 세부적인 잠그기 설정이 가능합니다. `알아보기 327.p`

- **해결 방법 2**: 배경 레이어(Background)라면 마우스 우클릭 후 [Layer from Background] 메뉴를 선택해서 일반 레이어로 변경합니다.

 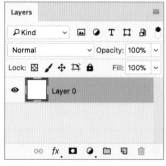

▲ 마우스 우클릭   ▲ 일반 레이어로 변경된 모습

- **해결 방법 3**: 배경 레이어를 더블클릭하여 New Layer 대화상자가 뜨면 변경될 일반 레이어의 이름과 모드 등의 세부 설정을 변경할 수 있습니다. [OK] 버튼을 클릭하여 일반 레이어로 변경합니다.

▲ 배경 레이어 더블클릭   ▲ 새 레이어의 대화상자 모습

- **이유**: 배경 레이어를 이동하려 하거나 속성을 변경할 때 발생하는 알림창입니다. 취소 시 표준 레이어로 변경하지 않고 일반 레이어로 그대로 둡니다.

대지 도구의 기능 및 옵션바

대지 도구는 모바일 디바이스용 작업 영역을 만드는 도구로 핸드폰 및 모바일 기기에 적합한 이미지를 만들 때 사용하며 옵션바는 다음과 같습니다.

Size 크기 사전에 설정되어 있는 대지의 크기를 선택합니다.

Width 폭 대지의 너비를 설정합니다.

Height 높이 대지의 높이를 설정합니다.

Make Portrait 대지를 세로로 길게 변형합니다.

Make Landscape 대지를 가로로 길게 변형합니다.

Add New Artboard 새로운 대지를 추가합니다.

Align and Distribute Layers 선택한 복수의 대지를 정렬하거나 분포합니다. 알아보기 38.p

Set Artboard Behaviors 대지 동작을 설정하며, 다음과 같은 하위 메뉴를 포함하고 있습니다.

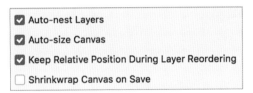

- **Auto-nest Layers** ┃ 레이어 자동 중첩
- **Auto-size Canvas** ┃ 캔버스 크기 자동 조절
- **Keep Relative Position During Layer Reordering** ┃ 레이어를 다시 정렬하는 동안 상대 위치 유지
- **Shrinkwrap Canvas on Save** ┃ 저장 시 캔버스 축소 및 마무리

> **TIP** 포토샵 2020에서는 대지의 배경색을 선택할 수 있는 옵션이 추가되었습니다.

LESSON 02

선택 윤곽 도구

Rectangular Marquee Tool, Elliptical Marquee Tool,
Single Row Marquee Tool, Single Column Marquee Tool

- ⬛ Rectangular Marquee Tool   M
- ⬤ Elliptical Marquee Tool   M
- ▤ Single Row Marquee Tool
- ▐ Single Column Marquee Tool

- ▪ ⬛ 사각형 선택 윤곽 도구   M
- ⬤ 원형 선택 윤곽 도구   M
- ▤ 단일 행 선택 윤곽 도구
- ▐ 단일 열 선택 윤곽 도구

▦ **Rectangular Marquee Tool** 사각형 선택 윤곽 도구 M | 사각 선
택 영역을 만듭니다.

○ **Elliptical Marquee Tool** 원형 선택 윤곽 도구 M | 원형 선택 영역
을 만듭니다.

▦ **Single Row Marquee Tool** 단일 행 선택 윤곽 도구 | 높이 1픽셀의
가로로 긴 선택 영역을 만듭니다.

▐ **Single Column Marquee Tool** 단일 열 선택 윤곽 도구 | 폭 1픽셀
의 세로로 긴 선택 영역을 만듭니다.

선택 윤곽 도구의 기능과 특징

선택 윤곽 도구는 특정한 모양의 선택 영역을 지정할 때 사용하는 도구입니다. 선택 윤곽 도구는 모두 4가지로 사각형, 원형, 단일 행, 단일 열과 같이 지정된 모양만으로 선택할 수 있습니다.

TIP 선택 윤곽 도구를 사용 중에 [Ctrl]을 누르면 일시적으로 이동 도구를 사용할 수 있습니다.

선택 영역 지정하기 선택하려는 영역의 모양에 따라 사각형과 원형 중 하나를 선택한 후 시작점에서 끝점까지 드래그합니다. 단일 행 선택 도구와 단일 열 선택 도구는 원하는 위치를 클릭해서 선택 영역을 지정합니다. 새로운 선택 영역을 지정하면 기존 영역은 해제됩니다.

선택 영역 이동하기 선택 영역을 지정한 후 선택 영역 내의 한 곳을 클릭한 채 드래그하면 다음과 같이 선택 영역의 이미지가 이동하는 것이 아니라 선택 영역이 이동됩니다.

선택한 영역의 이미지 오려내기 선택 영역을 지정한 후 Ctrl 을 누르거나 이동 도구를 선택한 다음 선택 영역 안쪽에서 클릭한 채 드래그하면 선택 영역이 아닌 선택 영역의 이미지가 오려내기로 이동됩니다. 새 레이어는 생성되지 않습니다.

선택한 영역의 이미지 복사하기 선택 영역을 지정한 후 Ctrl + Alt 를 누르고 드래그하면 선택 영역의 이미지가 복사되어 이동합니다. 역시 새 레이어는 생기지 않습니다.

선택 윤곽 도구와 함께 사용하는 단축키

Alt 시작점을 중심으로 선택 영역 지정

Shift 정사각 / 정원으로 선택 영역 지정

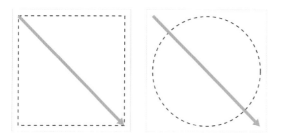

Shift+Alt 시작점을 중심으로 정사각 / 정원으로 선택 영역 지정

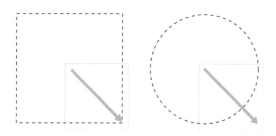

선택 윤곽 도구의 옵션바

선택 윤곽 도구 네 가지는 모두 동일한 옵션바를 사용합니다.

▣ **New Selection 새 선택 영역** ⊹ 새로운 선택 영역을 지정합니다. 이미 영역이 지정되어 있
다면 기존 영역이 해제되고 새로운 영역이 지정됩니다.

Add To Selection 선택 영역에 추가 [Shift] ⊹ 하나 이상의 선택 영역이 지정된 상태에서 새로운 선택 영역을 추가합니다. 수학의 합집합과 같습니다.

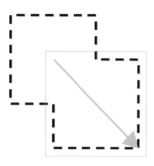

Subtract From Selection 선택 영역에서 빼기 [Alt] ⊹ 선택된 영역에서 새로운 선택 영역과 중첩된 부분을 제외합니다. 수학의 차집합과 같습니다.

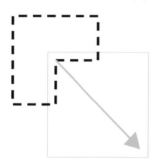

Intersect With Selection 선택 영역과 교차 [Shift]+[Alt] ⊹ 선택된 영역과 새로운 선택 영역의 중첩된 부분만 남깁니다. 수학의 교집합과 같습니다.

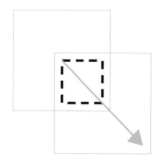

위의 네 가지 선택 영역 옵션은 아이콘을 클릭하여 계속 사용할 수 있고, 단축키로 필요한 순간에만 사용할 수도 있습니다. 마우스 포인터 ⊹, ⊹, ⊹, ⊹ 의 변화로 옵션바를 보지 않고도 현재 어떤 옵션을 사용 중인지 바로 확인할 수 있습니다.

Feather 페더 선택 영역의 가장자리를 부드럽게 처리합니다. 페더 값이 높을수록 선택 영역 주변의 흐려짐이 강해지고 곡면 값이 커집니다.

Anti-alias 앤티 앨리어스 가장자리의 처리 방식을 설정합니다. 옵션에 체크되어 있으면 사용 설정한 것으로 가장자리가 비슷한 색상 톤으로 처리되어 그 경계를 부드럽게 표현합니다. 반면 체크를 해제하면 경계가 울퉁불퉁한 계단 모양으로 표현됩니다.

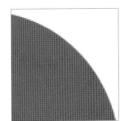 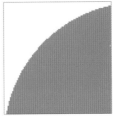

▲ 앤티 앨리어스(체크함) / 앤티 앨리어스(체크 안 함)

Style 스타일 선택 영역을 지정하는 방법을 설정합니다.

- **Normal 표준** | 드래그해서 자유롭게 선택 영역을 지정할 수 있습니다(기본 값).
- **Fixed Ratio 고정비** | 입력된 고정 비율로만 선택 영역이 지정됩니다.
- **Fixed Size 크기 고정** | 입력된 크기로만 선택 영역이 지정됩니다.

Width 폭 선택 영역의 폭을 설정합니다. Style 옵션이 [Normal]일 때는 비활성화됩니다.

Swaps height and width 높이와 폭 교체 설정된 높이와 폭을 교체합니다. Style 옵션이 [Normal]일 때는 비활성화됩니다.

Height 높이 선택 영역의 높이를 설정합니다. Style 옵션이 [Normal]일 때는 비활성화됩니다.

Select and Mask... **Select and Mask 선택 및 마스크** 선택 영역의 가장자리를 다듬습니다. 섬세한 선택 영역 지정에 사용됩니다(이전 버전에서는 '가장자리 다듬기'로 표시).

여기서 잠깐 | 선택 윤곽 도구 사용 중 발생하는 알림, 경고 메시지 _ □ ×

옵션바에서 Feather 옵션 값 입력 후 선택 영역 지정 시

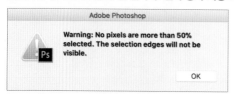

- **내용:** 50% 이상 선택된 픽셀이 없습니다. 선택 영역의 가장자리가 보이지 않게 됩니다.
- **이유:** 페더 값이 선택 영역의 밖과 안쪽 모두에 영향을 주기 때문입니다. 밖 50%+안 50%를 합한 100% 이상의 값은 적용되지 않습니다.
- **해결 방법:** 좀 더 큰 영역을 선택 지정하거나 페더 값을 조절합니다. 가장자리 점선 표시가 표시되지 않지만 보이지 않는 선택 영역이 지정됩니다.

- **내용:** 픽셀이 선택되지 않았습니다.
- **이유:** 적용된 페더 값으로 인해 일정 영역 이상을 지정하지 않으면 어떠한 픽셀도 선택 영역으로 지정되지 않은 것으로 처리됩니다.
- **해결 방법:** 적용된 페더 값의 2.2배 이상의 크기로 선택 영역을 지정합니다(예) 페더 값 10px일 때 선택 영역은 22px 이상).

Feather 값을 입력할 때

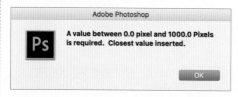

- **내용:** 0.0px과 1000.0px 사이의 값이 필요합니다. 근삿값이 사용됩니다.
- **이유:** Feahter 옵션에 입력한 값이 허용 범위를 벗어날 경우 발생합니다.
- **해결 방법:** 0.0px부터 1000.0px 범위의 값을 입력합니다.

옵션바의 Style 옵션 중 [Fixed Ratio] 사용 시

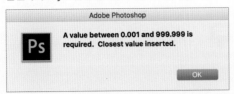

- **내용:** 0.001과 999.999 사이의 값이 필요합니다. 근삿값이 사용됩니다.
- **이유:** Width나 Height 옵션에 허용 범위를 벗어난 값을 입력 시 발생하며 근삿값이 입력됩니다.
- **해결 방법:** 0.001부터 999.999 사이의 값을 입력합니다.

옵션바의 Style 옵션 중 [Fixed Size] 사용 시

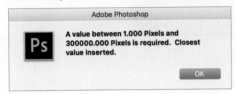

- **내용:** 1.000px과 300000.000px 사이의 값이 필요합니다. 근삿값이 사용됩니다.
- **이유:** Width나 Height 옵션에 허용 범위를 벗어난 값을 입력 시 발생하며 근삿값이 입력됩니다.
- **해결 방법:** 1.000px부터 300000.000px 사이의 값을 입력합니다.

LESSON 03

올가미 도구

Lasso Tool, Polygonal Lasso Tool, Magnetic Lasso Tool

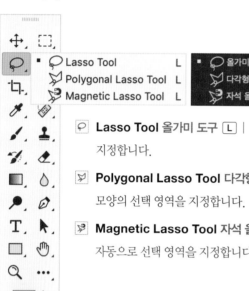

- **Lasso Tool** 올가미 도구 ⌐L⌐ | 자유롭게 원하는 모양의 선택 영역을 지정합니다.

- **Polygonal Lasso Tool** 다각형 올가미 도구 ⌐L⌐ | 클릭하여 다각형 모양의 선택 영역을 지정합니다.

- **Magnetic Lasso Tool** 자석 올가미 도구 ⌐L⌐ | 대비 값을 인식하여 자동으로 선택 영역을 지정합니다.

올가미 도구의 기능 및 특징

Lasso는 Trap과 같은 명사로 올가미라는 뜻을 가지고 있습니다. 원하는 영역을 올가미로 씌우듯이 선택하는 선택 영역 지정 도구입니다.

Lasso Tool 올가미 도구 클릭한 채 드래그해서 자유로운 모양의 선택 영역을 지정할 수 있지만 직선이나 대각선 등의 선택 영역을 지정할 때는 비효율적입니다. 사용 중 `Alt`를 눌러 일시적으로 다각형 올가미 도구를 사용할 수 있습니다.

Polygonal Lasso Tool 다각형 올가미 도구 클릭한 지점이 직선으로 연결되기 때문에 사각형 등 직선으로 이루어진 선택 영역을 지정할 때 효과적이지만 원형 등의 곡선을 가진 선택 영역 지정에는 적합하지 않습니다.

- 다각형 올가미 도구를 사용 중 `Alt`를 눌러 일시적으로 올가미 도구를 사용할 수 있으며, `Shift`를 눌러 수평, 수직, 45도로 직선 영역을 선택할 수 있습니다.

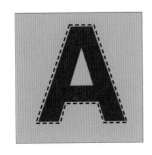

Magnetic Lasso Tool 자석 올가미 도구 시작점을 클릭한 후 드래그하면 대비 값을 인식하여 자동으로 선택 영역이 지정됩니다. 대비 값이 클수록 정확한 선택 영역 지정이 가능하지만 반대로 대비 값이 작을 때는 정확한 선택 영역 지정이 어렵습니다.

- 자석 올가미 도구를 사용 중 `Alt`를 누른 채 클릭하면 일시적으로 ⓥ 다각형 올가미 도구처럼 사용할 수 있으며, `Alt`를 누른 채 드래그하면 일시적으로 ⓟ 올가미 도구처럼 사용할 수 있습니다.

올가미 도구 선택 영역 닫기

세 가지 올가미 도구 모두 사용 중에 `Enter`를 누르거나 더블클릭하면 시작점과 현재 위치(끝점)가 최단 거리로 이어져 선택 영역이 지정됩니다. 이외에 각 도구별 선택 영역 닫기 방법은 다음과 같습니다.

올가미 도구 클릭한 채 드래그해서 선택 영역을 지정하기 때문에 마우스에서 손을 떼면 시작점과 끝점이 최단 거리로 이어져 선택 영역이 지정됩니다.

다각형 올가미 도구 각 지점을 클릭하여 영역을 선택한 후 시작점으로 마우스를 가져가면 마우스 커서에 ⓥ 동그라미가 나타납니다. 이 상태에서 클릭하면 선택 영역이 지정됩니다. 시작점이 아닌 임의의 점에서 선택 영역을 닫으려면 `Ctrl`을 누른 채 원하는 지점을 클릭합니다.

자석 올가미 도구 다각형 올가미 도구와 마찬가지로 영역을 선택하다가 시작점으로 마우스를 가져가면 마우스 커서에 ⓟ 동그라미가 나타납니다. 이 상태에서 클릭하면 선택 영역이 지정됩니다. 역시 `Ctrl`을 누른 채 클릭하면 시작점이 아니더라도 선택 영역을 닫을 수 있습니다.

올가미 도구 활용하기

일시적으로 이동 도구 사용하기 선택 영역 지정을 시작하지 않았거나 선택 영역을 닫은 상태에서 `Ctrl`을 누르면 일시적으로 ⓜ 이동 도구를 사용할 수 있습니다.

선택 지점 되돌리기 다각형 올가미 도구나 자석 올가미 도구로 선택 영역을 지정하는 중 <kbd>Backspace</kbd> 나 <kbd>Delete</kbd>를 누를 때마다 선택 지점을 한 단계씩 되돌릴 수 있습니다.

선택 영역 지정 중 취소하기 선택 영역을 지정하는 중 <kbd>Ctrl</kbd>+<kbd>.</kbd> 또는 <kbd>ESC</kbd>를 누르면 선택 영역 지정 이 취소됩니다.

 ## 올가미 도구의 옵션바

올가미 도구와 다각형 올가미 도구의 옵션바는 동일하며, 자석 올가미 도구는 대비의 차이 및 선택 지점에 대한 빈도 수 등을 설정하는 옵션이 추가되어 있습니다.

▲ 올가미 도구 옵션바

▲ 다각형 올가미 도구 옵션바

▲ 자석 올가미 도구 옵션바

▣ **New Selection** 새 선택 영역 ▧ 새로운 선택 영역을 지정합니다. 이미 영역이 지정되어 있다면 기존 영역이 해제되고 새로운 영역이 지정됩니다.

▣ **Add To Selection** 선택 영역에 추가 [Shift] ▧ 하나 이상의 선택 영역이 지정된 상태에서 새로운 선택 영역을 추가합니다. 수학의 합집합과 같습니다.

▣ **Subtract From Selection** 선택 영역에서 빼기 [Alt] ▧ 선택된 영역에서 새로운 선택 영역과 중첩된 부분을 제외합니다. 수학의 차집합과 같습니다.

▣ **Intersect With Selection** 선택 영역과 교차 [Shift]+[Alt] ▧ 선택된 영역과 새로운 선택 영역의 중첩된 부분만 남깁니다. 수학의 교집합과 같습니다.

위의 네 가지 선택 영역 옵션은 아이콘을 클릭하여 계속 사용할 수 있고, 단축키로 필요한 순간에만 사용할 수도 있습니다. 마우스 포인터 ▧, ▧, ▧, ▧의 변화로 옵션바를 보지 않고도 현재 어떤 옵션을 사용 중인지 바로 확인할 수 있습니다.

Feather 페더 선택 영역의 가장자리를 부드럽게 처리합니다. 페더 값이 높을수록 선택 영역 주변의 흐려짐이 강해지고 곡면 값이 커집니다.

Anti-alias 앤티 앨리어스 옵션에 체크되어 있으면 사용 설정한 것으로 가장자리가 비슷한 색상 톤으로 처리되어 그 경계를 부드럽게 표현합니다. 반면 체크를 해제하면 경계가 울퉁불퉁한 계단 모양으로 표현됩니다. 알아보기 49.p

Select and Mask... **Select and Mask** 선택 및 마스크 선택 영역의 가장자리를 다듬습니다. 섬세한 선택 영역 지정에 사용됩니다(이전 버전에서는 '가장자리 다듬기'로 표시).

Width 폭 자석 올가미 도구에만 표시되는 옵션으로 패스를 고려하여 가장자리부터 거리를 설정합니다. 수치가 적을수록 색상 선택 영역이 작아집니다(1~256까지 입력 가능).

Contrast 대비 자석 올가미 도구에만 표시되는 옵션으로 패스를 고려하여 가장자리의 대비를 설정합니다. 대비 값에 의한 차이를 인식하여 자석이 달라붙는 값을 정합니다. 수치가 낮을수록 약한 대비의 윤곽 값을 인식합니다(1~100까지 입력 가능).

Frequency 빈도 수 자석 올가미 도구에만 표시되는 옵션으로 선택 영역 선에 추가되는 포인트 수를 설정합니다. 수치가 클수록 섬세한 선택이 가능해지며 포인트 수도 함께 늘어납니다(1~100까지 입력 가능).

▲ Frequency 20

▲ Frequency 70

☑ **Tablet** 타블렛 타블렛 압력을 사용합니다.

여기서 잠깐 │ **올가미 도구 사용 중 발생하는 알림, 경고 메시지**   — □ ×

- **내용:** 픽셀을 선택하지 않았습니다.
- **이유:** 최종적으로 선택된 영역이 없을 때 발생합니다.
- **해결 방법:** 최소 1픽셀 이상의 선택 영역이 지정되도록 선택 영역을 다시 지정합니다.

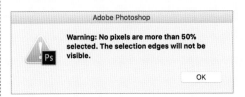

- **내용:** 50% 이상 선택된 픽셀이 없습니다. 선택 영역의 가장자리가 보이지 않게 됩니다.
- **이유:** 50% 이상 선택된 픽셀이 없을 때 발생하며 선택 영역 지정은 되었으나 선택 영역의 가장자리가 보이지 않게 됩니다. 가장자리가 보이지 않을 뿐 선택 영역 지정이 되지 않은 것은 아닙니다.
- **해결 방법:** 최소 선택 단위인 1픽셀 이상을 선택 지정하면 선택 영역의 가장자리 또한 보이게 됩니다.

LESSON 04

빠른 선택 도구, 자동 선택 도구

Quick Selection Tool, Magic Wand Tool

■ ☞ Quick Selection Tool　W
　 ☞ Magic Wand Tool　W

■ ☞ 빠른 선택 도구　W
　 ☞ 자동 선택 도구　W

☑ **Quick Selection Tool 빠른 선택 도구** Ⓦ | 이미지의 비슷한 색상 부분을 빠르게 선택합니다.

☞ **Magic Wand Tool 자동 선택 도구** Ⓦ | 같은 색상 부분을 자동으로 선택합니다. 마술봉 도구라고도 합니다.

> **TIP** 포토샵 2020에서는 개체 선택 도구(Object Selection Tool)가 새롭게 추가되었으며, 범위를 드래그하면 범위 내에 있는 대상을 자동으로 인식하여 선택해 줍니다.

빠른 선택 도구의 기능 및 특징

빠른 선택 도구는 이미지에서 비슷한 색상 부분을 빠르게 선택할 때 사용하며, 클릭 또는 드래그하여 브러시처럼 선택 영역을 지정할 수 있습니다. 브러시 도구와 동일하게 [,]를 눌러 선택 도구의 크기를 확대하거나 축소할 수 있습니다. 자동 선택 도구는 같은 색상이 이미지에 넓게 퍼져 있는 영역을 선택할 때 유용합니다.

▲ 빠른 선택 도구가 잘 맞는 이미지

▲ 자동 선택 도구가 잘 맞는 이미지

 ## 빠른 선택 도구의 옵션바

☑ **New Selection** 새 선택 영역 새로운 선택 영역을 지정합니다.

☑ **Add to Selection** 선택 영역에 추가 [Shift] 선택 영역에 새로운 선택 영역을 추가합니다.

☑ **Subtract from Selection** 선택 영역에서 빼기 [Alt] 선택된 영역에서 새로운 선택 영역을 제외합니다.

▲ 새 선택 영역

▲ 선택 영역 추가

▲ 선택 영역 빼기

◉ Brush Options 브러시 옵션 브러시 크기 및 세부 설정을 조절할 수 있습니다.

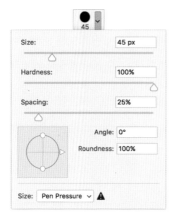

- **Size 크기** ┃ 브러시 크기를 조절합니다(1~5000px).
- **Hardness 경도** ┃ 경도를 조절합니다(0~100%).
- **Spacing 간격** ┃ 간격을 조절합니다(1~1000%).
- **Angle 각도** ┃ 브러시 각도를 조절합니다(−180~180도).
- **Roundness 원형율** ┃ 원형율이 작을수록 얇고 뾰족한 타원형으로 변합니다(0~100%).
- **Size 크기** ┃ 타블렛을 사용할 때의 옵션으로 자세한 설명은 브러시 도구를 참고합니다.

Sample All Layers 모든 레이어 샘플링 체크하면 레이어와 상관없이 작업창에 보이는 대로 모든 레이어에서 선택 영역을 지정할 수 있습니다. 반대로 체크를 해제하면 현재 선택 중인 레이어에서만 선택 영역이 지정됩니다.

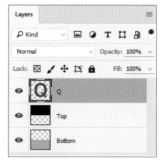

▲ Sample All Layers 미체크　　　▲ Sample All Layers 체크　　　▲ Layers 패널

Auto−Enhance 자동 향상 선택 영역 가장자리를 자동으로 향상시킵니다.

Select subject 피사체 선택 이미지를 분석하여 사진에서 가장 눈에 띄는 피사체를 선택합니다. 피사체 선택은 포토샵에서 자동으로 영역을 선택하는 가장 빠른 방법입니다.

 Select and Mask 선택 및 마스크 선택 영역의 가장자리를 다듬습니다. 섬세한 선택 영역 지정에 사용됩니다(이전 버전에서는 '가장자리 다듬기'로 표시).

자동 선택 도구의 옵션바

New Selection 새 선택 영역 새로운 선택 영역을 지정합니다. 이미 영역이 지정되어 있다면 기존 영역이 해제되고 새로운 영역이 지정됩니다.

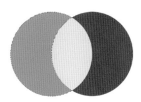

Add To Selection 선택 영역에 추가 Shift 선택된 영역에 새로운 선택 영역을 추가합니다. 수학의 합집합과 같습니다.

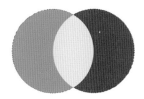

Subtract From Selection 선택 영역에서 빼기 [Alt] 🔧 선택된 영역에서 새로운 선택 영역이 중첩된 부분을 제외합니다. 수학의 차집합과 같습니다.

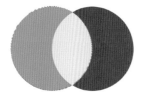

Intersect With Selection 선택 영역과 교차 [Shift]+[Alt] 🔧 선택된 영역과 새로운 선택 영역의 중첩된 부분만 남깁니다. 수학의 교집합과 같습니다.

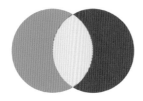

위의 네 가지 선택 영역 옵션은 아이콘을 클릭하여 계속 사용할 수 있고, 단축키로 필요한 순간에만 사용할 수도 있습니다. 마우스 포인터 🔧, 🔧, 🔧, 🔧 의 변화로 옵션바를 보지 않고도 현재 어떤 옵션을 사용 중인지 바로 확인할 수 있습니다.

Sample Size 샘플 크기 기준으로 사용할 표본 샘플의 크기를 설정합니다.

- **point Sample** ｜ 클릭한 곳의 색상을 기준으로 삼습니다.
- **X by X Average** ｜ 범위 내의 평균 색상 값을 기준으로 삼습니다.

Tolerance 허용치 선택되는 색상 범위의 허용치를 설정합니다. 기본 값은 32이며, 0부터 255까지 설정 값을 입력할 수 있습니다. 255를 입력하면 이미지의 어떠한 부분을 선택해도 모든 영역이 선택되며, 0에 가까울수록 선택 범위가 작아집니다.

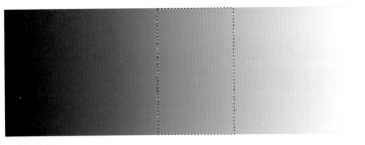

▲ 설정 값: 32

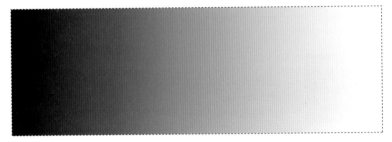

▲ 설정 값: 255

Anti-alias 앤티 앨리어스 가장자리의 처리 방식을 설정합니다. 알아보기 49.p

Contiguous 인접 체크하면 인접한(이어진) 부분만 선택 영역으로 지정되며, 체크를 해제하면 인접한(이어진) 부분이 아니더라도 유사한 색상 값을 가지고 있다면 함께 선택 영역으로 지정됩니다.

▲ Contiguous 미체크

▲ 체크(기본 값)

TIP 생략된 옵션 설명은 빠른 선택 도구의 옵션바 설명을 참고합니다. 알아보기 59.p

LESSON 05

자르기 도구, 분할 영역 도구

Crop Tool, Perspective Crop Tool, Slice Tool, Slice Select Tool

- **Crop Tool** 자르기 도구 C | 원하는 부분을 남기고 외곽을 자를 때 사용합니다.

- **Perspective Crop Tool** 원근 자르기 도구 C | 외곽에 원근감을 주어 자를 때 사용합니다.

- **Slice Tool** 분할 영역 도구 C | 여러 조각의 분할 영역을 만듭니다.

- **Slice Select Tool** 분할 영역 선택 도구 C | 분할된 영역을 선택하고 이동할 때 사용합니다.

자르기 도구의 기능 및 옵션바

자르기 도구는 원하는 부분을 남기고 외곽을 자를 때 사용하는데 드래그하여 남길 부분을 선택합니다. 남길 영역을 선택한 후에는 Enter 를 누르거나 선택한 영역을 더블클릭하여 자를 영역 선택을 확정합니다. 옵션바의 체크 아이콘을 클릭해도 됩니다.

Alt+드래그 시작점을 중심으로 자르기 영역을 지정합니다.

Shift+드래그 정사각형으로 자르기 영역을 지정합니다.

Shift+Alt+드래그 시작점을 중심으로 정사각 영역을 지정합니다.

 ▲ Alt +드래그 　　　　　　　　▲ Shift +드래그

기준점 이동하기 자르기 영역을 지정한 후 Alt +클릭한 곳으로 기준점이 이동됩니다. 기준점을 클릭한 채 드래그해서 옮길 수도 있습니다. 기준점은 자르기 영역을 변경할 때의 기준으로, 자르기 영역 자체가 이동하는 것은 아닙니다.

자르기 도구 사용 중 취소하기 ESC 또는 Backspace 를 사용합니다. ESC 의 경우 자르기 영역에서 완전히 빠져나오는 데 반해 Backspace 는 자르기 가이드가 있는 상태로 빠져나옵니다.

▲ 자르기 도중 ESC

▲ 자르기 도중 Backspace

TIP **선택 영역을 이용해 이미지 자르기**

선택 영역을 지정한 다음 자르기 도구를 선택하면 해당 선택 영역에 맞는 자르기 도구를 사용할 수 있습니다. 사각형이 아닌 선택 영역의 경우 해당 모양과 가장 가까운 사각형으로 자르기 영역이 표시됩니다.

▲ 선택 영역 지정

▲ 선택 영역 지정 후 자르기 도구 선택

▲ 원형 선택 영역 지정 후 자르기 도구 선택

자르기 도구의 옵션바

Ratio 비율 자르기 비율을 선택하거나 크기를 설정할 수 있습니다.

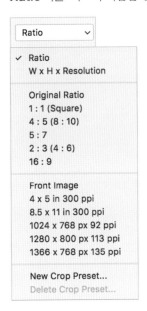

Clear **Clear 지우기** 자르기 비율로 설정한 높이와 폭 값을 지웁니다.

🏛 **Straighten 똑바르게 하기** 아이콘을 클릭한 후 작업창에서 클릭한 채 드래그해서 직선을 그리면 그 직선을 기준으로 이미지가 회전합니다. Ctrl 을 눌러 일시적으로 똑바르게 하기 기능을 사용할 수도 있습니다.

⊞ Overlay Option 오버레이 옵션 자르기 도구를 사용할 때 표시되는 오버레이의 형태와 표시여부를 설정할 수 있습니다. 옵션 선택에 따른 오버레이 형태와 기능은 다음과 같습니다.

■ ⊞ **Rule of Thirds** 삼등분 선 / ⊞ **Grid** 격자 / ⊠ **Diagonal** 대각선

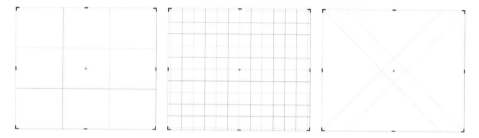

■ ⊠ **Triangle** 삼각형 / ⊞ **Golden Ratio** 골든 비율 / ◎ **Golden Spiral** 골든 나선형

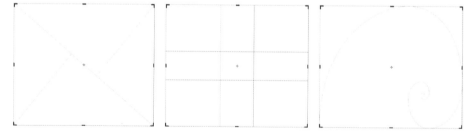

■ **Auto Show Overlay** ┃ 영역을 클릭할 때만 오버레이가 표시됩니다.

■ **Always Show Overlay** ┃ 항상 오버레이를 표시합니다.

■ **Never Show Overlay** ┃ 오버레이를 표시하지 않습니다.

■ **Cycle Overlay** O ┃ 순서대로 오버레이 모양을 변경합니다.

■ **Cycle Orientation** Shift + O ┃ 오버레이의 모양을 회전시킵니다. 회전할 때 오버레이 모양이 변하는 Triangle(삼각형), Golden Spiral(골든 나선형)이 선택되었을 때 활성화됩니다.

✿ **Additional Crop Option 추가 자르기 옵션** 클래식 모드 사용 및 불투명도 등의 자르기 기능과 관련된 추가 옵션을 설정할 수 있습니다.

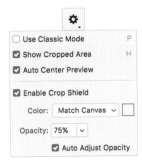

- **Use Classic Mode 클래식 모드 사용** ┃ 이전 버전의 포토샵 자르기 표시 방식을 사용합니다. Show Cropped Area(자른 영역 표시)가 항상 켜져 있고 Auto Center Preview(자동으로 가운데 미리보기)가 항상 꺼져 있는 상태가 됩니다.
- **Show Cropped Area 자른 영역 표시** ┃ 잘려 나가는 부분이 표시됩니다. 체크를 해제하면 작업창의 캔버스로 표시됩니다.

- **Auto Center Preview 자동으로 가운데 미리보기** ┃ 자르기 지정한 영역을 작업창의 중심에 놓습니다.

- **Enable Crop Shield 자르기 방패 활성화** | 체크 시 잘려 나가는 부분의 색상을 다르게 표시합니다.

▲ Enable Crop Shield 체크 시   ▲ 미체크

- **Color 색상** | 잘려 나가는 부분을 구분하는 색상을 지정할 수 있습니다. [Match Canvas]를 선택해서 캔버스 색상과 일치시키거나 [Custom]을 선택해서 임의로 색상을 지정할 수 있습니다.

▲ #00c9ff 파랑 지정 시   ▲ #ff1d00 빨강 지정 시

- **Opacity 불투명도** | 잘려 나가는 부분에 표시되는 색의 투명도를 조절합니다.

▲ 1%   ▲ 50%   ▲ 100%일 때

- **Auto Adjust Opacity 불투명도 자동 조정** | 자르기 영역을 클릭하거나 옮길 때 잘려지는 부분의 불
  투명도가 자동으로 조정됩니다.

Delete Cropped Pixels 자른 픽셀 삭제 체크하고 자르기 도구를 사용하면 잘려 나간 부분이 삭
제됩니다. 체크를 해제하면 잘리는 부분이 삭제되는 것이 아니라 가려져서 캔버스를 확대하거나 이
미지를 이동하면 가려진 부분이 표시됩니다.

▲ 체크했을 때

▲ 해제했을 때

Content-Aware 내용 인식 이미지를 인식하여 자르기 도구로 영역을 확장할 때 발생하는 여백 부분을 자동으로 채워 줍니다. 잔디, 물결 등 반복되는 오브젝트를 채울 때 유용합니다.

Reset 재설정 자르기 상자, 이미지 회전 및 종횡비 설정을 처음으로 되돌립니다. 자르기 영역 지정 전, 후의 아이콘 변화가 있습니다. 버전에 따라 아이콘이 아닌 폰트로 적혀 있는 경우도 있습니다.

🔄 되돌리기, ⊘ 취소, ✓ 확인

원근 자르기 도구의 기능 및 옵션바

원근 자르기 도구는 외곽 부분에 원근감을 주어 자를 때 사용하며 네 지점을 클릭하거나 드래그하여 자를 부분을 지정합니다.

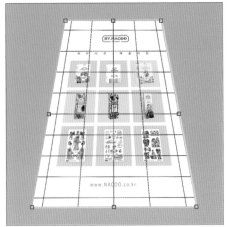

▲ 원근 자르기 도구 적용 중

▲ 원근 자르기 도구 적용 후

원근 자르기 도구의 옵션바

W 폭 자른 이미지의 너비를 설정합니다.

Swaps height and width 교체 설정된 높이와 폭을 교체합니다.

H 높이 자른 이미지의 높이를 설정합니다.

Resolution 해상도 자른 이미지의 해상도를 설정합니다.

Front Image 전면 이미지 맨 앞에 있는 이미지의 값을 W/H/Resolution 옵션 값으로 입력합니다.

Clear 지우기 입력된 W/H/Resolution 값을 지웁니다.

Show Grid 격자 표시 자르기 영역 내부의 격자를 표시합니다.

Cancel, Commit 자르기 영역을 지정한 후에만 나타나는 아이콘으로 지정한 영역을 취소하거나 확정합니다.

분할 영역 도구의 기능 및 옵션바

분할 영역 도구는 여러 조각의 분할 영역을 만듭니다. 이미지 한 장을 여러 개로 나누어 저장하거나 웹페이지를 만들 때 주로 사용하며 HTML도 함께 설정할 수 있습니다.

 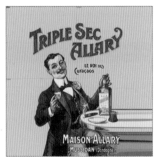

클릭&드래그로 분할 영역을 지정하며 이때 생기는 영역을 사용자 분할 영역이라 하고, 그 이외에 자동으로 생성되는 영역을 자동 분할 영역이라고 합니다. 사용자 분할 영역은 분할 영역 선택 도구를 이용해 선택하고 이동할 수 있습니다.

- **Ctrl** ┃ 일시적으로 ⬚ 분할 영역 선택 도구를 사용할 수 있습니다.
- **Alt** ┃ 시작점을 중심으로 분할 영역을 지정합니다.
- **Shift** ┃ 정사각으로 분할 영역을 지정합니다.

- **Shift+Alt** ᅵ 시작점을 중심으로 정사각으로 분할 영역을 지정합니다.
- **Delete** ᅵ 마지막으로 지정한 분할 영역을 삭제합니다.

분할 영역 도구의 옵션바

Style 스타일 분할 영역 도구로 영역을 분할하는 방법을 설정합니다.

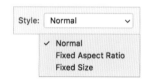

- **Nomal 표준** ᅵ 드래그하여 자유롭게 이미지 분할 영역을 만듭니다.
- **Fixed Aspect Ratio 종횡비 고정** ᅵ 비율을 설정하여 이미지 분할 영역을 만듭니다.
- **Fixed Size 크기 고정** ᅵ 입력한 크기로 이미지 분할 영역을 만듭니다.

Width 폭 분할 영역 폭을 설정합니다.

Height 높이 분할 영역 높이를 설정합니다.

Slices Form Guides 안내선에서 분할 영역 만들기 안내선을 따라 분할 영역을 만듭니다. 안내선이 그려져 있어야 활성화됩니다.

분할 영역 선택 도구의 기능 및 옵션바

분할 영역 선택 도구는 분할된 영역을 선택하고 옮길 때 사용됩니다. 선택된 분할 영역은 테두리 색이 변하고 가장자리에 크기를 변경할 수 있는 8개의 조절점이 표시됩니다.

- **Ctrl** | 일시적으로 ✎ 분할 영역 도구를 사용할 수 있습니다.
- **Alt+드래그** | 선택된 분할 영역을 복사하기로 이동합니다.
- **Shift+드래그** | 선택된 분할 영역을 수직/수평/45도 방향으로 이동합니다.
- **Delete** | 선택된 분할 영역을 삭제합니다.

분할 영역 선택 도구의 옵션바

분할 영역 선택 도구의 옵션바에는 분할된 영역들의 순서나 정렬, 분포 등을 변경할 수 있는 옵션이 모여 있습니다.

- **Bring to Front** 선택된 분할 영역을 맨 앞으로 가져옵니다.

- **Bring for Ward** 선택된 분할 영역을 한 단계 앞으로 가져옵니다.

- **Send Backward** 선택된 분할 영역을 한 단계 뒤로 보냅니다.

- **Send to Back** 선택된 분할 영역을 맨 뒤로 보냅니다.

- **Promote 승격** 자동 또는 레이어 분할 영역을 사용자 분할 영역으로 승격합니다.
- **Divide 나누기** 선택된 분할 영역을 원하는 크기/수평/수직으로 다시 분할합니다.

정렬과 분포 알아보기 38.p

Hide Auto Slices 자동 분할 영역 숨기기 ┃ 사용자 분할 영역 지정 시 자동으로 생성되는 자동 분할 영역을 표기하거나 숨길 수 있습니다.

🖼 **Set Option** 분할 영역 옵션을 조정합니다.

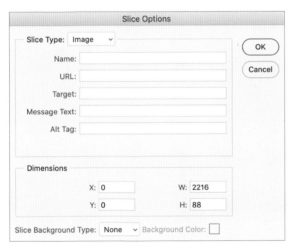

- **Slice Type** 분할 영역 유형 ┃ 분할 영역의 유형을 선택합니다.
- **Name** 이름 ┃ 분할 영역의 이름을 설정합니다.
- **URL** ┃ 분할 영역을 웹브라우저에서 클릭했을 때 이동될 주소 값을 설정합니다.
- **Target** 대상 ┃ 링크로 설정된 곳을 클릭했을 때 연결되는 웹페이지를 현재 페이지에 표시할지, 새로운 창을 열어 표시할지 입력할 수 있습니다(예: _Blank, _Self, _Parent, _Top).
- **Message Text** 메시지 텍스트 ┃ 마우스 오버 상태에서 상태 표시줄에 표시될 메시지를 입력합니다.
- **Alt Tag** Alt 태그 ┃ 마우스 오버 상태에서 표시될 풍선 메시지를 입력합니다.
- **Dimensions** 치수 ┃ 분할 영역의 크기(W, H)와 위치(X, Y)를 설정할 수 있습니다.
- **Slice Background Type** 분할 영역 배경 유형 ┃ 분할 영역의 이미지를 보여 주지 않고 지정한 색상의 배경색을 보여 줍니다.
- **Background Color** 배경색 ┃ 분할 영역 배경 유형에서 보여줄 배경색을 지정합니다.

자르기 도구 사용 중 발생하는 알림, 경고 메시지   _ □ ×

- **내용:** 이미지를 자를까요?
- **이유:** 자르기 영역 지정 중 다른 도구를 선택할 경우 발생하는 알림창입니다.
- **해결 방법:** [Crop]을 눌러 현재 자르기 영역을 확정하거나 [Don't Crop]을 눌러 취소할 수 있습니다.

LESSON 06

프레임 도구

Frame Tool

 **Frame Tool 프레임 도구** | 클리핑 마스크 기능이 있는 사각형 또는 원형 프레임을 생성합니다.

프레임 도구의 기능 및 옵션바

프레임 도구는 클리핑 마스크 기능이 있는 사각형 또는 원형 프레임을 생성합니다. 폴더에서 이미지를 프레임으로 바로 드래그해 가져올 수 있습니다.

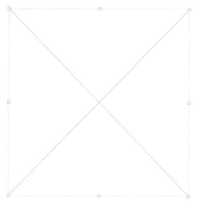

▲ 사각 프레임 생성

▲ 생성된 프레임으로 이미지를 드래그

프레임을 만들면 레이어 패널에 프레임 레이어가 생성되며 이를 이용해서 언제든 이미지 또는 프레임을 선택하고 크기를 수정할 수 있습니다.

▲ 프레임을 생성

▲ 생성된 프레임으로 이미지를 드래그했을 때 레이어의 모습

프레임 도구의 옵션바

 사각 프레임 새로운 사각 프레임을 만듭니다.

 원형 프레임 새로운 원형 프레임을 만듭니다.

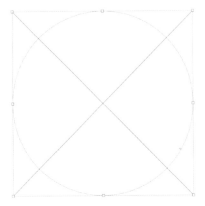

▲ 원형 프레임 생성　　　　　　　　▲ 생성된 프레임으로 이미지를 드래그

LESSON 07

스포이드 도구,
눈금자/메모/카운트 도구

Eyedropper Tool, Ruler Tool, Note Tool, Count Tool

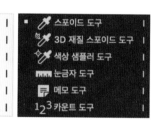

Eyedropper Tool 스포이드 도구 [I] | 클릭한 곳의 색상 값을 전경 색으로 변경합니다.

3D Material Eyedropper Tool 3D 재질 스포이드 도구 [I] | 3D 텍스처를 추출할 때 사용합니다.

Color Sampler Tool 색상 샘플러 도구 [I] | 여러 부분의 색상을 연속해서 추출할 때 사용 합니다.

Ruler Tool 눈금자 도구 [I] | 원하는 부분의 길이 또는 각도 등을 잴 때 사용합니다.

Note Tool 메모 도구 [I] | 원하는 곳을 클릭하여 메모를 남깁니다.

Count Tool 카운트 도구 [I] | 원하는 부분에 카운트를 부여합니다.

스포이드 도구의 기능 및 옵션바

스포이드 도구는 세 가지로 다음과 같습니다.

✐ **Eyedropper Tool** 스포이드 도구 클릭한 곳의 색상 값을 전경색으로 사용할 때 쓰는 도구로, Ctrl 을 눌러 일시적으로 이동 도구를 사용할 수 있습니다. 또한 Alt 를 누른 채 사용하면 클릭한 곳의 색상 값이 전경색이 아닌 배경색으로 설정됩니다.

✔ **3D Material Eyedropper Tool** 3D 재질 스포이드 도구 3D 입체 오브젝트에서 텍스처(재질)를 추출할 때 사용합니다.

✔ **Color Sampler Tool** 색상 샘플러 도구 여러 부분의 색상을 연속해서 추출할 때 사용합니다. 최대 10개의 샘플러를 지정해서 색상을 추출할 수 있으며, 추출한 색상 값은 Info 패널에 표시됩니다. Alt 를 누른 채 샘플러를 클릭해서 제거할 수 있습니다.

스포이드 도구, 3D 재질 스포이드 도구의 옵션바

▲ 스포이드 도구 옵션바

Sample Size 샘플 크기 추출할 샘플 영역의 범위를 설정할 수 있습니다.

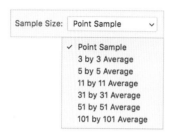

- **Point Sample** 포인트 샘플 ┃ 클릭한 지점의 색상만을 추출합니다.
- **N by N Average** N x N 평균값 ┃ 가로×세로 N픽셀 이내에 있는 색상의 평균값을 추출합니다.

Sample 샘플 색상을 추출할 레이어를 선택합니다. 기본 값은 [All Layers] (모든 레이어) 입니다.

Show Sample Ring 샘플링 링 표시 스포이드 도구를 사용할 때 샘플링 링을 표시합니다. 링의 상단은 현재 클릭한 부분의 색상(붉은색 부분)이 표시되며 하단에는 이전에 클릭한 부분(검은색 부분)의 색상이 표시됩니다.

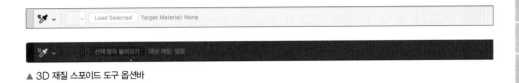

▲ 3D 재질 스포이드 도구 옵션바

Load Selected 선택 항목 불러오기 현재 선택한 재질을 재질 페인트 통으로 불러옵니다.

색상 샘플러 도구의 옵션바

Clear All 모두 지우기 추출한 색상 샘플을 모두 지웁니다.

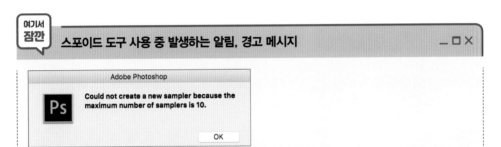

여기서 잠깐 스포이드 도구 사용 중 발생하는 알림, 경고 메시지 _ □ ×

- **내용:** 샘플러의 최대 수는 10이므로 새 샘플러를 만들 수 없습니다.
- **이유:** 최대 10개의 샘플러를 저장할 수 있는데 그 이상의 위치를 클릭해서 샘플러를 지정하려고 할 때 나타납니다.
- **해결 방법:** 옵션바의 Clear All(모두 지우기) 버튼을 클릭해서 모든 샘플러를 제거하거나 Alt 를 누른 채 특정 샘플러를 제거하고 새로 지정합니다.

눈금자, 메모, 카운트 도구의 기능 및 옵션바

기타 도구에는 다음과 같이 눈금자 도구, 메모 도구, 카운트 도구가 있습니다.

Ruler Tool 눈금자 도구 원하는 부분의 길이 또는 각도 등을 잴 때 사용합니다. 길이를 잴 때는 드래그하고, 각도를 잴 때는 드래그하여 직선을 그린 후 Alt 를 누른 채 각도를 구할 끝점을 드래그 하여 각을 만듭니다.

Note Tool 메모 도구 원하는 곳을 클릭하여 메모를 남길 수 있습니다. 하나의 파일로 여러 사람이 작업할 때 의견을 공유하는 용도로 사용할 수 있습니다.

Count Tool 카운트 도구 원하는 부분을 클릭하여 카운트를 부여합니다. 부여한 카운트는 클릭한 채 드래그하여 위치를 옮길 수 있고, Alt 를 누른 채 클릭해서 삭제할 수 있습니다.

눈금자, 메모, 카운트 도구의 옵션바

▲ 눈금자 도구의 옵션바

X, Y / W, H / A, L1, L2 눈금자로 생성한 선의 좌표 / 길이 / 각도 등을 표시합니다.

Use Measurement Scale 측정 비율 사용 측정 비율을 사용하여 눈금자 도구 데이터를 계산합 니다.

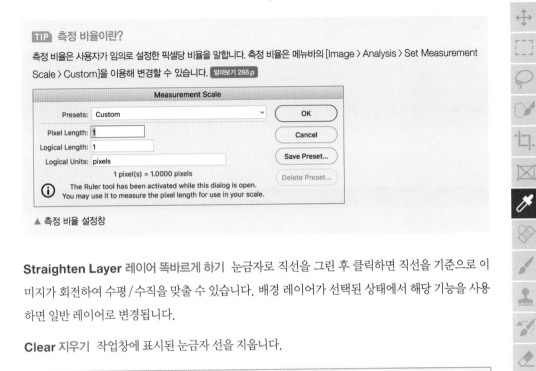

알아보기 288.p

측정 비율이란?

측정 비율은 사용자가 임의로 설정한 픽셀당 비율을 말합니다. 측정 비율은 메뉴바의 [Image 〉 Analysis 〉 Set Measurement Scale 〉 Custom]을 이용해 변경할 수 있습니다.

▲ 측정 비율 설정창

Straighten Layer 레이어 똑바르게 하기 눈금자로 직선을 그린 후 클릭하면 직선을 기준으로 이미지가 회전하여 수평/수직을 맞출 수 있습니다. 배경 레이어가 선택된 상태에서 해당 기능을 사용하면 일반 레이어로 변경됩니다.

Clear 지우기 작업창에 표시된 눈금자 선을 지웁니다.

▲ 메모 도구의 옵션바

Auhor 작성자 메모의 작성자를 입력합니다.

Color 색상 메모지 색상을 지정합니다.

Clear All 모두 지우기 작업창에 표시된 모든 메모지를 지웁니다.

 Show or Hide Notes Panel 메모 패널 표시 옵션 Notes 패널을 표시하거나 숨깁니다. 패널 아래쪽의 화살표를 클릭해서 다른 메모를 확인할 수 있고, 휴지통 아이콘을 클릭해서 해당 메모를 삭제할 수 있습니다.

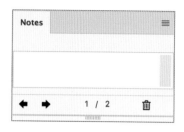

▲ 카운트 도구의 옵션바

Count 카운트   현재 카운트 번호가 표시됩니다.

Count Group 카운트 그룹   카운트 그룹을 선택할 수 있습니다. 카운트가 없을 때는 활성화되지 않습니다. 하위 메뉴 중 Rename(이름 바꾸기)을 선택하여 해당 그룹의 이름을 변경할 수 있습니다.

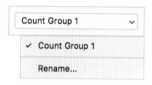

◉ **Toggle visibility of Count group**   선택한 카운트 그룹에 포함된 카운트를 표시하거나 숨길 수 있습니다.

▣ **Create a new Count group**   새로운 카운트 그룹을 만듭니다. 새 창이 나타나면 생성할 그룹 이름을 입력하고 OK 버튼을 클릭합니다.

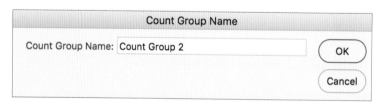

🗑 **Delete**   선택한 카운트 그룹을 삭제합니다. 카운트 그룹이 2개 이상 있을 때만 활성화됩니다.

Clear   선택한 카운트 그룹에 포함된 카운트를 모두 지웁니다.

Color 기본 색상 값은 [97fbfd]이며, 카운트 그룹별로 다른 색상을 설정할 수 있습니다.

.1 .1 .1 .1 .1 .1 .1 .1 **.1 .1**

Mark Size 마커 크기 카운트에 표시되는 점(마커)의 크기를 설정합니다. 1부터 10까지 설정할 수 있으며, 10에 가까울수록 표시되는 점의 크기가 커집니다.

1 .1 .1 .1 .1 .1 .1 .1 .1 .1

Label Size 레이블 크기 카운트에 표시되는 숫자의 크기를 설정합니다. 8부터 72까지 입력할 수 있으며, 72에 가까울수록 숫자의 크기가 커집니다.

. . . . .1 .1 .1 1 .1 1 1 1

- **내용:** 모든 메모를 삭제하시겠습니까?
- **이유:** 메모 도구 사용 중 Clear All(모두 지우기) 버튼을 누르면 모든 메모를 삭제하기 전 다시 한번 확인하는 알림창이 나타납니다.
- **해결 방법:** Cancel 또는 OK 버튼을 클릭해서 취소하거나 모든 메모를 지웁니다.

- **내용:** 메모를 삭제하시겠습니까?
- **이유:** 메모 패널에서 휴지통 아이콘을 클릭해서 특정 메모를 삭제할 때 한 번 더 확인하는 알림창이 나타납니다.
- **해결 방법:** No 또는 Yes 버튼을 클릭해서 지우거나 삭제를 취소합니다. Don't show again에 체크하면 이후로 동일한 알림창은 나타나지 않습니다.

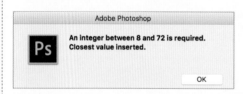

- **내용:** 8과 72 사이의 정수가 필요합니다. 근삿값이 사용됩니다.
- **이유:** 카운트 도구 사용 중 Marker Size나 Label Size 옵션의 입력 범위가 벗어나면 발생하는 알림창입니다.
- **해결 방법:** Maker Size는 1에서 10, Label Size는 8에서 72까지의 정수만 입력합니다.

LESSON 08

복구 브러시 도구, 패치 도구, 내용 인식 이동 도구, 적목 현상 도구

Spot Healing Brush Tool , Healing Brush Tool, Patch Tool,
Content-Aware Move Tool, Red Eye Tool

Spot Healing Brush Tool J	스팟 복구 브러시 도구 J
Healing Brush Tool J	복구 브러시 도구 J
Patch Tool J	패치 도구 J
Content-Aware Move Tool J	내용 인식 이동 도구 J
Red Eye Tool J	적목 현상 도구 J

Spot Healing Brush Tool 스팟 복구 브러시 도구 [J] | 클릭한 곳의 주변 값을 이용해 이미지를 자연스럽게 보정합니다.

Healing Brush Tool 복구 브러시 도구 [J] | 소스점을 기준으로 원하는 부분을 보정할 때 사용합니다.

Patch Tool 패치 도구 [J] | 이미지를 자연스럽게 지우거나 복사할 때 사용합니다.

Content-Aware Move Tool 내용 인식 이동 도구 [J] | 이미지를 이동했을 때 생기는 여백 부분을 주변과 자연스럽게 합성해 주며 이동된 이미지의 외곽 부분을 이동된 곳과 자연스럽게 합성해 줍니다.

Red Eye Tool 적목 현상 도구 [J] | 사진기 플래시 때문에 눈동자가 빨갛게 변하는 적목 현상을 보정할 때 사용합니다.

복구 브러시 도구의 기능 및 옵션바

클릭만으로 쉽게 보정할 수 있는 스팟 복구 브러시 도구와 소스점을 바탕으로 이미지를 보정하는 복구 브러시 도구가 있습니다.

✎ **Spot Healing Brush Tool** 스팟 복구 브러시 도구 보정할 위치를 클릭하면 주변 값을 이용해 클릭한 지점을 자연스럽게 보정하는 도구입니다. 점, 여드름 등의 잡티처럼 작은 영역을 자연스럽게 지울 때 사용하면 효과적입니다.

✎ **Healing Brush Tool** 복구 브러시 도구 [Alt]를 누른 채 소스가 될 부분을 클릭해서 소스점을 지정합니다. 소스점을 지정한 후 보정할 위치를 클릭합니다. 소스점을 기준으로 원하는 부분을 보정할 때 사용하는 도구로 이미지를 지울 때도 사용하지만 자연스럽게 이미지를 복사할 때도 사용합니다. 도장 도구가 소스점을 그대로 옮기는 데 반해 복구 브러시 도구는 보정＋복사가 함께 이루어져 자연스러운 보정이 가능합니다. 브러시 도구처럼 사용할 수 있습니다. 포토샵의 다른 작업창에서도 소스점을 지정해 사용할 수 있으며 소스가 있는 창을 닫으면 해당 소스점이 초기화됩니다.

복구 브러시 도구의 옵션바

▲ 스팟 복구 브러시 도구

▲ 복구 브러시 도구

Brush Option 브러시 옵션 브러시의 형태와 크기를 결정합니다. 작업창에서 마우스 오른쪽 버튼을 클릭해도 브러시 옵션을 불러올 수 있습니다. 알아보기 60.p

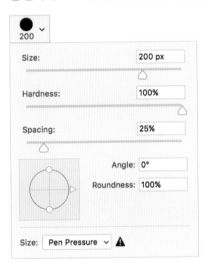

Blending Mode 합성 모드 두 개 이상의 레이어를 혼합하여 다양한 합성 효과를 표현할 수 있습니다. 알아보기 102.p

Type 유형 소스 샘플링 유형을 설정합니다.

- **Content-Aware 내용 인식** | 선택 영역 주변 값을 이용해 복원합니다.
- **Create Texture 텍스처 만들기** | 선택 영역 주변 값을 이용해 만든 텍스처로 복원합니다.
- **Proximity Match 근접 일치** | 인접 이미지의 명암과 질감을 비교하여 보다 자연스럽게 복원합니다.

   근접 일치를 선택하면 Diffusion 옵션이 활성화되며 1부터 7까지 확산 정도를 설정할 수 있습니다.

Sample All Layers 모든 레이어 샘플링 보이는 모든 레이어로부터 복제 데이터 샘플을 만듭니다.

☑ **Always use Pressure for Size** 타블렛 사용 시 필압 사용 여부를 설정하는 옵션으로 비활성화 시 브러시 사전 설정에 따라 압력을 제어합니다.

🔳 **패널 열기** 소스점의 세부 정보를 설정 할 수 있는 Clone Source 패널을 열고 닫습니다.

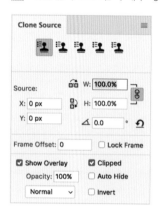

Source 소스 영역을 복구할 소스를 선택합니다.

- **Sampled 샘플** | 복구할 때 선택 영역 주위를 소스로 사용합니다.
- **Pattern 패턴** | 복구할 때 선택한 패턴을 소스로 사용합니다.

Aligned 정렬 미체크 시 클릭할 때마다 항상 처음 지정한 위치의 소스점을 복사해 오며 체크 시 처음 소스점과 현재 마우스 커서의 위치를 계산해 이동된 위치의 소스점을 복사해 옵니다. 알아보기 121.p

Use Legacy 레거시 사용 이전 버전(포토샵 CC2014 및 이전버전)의 알고리즘을 이용하여 효과를 적용합니다. 체크시 효과 적용에 더 많은 시간이 걸리지만 세부적인 부분에서 보다 정밀한 효과를 보여줍니다. 이 경우 확산(Diffusion) 기능을 사용할 수 없습니다.

Sample 샘플 샘플로 사용할 레이어를 선택할 수 있습니다.

- **Current Layer** ｜ 현재 레이어를 샘플로 사용합니다.
- **Current & Below** ｜ 현재 레이어 이하에 있는 레이어를 샘플로 사용합니다.
- **All layer** ｜ 모든 레이어를 샘플로 사용합니다.

🔲 **Turn on to ignore adjustment layers when healing** 복구할 때 조정 레이어를 무시하려면 활성화합니다. Sample 옵션을 Current & Below나 All layers를 선택했을 때만 사용할 수 있습니다. (조정 레이어 알아보기 309.p)

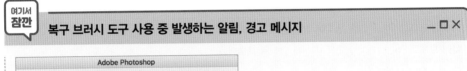

여기서 잠깐 | 복구 브러시 도구 사용 중 발생하는 알림, 경고 메시지 　　　　　 _ □ ×

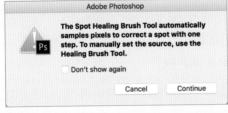

- **내용:** 스팟 복구 브러시 도구는 자동으로 픽셀을 샘플링하여 스팟을 한 단계로 수정합니다. 소스를 수동으로 설정하려면 복구 브러시 도구를 사용하십시오.
- **이유:** 스팟 복구 브러시 도구 사용 중에 Alt 를 누른 채 클릭하면 나타나는 경고창입니다.
- **해결 방법:** Alt 를 누른 채 클릭해서 소스점을 지정하는 것은 복구 브러시 도구를 사용할 때입니다. 스팟 복구 브러시 도구는 자동으로 소스를 설정하므로 소스점을 지정할 필요가 없습니다. [Don't show again]에 체크하면 이후 해당 경고창은 표시되지 않습니다.

- **내용:** 옵션-클릭하여 이미지를 복구하는 데 사용할 소스점을 정의하십시오.
- **이유:** 복구 브러시 도구를 사용할 때 소스점을 지정하지 않고 보정할 부분을 클릭하면 나타납니다.
- **해결 방법:** Alt 를 누른 채 소스로 사용할 위치를 클릭하여 소스점을 지정합니다.

패치 도구, 내용 인식 이동 도구, 적목 현상 도구의 기능 및 옵션바

복구 브러시 도구 이외에도 이미지를 보정하는 도구로는 패치 도구, 내용 인식 이동 도구, 적목 현상 도구가 있습니다.

⚙ **Patch Tool** 패치 도구 이미지를 자연스럽게 지우거나 복사할 때 사용합니다. 복구 브러시 도구와 비슷하지만 한번에 보다 넓은 영역을 자연스럽게 보정할 수 있습니다.

- **Shift+드래그** ⚙₊ ┃ 기존 영역에 선택 영역을 추가합니다.
- **Alt+드래그** ⚙ ┃ 기존 영역에서 선택 영역을 제외합니다.
- **Shift+Alt+드래그** ⚙ₓ ┃ 기존 영역과 새로 지정한 선택 영역의 교차 영역만 선택합니다.
- **Ctrl** ┃ 선택 영역을 지정한 상태에서는 일시적으로 잘라내기 기능을 사용할 수 있습니다.
- **Ctrl+Alt** ┃ 일시적으로 복사하기 기능을 사용할 수 있습니다.

✖ **Content-Aware Move Tool** 내용 인식 이동 도구 이미지를 이동했을 때 생기는 여백 부분을 주변과 자연스럽게 합성해 주며 이동된 이미지의 외곽 부분을 이동된 곳과 자연스럽게 합성해 줍니다.

- **Ctrl** ┃ 선택 영역을 지정한 상태에서는 일시적으로 잘라내기 기능을 사용할 수 있습니다.
- **Ctrl+Alt** ┃ 일시적으로 복사하기 기능을 사용할 수 있습니다.

Red Eye Tool 적목 현상 도구 사진을 찍을 때 플래시를 사용하면 눈동자가 빨갛게 표시되는 적목 현상이 발생합니다. 적목 현상 도구를 사용하면 적목 현상을 빠르게 보정할 수 있습니다.

▲ 적목 현상이 발생한 사진

▲ 적목 현상 도구 적용

패치 도구, 내용 인식 이동 도구, 적목 현상 도구의 옵션바

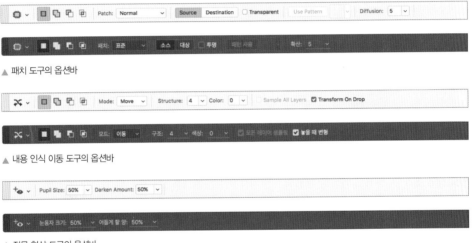

▲ 패치 도구의 옵션바

▲ 내용 인식 이동 도구의 옵션바

▲ 적목 현상 도구의 옵션바

New Selection 새 선택 영역 새로운 선택 영역을 만듭니다. 이미 영역이 지정되어 있다면 기존 영역이 해제되고 새로운 영역이 지정됩니다.

Add To Selection 선택 영역에 추가 하나 이상의 선택 영역이 지정된 상태에서 새로운 선택 영역을 추가합니다. 수학의 합집합과 같습니다.

Subtract From Selection 선택 영역에서 빼기 Alt 선택된 영역에서 새로운 선택 영역과 중첩된 부분을 제외합니다. 수학의 차집합과 같습니다.

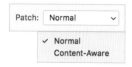 **Intersect With Selection** 선택 영역과 교차 ⌈Shift⌉+⌈Alt⌉ 선택된 영역과 새로운 선택 영역의 중첩된 부분만 남깁니다. 수학의 교집합과 같습니다.

Patch 패치 패치 모드를 선택합니다.

Patch: Normal ∨
　　　　✓ Normal
　　　　Content-Aware

- **Normal** 표준 | 빠르게 패치를 적용합니다.
- **Content-Aware** 내용 인식 모드 | 내용을 인식하여 보다 정밀하게 패치 기능을 적용합니다. 패치 효과 적용 시 기존 이미지가 남아 있을 때 표준은 흔적이 남지만 내용 인식 모드는 남아 있는 흔적 또한 합성하여 자연스럽게 처리합니다. 단 내용 인식 모드가 항상 더 나은 결과를 제공하지는 않으므로 적용하고자 하는 이미지에 맞게 사용하는 것이 중요합니다.

▲ 원본　　　　　　▲ 표준　　　　　　　　▲ 내용 인식 모드

Source 소스 A → B로 이동할 때 B의 이미지를 이용하여 A를 보정합니다.

Destination 대상 A → B로 이동할 때 A의 이미지를 이용하여 B를 보정합니다.

Transparent 투명 체크하면 패치를 혼합할 때 투명도를 사용합니다.

Use Pattern 패턴 사용 패턴을 사용하여 선택 영역을 칠하고 패치합니다. 사용할 패턴을 선택할 수 있습니다.

Diffusion 확산 확산 정도를 조정합니다.

Mode 모드 내용 인식 모드를 선택합니다.

Mode: Move ∨
　　　✓ Move
　　　Extend

- **Move 이동** | 선택 영역의 이미지가 이동되어 효과가 적용됩니다.
- **Extend 확장** | 선택 영역의 이미지가 복사되어 효과가 적용됩니다.

▲ 원본　　　　　　　　　▲ 이동　　　　　　　　　▲ 확장

Structure 구조 원본 구조가 보존되는 정도를 조정합니다. 1부터 7까지 조절할 수 있으며 기본값은 4입니다. 수치가 높을수록 주변 이미지의 참조 정도가 커집니다.

Color 색상 소스 색상을 수정할 수 있는 정도를 조정합니다. 0부터 10까지 조절할 수 있으며 기본값은 0입니다.

Sample All Layers 모든 레이어 샘플링 체크 시 모든 레이어에서 샘플링을 추출합니다.

Transform On Drop 놓을 때 변형

- **해제** | 영역을 지정하고 드래그한 후 마우스에서 손을 떼면 바로 변형이 시작됩니다.
- **체크** | 영역을 지정하고 드래그한 후 마우스에서 손을 떼면 회전 및 크기 조절을 할 수 있는 변형 가이드가 생성됩니다. 변형까지 완료한 후 옵션바에서 [확인] 버튼을 클릭하면 변형이 시작됩니다.

▲ Transform On Drop 옵션에 체크했을 때

Pupil Size 눈동자 크기 동공, 즉 검은자위의 적합한 크기를 설정합니다.

Darken Amount 어둡게 할 양 눈동자를 어느 정도나 어둡게 할지를 설정합니다.

LESSON 09

브러시 도구, 연필 도구, 색상 대체 도구, 혼합 브러시 도구

Brush Tool, Pencil Tool, Color Replacement Tool, Mixer Brush Tool

✏ Brush Tool	B	
✏ Pencil Tool	B	
✏ Color Replacement Tool	B	
✏ Mixer Brush Tool	B	

✏ 브러시 도구	B	
✏ 연필 도구	B	
✏ 색상 대체 도구	B	
✏ 혼합 브러시 도구	B	

✏ Brush Tool 브러시 도구 Ⓑ │ 포토샵에서 그림을 그릴 때 사용하는 툴로 가장 대표적인 드로잉 도구입니다.

✏ Pencil Tool 연필 도구 Ⓑ │ 브러시와 유사하지만 외곽 부분이 픽셀 단위로 명확하게 떨어지기 때문에 도트 아트 등에 많이 사용합니다.

✏ Color Replacement Tool 색상 대체 도구 Ⓑ │ 특정 색상 영역을 전경색으로 대체합니다. 대체될 색상은 클릭 시 브러시 중앙에 있는 포인트의 색상을 기준으로 합니다.

✏ Mixer Brush Tool 혼합 브러시 도구 Ⓑ │ 드로잉을 할 때 이미 칠해진 색상에 새로운 색상을 혼합하여 칠할 때 사용합니다. 포토샵 CS5부터 생긴 도구입니다.

브러시, 연필, 색상 대체, 혼합 브러시 도구의 옵션바

브러시와 관련된 도구를 사용할 때는 붓이나 연필로 드로잉하듯 자유롭게 드래그하여 원하는 모양을 그릴 수 있습니다. 그러므로 특별한 기능보다는 옵션바를 제대로 파악하여 그리고자 하는 모양에 따라 적절한 브러시 종류를 선택하고 활용하는 것이 중요합니다. 브러시 크기와 투명도를 조절하여 자신만의 브러시를 만들어 사용할 수도 있습니다.

▲ 브러시 도구의 옵션바

▲ 연필 도구의 옵션바

▲ 색상 대체 도구의 옵션바

▲ 혼합 브러시 도구의 옵션바

> **TIP** 포토샵 2020에서는 빠른 선택 도구, 도장 도구를 포함하여 브러시와 관련된 도구의 옵션바에 브러시 각도 설정 옵션이 추가되었습니다.
>
> △ 0°

Brush Panel 브러시 패널 브러시의 형태와 크기를 결정합니다. 작업창에서 마우스 오른쪽 버튼을 클릭해 불러올 수도 있으며, 선택한 도구에 따라 일부 옵션에 차이가 있지만 대체적으로 동일합니다. `알아보기 110.p`

☑ **Brush Settings 브러시 설정** Brush Settings 패널을 열거나 닫습니다. `알아보기 463.p`

Mode 모드 합성 모드를 설정합니다.

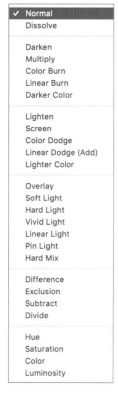

- **Nomal 표준** | 혼합 모드가 적용되지 않은 기본 모드입니다.
- **Dissolve 디졸브** | 픽셀 위치의 불투명도에 따라 임의로 픽셀을 기본 색상이나 혼합 색상으로 대체합니다.

▲ Nomal 투명도 50%   ▲ Dissolve 투명도 50%

- **Darken 어둡게 하기** | 기본 색상이나 혼합 색상 중 더 어두운 색상을 결과 색상으로 나타냅니다. 혼합 색상보다 밝은 픽셀에만 효과가 적용됩니다.
- **Multiply 곱하기** | 기본 색상과 혼합 색상을 곱하여 여러 마킹 펜으로 그리는 듯한 효과를 냅니다.

- **Color Burn 색상 번** | 대비를 증가시켜 기본 색상을 어둡게 합니다. 흰색과 혼합 시 변화가 없습니다.
- **Linear Burn 선형 번** | 명도를 감소시켜 기본 색상을 어둡게 합니다. 흰색과 혼합 시 변화가 없습니다.
- **Darker Color 어두운 색상** | 혼합 색상과 기본 색상의 채널 값을 비교하여 더 낮은 값의 색상을 표시합니다.

▲ Darken

▲ Multiply

▲ Color Burn

▲ Linear Burn

▲ Darker Color

- **Lighten 밝게 하기** | 더 밝은 색상을 결과 색상으로 나타냅니다. 혼합 색상보다 어두운 픽셀에만 효과가 적용됩니다.
- **Screen 스크린** | 혼합 색상과 기본 색상의 반전 색을 곱합니다. 결과 색상은 항상 더 밝은 색상이 되며 검정색을 스크린할 경우 색상 변화가 없습니다.
- **Color Dodge 색상 닷지** | 대비를 감소시켜서 기본 색상을 밝게 하여 혼합 색상을 반영하며 검정색을 혼합할 경우 색상 변화가 없습니다.
- **Linear Dodge (Add) 선형 닷지(추가)** | 명도를 증가시켜서 기본 색상을 밝게 하여 혼합 색상을 반영하며 검정색을 혼합할 경우 색상 변화가 없습니다.
- **Lighter Color 밝은 색상** | 혼합 색상과 기본 색상의 채널 값을 비교하여 더 높은 값의 색상을 표시합니다.

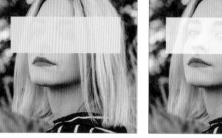

▲ Lighten　　　　　　▲ Screen　　　　　　▲ Color Dodge

▲ Linear Dodge (Add)　　　▲ Lighter Color

- **Overlay 오버레이** | 기본 색상에 따라 색상을 곱하거나 스크린합니다.
- **Soft Light 소프트 라이트** | 혼합 색상에 따라 색상을 어둡게 하거나 밝게 하여 이미지에 확산된 집중 조명을 비추는 것과 같은 효과를 냅니다.
- **Hard Light 하드 라이트** | 혼합 색상에 따라 색상을 곱하거나 스크린합니다.
- **Vivid Light 선명한 라이트** | 혼합 색상에 따라 대비를 증가 또는 감소시켜 색상을 번하거나 닷지합니다.
- **Linear Light 선형 라이트** | 혼합 색상에 따라 명도를 증가 또는 감소시켜 색상을 번하거나 닷지합니다.
- **Pin Light 핀 라이트** | 혼합 색상에 따라 색상을 대체합니다.
- **Hard Mix 하드 혼합** | 혼합 색상의 빨강, 녹색, 파랑 채널 값을 기본 색상의 RGB 값에 추가합니다.

▲ Overlay　　　　　　▲ Soft Light　　　　　　▲ Hard Light

▲ Vivid Light

▲ Linear Light

▲ Pin Light

▲ Hard Mix

- **Difference 차이** ┃ 기본 색상과 혼합 색상 중 명도 값이 더 큰 색상에서 다른 색상을 뺍니다.
- **Exclusion 제외** ┃ 차이 모드와 유사하지만 대비가 더 낮은 효과를 냅니다.
- **Subtract 빼기** ┃ 기본 색상에서 혼합 색상을 뺍니다.
- **Divide 나누기** ┃ 각 채널의 색상 정보를 보고 기본 색상에서 혼합 색상을 나눕니다.

▲ Difference

▲ Exclusion

▲ Subtract

▲ Divide

- **Hue 색조** ｜ 기본 색상의 광도와 채도 및 혼합 색상의 색조로 결과 색상을 만듭니다.
- **Saturation 채도** ｜ 기본 색상의 광도와 색조 및 혼합 색상의 채도로 결과 색상을 만듭니다.
- **Color 색상** ｜ 기본 색상의 광도 및 혼합 색상의 색조와 채도로 결과 색상을 만듭니다.
- **Luminosity 광도** ｜ 색상 모드와 반대 효과를 냅니다.

▲ Hue

▲ Saturation

▲ Color

▲ Luminosity

Opacity 불투명도 브러시의 불투명도를 설정합니다.

☑ Pressure for Opacity 불투명도 압력 타블렛 사용 시 필압으로 불투명도를 조절하는 옵션으로 비활성화 시 브러시 사전 설정에 따라 불투명도를 제어합니다.

Flow 흐름 획의 흐름 속도를 설정합니다.

☑ Airbrush-Style 에어브러시 스타일 강화 효과를 사용합니다.

Smoothing 보정 브러시 획의 흔들림 수치를 보정하여 더 자연스러운 드로잉을 할 수 있습니다.

☒ 대칭 그리기 옵션 설정 보다 쉽게 수직, 수평 등의 대칭적인 선을 그을 수 있습니다.

☑ Pressure for Size 사이즈 압력 타블렛 사용 시 필압으로 크기를 조절하는 옵션으로 비활성화 시 브러시 사전 설정에 따라 불투명도를 제어합니다.

Auto Erase 자동 지우기 전경색 위를 배경색으로 그립니다.

☑☑☑ Sampling | 샘플링 방식을 설정합니다.

> **TIP 샘플링(기준색)이란?**
> 색상 대체 도구를 사용하여 특정 색상 영역을 전경색으로 변경할 때 특정 색상 영역의 기준이 되는 색상을 말합니다. 클릭 시
> ☐ 브러시 중앙의 십자점을 샘플링(기준색)으로 지정합니다.
>
>
>
> ▲ 원본　　　　　　　　▲ 색상 대체 도구 적용

- **☑ Sampling-Continuous** | 처음 클릭한 곳 이외의 색상도 대체됩니다. 클릭 또는 드래그 시 계속해서 샘플링(기준색)이 변합니다.

- ▪ ✒ **Sampling-Once** | 처음 클릭한 곳 이외의 색상은 대체되지 않습니다. 클릭 시 샘플링(기준색)이 변하며 드래그 중에는 샘플링(기준색)이 변하지 않습니다.

▲ 원본

▲ Sampling-Continuous

▲ Sampling-Once (균에) 한 번 클릭 후 드래그

- ▪ ✒ **Sampling-Background Swatch** | 배경색과 비슷한 색상을 전경색으로 교체합니다.

▲ 원본

▲ Sampling-Background Swatch 적용

Limits 제한 색상 교체 효과의 적용 방식을 설정합니다.

- ▪ **Discontiguous** | 인접하지 않은 색상 영역도 브러시 범위 내에 있다면 교체합니다.
- ▪ **Contiquous** | 인접한 영역의 색상만 교체합니다.

▲ 원본

▲ Discontiguous

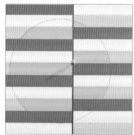

▲ Contiquous

■ **Find Edges** | 색상의 경계을 인식하여 교체합니다.

▲ 원본

▲ Find Edges 적용 시

▲ Discontiguous 또는 Contiguous 적용 시
(좌측 하단에서 우측 상단 대각선으로 드래그)

Tolerance 허용치 대체될 색상의 범위를 결정합니다. 수치가 높을수록 변경되는 색상 범위가 넓어집니다.

▲ 허용치 10%

▲ 30%

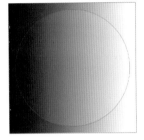
▲ 80%

Anti-alias 앤티 앨리어스 가장자리 처리 방법을 설정합니다. 체크 시 보다 부드럽게 가장자리를 표현합니다. 알아보기 49.p

 Current brush load 현재 브러시 불러오기

Coad the brush after each stroke 각 획 처리 후 브러시를 불러옵니다.

Clean the brush after each stroke 각 획 처리 후 브러시를 정리합니다.

Wet 축축함 캔버스에서 선택한 페인트 양을 설정합니다.

Load 불러오기 브러시에서 페인트 양을 설정합니다.

Mix 혼합 획의 색상 혼합 비율을 설정합니다.

Sample All Layers 모두 샘플링 모든 레이어에서 젖은 페인트를 선택합니다.

Brush Option으로 브러시 설정하기

브러시 관련 도구의 옵션바에서 가장 중요한 옵션 중 하나인 Brush Option 팝업 창(Brush 패널)에서는 브러시의 크기 및 경도를 조절하거나 종류를 선택하는 등 전반적인 속성을 설정할 수 있습니다.

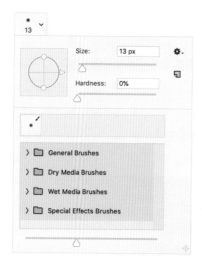

Size 브러시의 크기를 설정합니다.

Hardness 브러시의 경도를 설정합니다. 0에 가까울수록 가장자리 경계가 옅어집니다.

⚙️ 브러시를 추가하거나 삭제할 수 있고, 브러시 선택 창의 보기 방식 등을 변경합니다.

- **New Brush Preset** 새 브러시 사전 설정 ｜ 현재 설정된 브러시 속성을 새로운 브러시로 등록합니다.
  Brush Option 창에서 🔲 아이콘을 클릭해도 현재 설정으로 새로운 브러시를 등록할 수 있습니다.

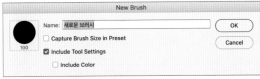

- **New Brush Group** 새로운 브러시 그룹 ｜ 새로운 브러시 그룹을 만듭니다.

- **Rename Brush** 브러시 이름 바꾸기 ｜ 선택한 브러시의 이름을 변경합니다.

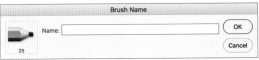

- **Delete Brush** 브러시 삭제 ｜ 선택한 브러시를 삭제합니다.
- **Brush Name** 브러시 이름 ｜ 브러시 선택 영역의 보기 방식에 브러시 이름을 표시합니다.
- **Brush Stroke** 브러시 획 ｜ 브러시 선택 영역의 보기 방식에 브러시 획을 표시합니다.

■ **Brush Tip** 브러시 끝 ┃ 브러시 선택 영역의 보기 방식에 브러시 끝을 표시합니다.

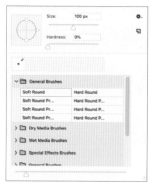

▲ Brush Name

▲ Brush Stroke

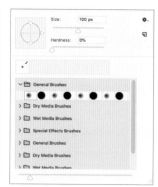

▲ Brush Tip 체크

▲ 모두 체크 시

■ **Show Additional Preset Info** 추가 사전 설정 정보 표시 ┃ 브러시 사전 설정 정보를 표시합니다.

■ **Show Recent Brushes** 최근 브러시 표시 ┃ 최근 브러시를 표시합니다. 체크를 해제하면 브러시 선택 영역 가장 상단에 가로로 표시된 최근 사용한 브러시 목록이 사라집니다.

■ **Restore Default Brushes** 기본 브러시 복원 ┃ 기본 브러시를 복원합니다.

■ **Import Brushes** 브러시 가져오기 ┃ 브러시를 가져옵니다.

■ **Export Selected Brushes** 선택한 브러시 내보내기 ┃ 선택한 브러시를 내보냅니다.

■ **Get More Brushed** 추가 브러시 다운로드 ┃ 추가 브러시를 다운로드합니다.

■ **Converted Legacy Tool Presets** 변환된 레거시 도구 사전 설정 ┃ 예전 방식의 도구 사전 설정 가져옵니다.

■ **Legacy Brushes** 레거시 브러시 ┃ 예전 방식의 브러시를 가져옵니다.

레거시 브러시 목록 파악하기

레거시 브러시는 예전 방식으로 설정되어 있는 브러시 세트입니다. 예전 방식의 브러시를 가져오면 브러시 목록에 [레거시 브러시] 그룹이 추가되며, 그룹을 펼치면 다음과 같은 세부 브러시 목록이 표시됩니다.

Assorted Brushes 종합 브러시

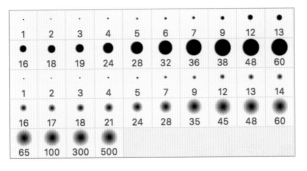

Basic Brushes 기본 브러시

Calligraphic Brushes 서예 브러시

DP Brushes DP 브러시

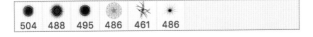

Drop Shadow Brushes 그림자 브러시

1	3	5	9	13	19	8	11	13	15
19	21	24	25	32	34	40	43	52	58

Dry Media Brushes 드라이 재질 브러시

			63	19	2	36	60	10	6
1	5	5	3	6	9	32	13	28	20
5	6	8	29						

Faux Finish Brushes 포 마무리 브러시

25	60	119	40	90	40	90	20	60	120
20	60	120	110	90	65	65	65	100	95
75	75	50							

M Brushes M 브러시

20	42	39	27	27	45	35	54	45	45
36	35	35	35	46	36	46	44	55	95
45	37	36	65	65	45	36	54	60	65
50	50	45	35	65	35	39	9	95	50
18	9	9	12	5	10	36	60	20	5
6									

Natural Brushes2 자연적인 브러시 2

50	50	20	60	118	64	20	118	64	20
25	9	20	60	49	50	41	50	20	60

Natural Brushes 자연적인 브러시

12	19	21	29	43	54	12	21	26	33
46	56	14	21	24	34	41	59	14	26
33	41	56	68						

Round Brushes With Size 크기가 지정된 둥근 브러시

1	3	5	9	13	19	5	9	13	17
21	27	35	45	65	100	200	300	9	13
19	17	45	65	100	200	300			

Special Effect Brushes 특수 효과 브러시

69	48	45	9	45	45	117	45	84	35
50	35	35	29						

Square Brushes 정방형 브러시

1	2	3	4	5	6	7	8	9	10
11	12	14	16	18	20	22	24		

Thick Heavy Brushes 대형 브러시

111	111	100	104	104

Wet Media Brushes 수채화 재질 브러시

							17	9	39
24	5	13	19	55	95	54	39	14	14

Brush Option 설정 중 발생하는 알림, 경고 메시지 ⎯ □ ×

- **내용:** 현재 브러시를 기본 브러시로 대체하시겠습니까?
- **이유:** Brush Option 창에서 설정 아이콘을 클릭한 후 [Reset Brushes] 메뉴를 선택하면 나타납니다.
- **해결 방법:** [Append] 버튼을 클릭해서 기존 브러시 목록에 새로운 브러시 목록을 추가하거나, [OK] 버튼을 클릭해서 기존 브러시 목록을 새로운 브러시 목록으로 대체합니다. [Cancel] 버튼을 클릭하면 대체를 취소합니다.

- **내용:** 브러시를 교체하기 전에 변경 내용을 저장하시겠습니까?
- **이유:** Brush Option 창에서 설정 아이콘을 클릭한 후 [Replace Brushes] 메뉴를 선택하면 나타납니다. 단 기존 브러시 목록에 변경 사항이 있을 때만 나타납니다.
- **해결 방법:** [Don't Save] 버튼을 클릭하면 기존 브러시 목록을 저장하지 않고 새로운 브러시 목록으로 대체하며, [Save] 버튼을 클릭하면 기존 브러시 목록을 저장하고 새로운 브러시 목록을 불러옵니다.

- **내용:** 현재 브러시를 '선택한 브러시'로 대체하시겠습니까?
- **이유:** Brush Option 창에서 설정 아이콘을 클릭한 후 다른 브러시 목록을 선택하면 나타납니다.
- **해결 방법:** [Append] 버튼을 클릭하면 현재 브러시 목록에 새로 선택한 브러시 목록을 추가하며, [OK] 버튼을 클릭하면 기존 브러시 목록을 지우고 새로 선택한 브러시 목록만 유지합니다.

도장 도구

Clone Stamp Tool, Pattern Stamp Tool

| | Clone Stamp Tool | S | | | 복제 도장 도구 | S |
| | Pattern Stamp Tool | S | | | 패턴 도장 도구 | S |

Clone Stamp Tool 복제 도장 도구 ⑤ | 특정 영역의 이미지를 복제할 때 사용합니다.

Pattern Stamp Tool 패턴 도장 도구 ⑤ | 지정된 패턴을 선택하여 브러시처럼 사용할 수 있습니다.

도장 도구의 기능 및 옵션바

Clone Stamp Tool 복제 도장 도구 특정 영역의 이미지를 복제할 때 사용하는 도구로 Alt 를 누른 채 복제할 부분을 클릭한 후 원하는 곳을 클릭하면 이미지가 복제됩니다. 스팟 복구 브러시 도구와 비슷하지만 복제 도장 도구는 원본을 그대로 복제한다는 점에서 차이가 있습니다.

Pattern Stamp Tool 패턴 도장 도구 옵션바에서 패턴을 선택한 후 도장을 찍듯 패턴을 찍을 수 있으며, 브러시처럼 사용할 수도 있습니다.

도장 도구의 옵션바

▲ 복제 도장 도구의 옵션바

▲ 패턴 도장 도구의 옵션바

Brush Option 브러시 옵션 Brush의 형태와 크기를 결정합니다. `알아보기 110.p`

🗹 **Brush Panel** Brush 설정 패널을 가리거나 표시합니다. `알아보기 463.p`

🗹 **Clone Panel** Clone Source 패널을 가리거나 표시합니다.

- 5개의 서로 다른 복제 원본을 지정할 수 있습니다.

- **W, H** | 복제되는 이미지의 크기를 비율로 조정합니다.

- | 복제되는 이미지의 좌우, 상하를 반전합니다.

- **X, Y** | [Alt]+클릭한 곳의 좌표가 표시됩니다.
- **각도** | 각도를 변경하여 이미지를 복제합니다.

- [↻] **재설정** | 수정한 변형 값을 재설정합니다.
- [Frame Offset: 0   ☐ Lock Frame] | Frame Offset(프레임 오프셋)을 설정하거나 Lock Frame(프레임 잠그기)으로 소스 프레임을 잠급니다.
- **Show Overlay** | 체크하면 마우스 커서에 복사될 이미지가 미리 표시되고, 해제하면 브러시 모양만 표시됩니다.

▲ 체크 시   ▲ 미체크 시

- **Opacity** | 복사될 영역의 미리보기 투명도를 조절합니다.
- **Normal** | 합성 모드를 설정합니다(기본값은 Normal로 합성 모드가 적용되지 않습니다).
- **Clipped** | 체크 시 소스 이미지를 현재 브러시 모양으로 보여줍니다. 미체크 시 소스 이미지 전체가 보여집니다. 복제할 결과가 미리 보여질 뿐 소스 이미지가 실제로 복제되는 것은 아니므로 [Ctrl]을 누르거나 다시 체크하면 소스 이미지가 사라집니다.

- **Auto Hide** | 페인팅하는 동안 오버레이를 자동으로 숨깁니다.
- **Invert** | 복사될 이미지 색상을 반전하여 보여줍니다. 미리보기에서만 반전되어 보일뿐 실제 복사되는 이미지의 색상이 반전되는 것은 아닙니다.

Mode 모드 효과 모드를 설정합니다. [알아보기 102.p]

Opacity 불투명도 획 불투명도를 설정합니다.

✓ **Pressure for Opacity 불투명도 압력** 타블렛 사용 시 필압으로 불투명도를 조절하는 옵션으로 비활성화 시 브러시 사전 설정에 따라 불투명도를 제어합니다.

Flow 흐름 도장 도구를 누르는 압력을 조절합니다. 수치가 높을수록 복사되는 이미지가 진해집니다.

✓ **Airbrush-Style** 에어브러시 스타일 강화 효과를 사용합니다. 마우스를 누르고 있는 시간에 따라 복사되는 이미지의 농도가 달라지며 시간이 길어질수록 이미지가 진해집니다.

Aligned 정렬 미체크 시 클릭할 때마다 항상 처음 지정한 위치의 소스점을 복사해 오며, 체크 시 처음 소스점과 현재 마우스 커서의 위치를 계산해 이동된 위치의 소스점을 복사해 옵니다.

▲ 원본

▲ 미체크-클릭 시마다 같은 소스점을 복사함

▲ 체크-처음 소스점과 현재 마우스가 이동 된 위치를 계산해 해당 위치의 이미지를 복사함

Sample 샘플 샘플로 사용할 레이어를 선택할 수 있습니다.

- **Current Layer** ㅣ 현재 레이어를 샘플로 사용합니다.
- **Current & Below** ㅣ 현재 레이어 이하의 레이어를 샘플로 사용합니다.
- **All layers** ㅣ 모든 레이어를 샘플로 사용합니다.

Turn on to ignore adjustment layers when healing 복구할 때 조정 레이어를 무시하려면 켭니다. 샘플을 Current & Below와 All layers를 선택했을 때만 사용할 수 있습니다.

Pressure for Size 타블렛 사용 시 필압으로 크기를 조절하는 옵션으로 비활성화 시 브러시 사전 설정에 따라 크기를 제어합니다.

사용할 패턴을 선택합니다.

Impressionist 인상파 패턴의 모양을 없애고 색으로만 인식하여 회화처럼 칠할 수 있도록 합니다.

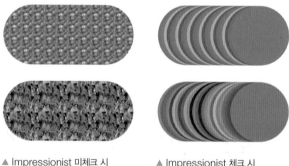

▲ Impressionist 미체크 시   ▲ Impressionist 체크 시

11

작업 내역 브러시 도구

History Brush Tool, Art History Brush Tool

| History Brush Tool | Y |
| Art History Brush Tool | Y |

| 작업 내역 브러시 도구 | Y |
| 미술 작업 내역 브러시 도구 | Y |

History Brush Tool 작업 내역 브러시 도구 Y | 원본 이미지를 변경한 다음 변경된 특정 부분을 원본 이미지 상태로 되돌립니다.

Art History Brush Tool 미술 작업 내역 브러시 도구 Y | 회화적인 기법으로 이미지를 재구성합니다.

작업 내역 브러시 도구의 기능 및 옵션바

☑ **History Brush Tool** 작업 내역 브러시 도구 원본 이미지를 보정하거나 합성하는 등 변경한 후 특정 부분을 작업 내역 브러시로 드래그하면 드래그한 부분만 변경 전 원본 이미지 상태로 되돌릴 수 있습니다. 예를 들어 아래처럼 원본 이미지를 흑백 이미지로 변경한 후 작업 내역 브러시 도구로 드래그하면 드래그한 부분만 원본 이미지가 나타납니다.

☑ **Art History Brush Tool** 미술 작업 내역 브러시 도구 미술 작업 내역 브러시와 스타일을 설정하여 원하는 영역에 회화적인 느낌을 표현할 수 있습니다.

작업 내역 브러시 도구의 옵션바

Brush Option 브러시 옵션 | Brush의 형태와 크기를 결정합니다. `알아보기 110.p`

☑ **Brush Settings** 브러시 설정 Brush 설정 패널을 표시하거나 숨깁니다. `알아보기 463.p`

Mode 모드 합성 모드를 설정합니다. `알아보기 102.p`

Opacity 불투명도 획 불투명도를 설정합니다.

☑ **Pressure for Opacity** 타블렛 사용 시 필압으로 불투명도를 조절하는 옵션으로 비활성화 시 브러시 사전 설정에 따라 불투명도를 제어합니다.

Flow 흐름 수치가 높을수록 복사되는 이미지가 진해집니다.

☑ **Airbrush–Style** 에어브러시 스타일 강화 효과를 사용합니다.

✔ **Pressure for Size** 타블렛 사용 시 필압으로 크기를 조절하는 옵션으로 비활성화 시 브러시 사전 설정에 따라 크기를 제어합니다.

미술 작업 내역 브러시 도구의 옵션바

Style 스타일 기본 설정값은 [Tight Shot] (단단히 짧게)이며, 10가지 스타일을 포함하고 있습니다. 선택한 설정값에 따라 미술 작업 내역 브러시 도구의 스타일을 변경할 수 있습니다.

▲ 원본

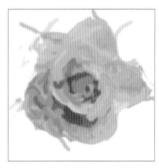

▲ Tight Shot(단단히 짧게) ▲ Tight Medium(단단히 중간) ▲ Tight Long(단단히 길게)

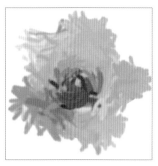

▲ Looss Medium(느슨하게 중간)

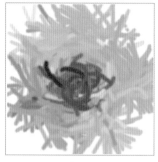

▲ Looss Long(느슨하게 길게)

▲ Dab(두드리기)

▲ Tight Curl(단단히 감기)

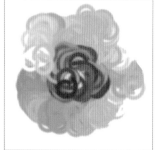

▲ Tight Curl Long(길게 단단히 감기)

▲ Looss Curl(느슨하게 감기)

▲ Looss Curl Long(느슨하고 길게 감기)

Area 영역 미술 작업 내역 브러시 도구가 적용될 영역의 크기를 설정할 수 있습니다.

Tolerance 허용치 미술 작업 내역 브러시 도구가 적용되는 강도를 설정할 수 있습니다.

TIP 여기서 소개하지 않은 옵션은 작업 내역 브러시 도구의 옵션과 동일합니다.

LESSON 12

지우개 도구

Eraser Tool, Background Eraser Tool, Magic Eraser Tool

Eraser Tool	E	■	지우개 도구	E
Background Eraser Tool	E		배경 지우개 도구	E
Magic Eraser Tool	E		자동 지우개 도구	E

Eraser Tool 지우개 도구 [E] | 원하는 영역을 지울 때 사용합니다.

Background Eraser Tool 배경 지우개 도구 [E] | 원하는 색상만 지울 수 있으며 지워진 부분은 투명 영역으로 표시됩니다.

Magic Eraser Tool 자동 지우개 도구 [E] | 클릭한 곳과 유사한 색상을 일괄 지웁니다. 자동 선택 도구(마술봉)의 지우개 버전이라고 할 수 있습니다.

지우개 도구의 기능 및 옵션바

지우개 도구는 원하는 영역을 지울 때 사용하는 도구로 브러시 도구처럼 원하는 영역을 자유롭게 드래그하면 해당 영역이 지워집니다. 레이어가 배경 레이어인지 일반 레이어인지에 따라 지워지는 방식에 차이가 있습니다.

- **배경 레이어** | 드래그해서 지운 영역이 배경색으로 채워집니다.
- **일반 레이어** | 드래그해서 지운 영역이 투명하게 처리됩니다.

▲ 배경 레이어

▲ 일반 레이어

지우개 도구의 옵션바

Brush Option 브러시 옵션 지우개의 형태와 크기를 결정합니다. 작업창에서 마우스 오른쪽 버튼을 클릭해도 브러시 옵션을 불러올 수 있습니다. 알아보기 110.p

Brush Settings 브러시 설정 Brush 설정 패널을 열거나 닫습니다. 알아보기 463.p

Mode 모드 지우개 방식을 설정합니다.

- **Brush** | 브러시 도구와 같은 방식으로 사용합니다(기본값).
- **Pencil** | 연필 도구와 같은 방식으로 사용하며 Flow가 활성화되지 않습니다.
- **Block** | 정사각형 블록 모양으로만 지울 수 있으며, Opacity와 Flow가 활성화되지 않습니다.

Opacity 불투명도 지우개의 불투명도를 설정합니다.

▲ 불투명도 25%, 50%, 75%, 100%일 때 배경 레이어(왼쪽)와 일반 레이어(오른쪽)

☑ **Pressure for Opacity 불투명도 압력** 타블렛 사용 시 필압으로 불투명도를 조절하는 옵션으로 비활성화 시 브러시 사전 설정에 따라 불투명도를 제어합니다.

Flow 흐름 획의 흐름 속도를 설정합니다. 아래 그림에서 두 가지 드로잉을 비교해 보면 불투명도와 달리 흐름은 효과가 중첩되는 것을 확인할 수 있습니다. 즉 마우스를 떼지 않고 같은 곳을 반복해서 드로잉할 때 효과의 중첩 여부로 두 기능을 구분할 수 있습니다.

▲ Opacity 50%(위)와 Flow 50%(아래)일 때 효과 중첩 여부

 **Airbrush-Style** 에어브러시 스타일 강화 효과로 드로잉 시 머문 시간만큼 효과가 중첩해서 적용됩니다.

▲ 비활성 상태　　　　　　　　▲ 활성 상태

Smoothing 보정 브러시 획의 흔들림 수치를 보정하여 보다 더 자연스러운 드로잉을 할 수 있습니다.

Erase to History 작업 내역으로 지우기 작업 중 지워진 영역을 원래 이미지로 복원할 수 있습니다. 히스토리 브러시 도구의 지우개 버전이라고 할 수 있습니다. 단 작업 중인 파일에 한하며 이미 저장 후 다시 불러온 파일에는 적용되지 않습니다.

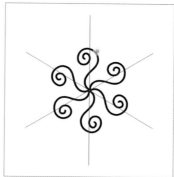 **Pressure for Size** 타블렛 사용 시 필압으로 크기를 조절하는 옵션으로 비활성화 시 브러시 사전 설정에 따라 크기를 제어합니다.

대칭 그리기 옵션 설정 보다 쉽게 수직, 수평등의 대칭적인 선을 그을 수 있습니다.

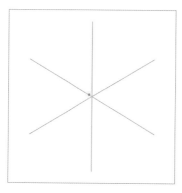
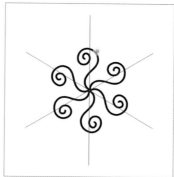

배경 지우개와 자동 지우개 도구의 기능 및 옵션바

공통점 배경 지우개 도구와 자동 지우개 도구는 원하는 색상만 골라서 지울 수 있으며, 배경 레이어에서 사용 시 일반 레이어로 변경된다는 점이 동일합니다.

차이점 배경 지우개 도구는 드래그해서 원하는 색상을 지우는 반면 자동 지우개 도구는 클릭한 곳과 유사한 색상을 일괄적으로 지울 수 있습니다.

▲ 배경 지우개 도구 사용

▲ 자동 지우개 도구 사용

배경 지우개와 자동 지우개 도구의 옵션바

▲ 배경 지우개 도구의 옵션바

▲ 자동 지우개 도구의 옵션바

Sampling 샘플링 방식을 설정합니다.

> **TIP** 샘플링(기준색)이란?
> 배경 지우개 도구를 사용하여 특정 색상 영역을 지울 때 특정 색상 영역의 기준이 되는 색상을 말합니다. 클릭 시 □ 브러시 중앙의 십자점을 샘플링(기준 색)으로 지정합니다.

Sampling–Continuous 처음 클릭한 곳 이외의 색상도 지워집니다. 클릭 또는 드래그 시 계속해서 샘플링(기준색)이 변합니다.

Sampling–Once 처음 클릭한 곳 이외의 색상은 지워지지 않습니다. 클릭 시에만 샘플링(기준 색)이 변하며 드래그 중에는 변하지 않습니다.

▲ 원본

▲ Sampling-Continuous 적용

▲ Sampling-Once 적용

Sampling–Background Swatch 현재 배경색과 같은 색을 투명 영역으로 만듭니다.

▲ 원본

▲ Sampling: Background Swatch 적용

132 PART 1 | **포토샵 도구의 모든 것**

Limits 제한 배경 지우개 도구 효과의 적용 방식을 설정합니다.

- **Discontiguous** ┃ 인접하지 않아도 브러시 범위 내에 있다면 지워집니다.
- **Contiguous** ┃ 인접한 영역의 색상만 지워집니다(기본값).

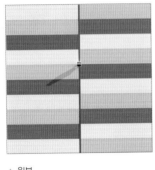
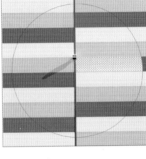
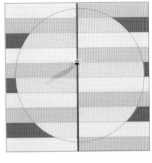

▲ 원본   ▲ Discontiguous   ▲ Contiquous

- **Find Edges** ┃ 색의 경계를 인식해 지웁니다.

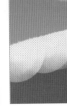
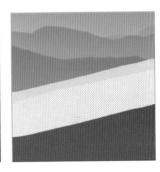

▲ 원본   ▲ Find Edges 적용 시   ▲ Discontiguous 또는 Contiquous
적용 시(좌측 하단에서 우측 상단 대각
선으로 드래그 시)

Tolerance 허용치 지워질 색상의 범위를 결정합니다. 수치가 높을수록 지워지는 색상의 범위가 넓어집니다.

▲ 곰 인형의 옆구리 부분을 큰 브러시로 한 번 클릭했을 때 Tolerance 값에 따른 차이

Protect Foreground Color 전경색 보호 체크하면 전경색으로 지정된 색은 지워지지 않고 보호됩니다.

🖋 **Pressure for Opacity 불투명도 압력** 타블렛 사용 시 필압으로 불투명도를 조절하는 옵션으로 비활성화 시 브러시 사전 설정에 따라 불투명도를 제어합니다.

Tolerance 허용치 지워질 유사 색상의 범위를 설정합니다. 수치가 높을수록 지워지는 색상의 범위가 넓어집니다. 기본값은 32입니다.

Anti-alias 앤티 앨리어스 가장자리 변환을 매끄럽게 처리합니다. 알아보기 49.p

Contiguous 인접 연결된 영역만 지웁니다.

Sample All Layers 모든 레이어 샘플링 체크하면 레이어와 상관없이 화면을 기준으로 효과가 적용됩니다.

Opacity 불투명도 불투명도를 설정합니다.

LESSON 13

그레이디언트 도구, 페이트 통 도구, 3D 재질 놓기 도구

Gradient Tool, Paint Bucket Tool, 3D Material Drop Tool

■ Gradient Tool	G	■ 그레이디언트 도구 G
Paint Bucket Tool	G	페인트 통 도구 G
3D Material Drop Tool	G	3D 재질 놓기 도구 G

■ **Gradient Tool** 그레이디언트 도구 G │ 드래그한 영역에 그레이디언트 효과를 적용합니다.

Paint Bucket Tool 페인트 통 도구 G │ 선택 영역 혹은 특정 색상 영역을 인식하여 전경색 혹은 패턴으로 채웁니다.

3D Material Drop Tool 3D 재질 놓기 도구 G │ 3D 오브젝트에 질감을 적용합니다.

그레이디언트 도구의 기능 및 옵션바

그레이디언트는 여러 가지 색상을 단계적으로 혼합하여 표현한 것을 의미합니다. 옵션바의 여러 옵션을 활용하여 다양한 표현을 할 수 있습니다.

Gradient Editor 미리보기를 클릭해서 그레이디언트 편집기를 불러옵니다. 또 팝업 아이콘을 클릭해서 그레이디언트 목록의 설정 아이콘(기어 모양)을 클릭한 뒤 다음과 같이 그레이디언트 목록을 편집하거나 어도비에서 제공하는 목록을 불러올 수 있습니다. 알아보기 141.p

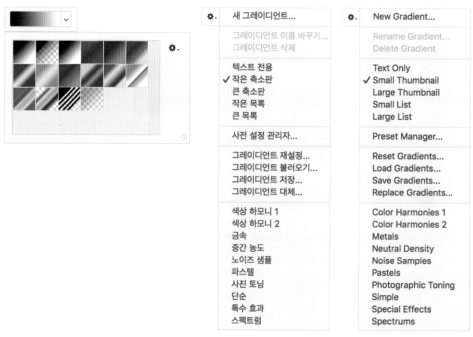

▲ 기본 설정된 그레이디언트 목록

- **New Gradient** ┃ 현재 설정으로 새 그레이디언트를 등록합니다.
- **Rename Gradient** ┃ 선택 중인 그레이디언트 이름을 변경합니다.
- **Delete Gradient** ┃ 선택 중인 그레이디언트를 삭제합니다.
- **Text Only** ┃ 그레이디언트 목록을 텍스트로만 표현합니다.

- **Small Thumbnail** | 그레이디언트 목록을 작은 축소판 형태로 표현합니다(기본값).

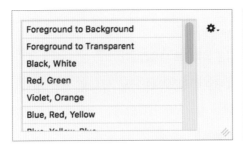 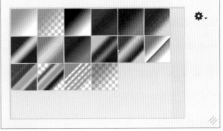

- **Large Thumbnail** | 그레이디언트 목록을 큰 축소판 형태로 표현합니다.
- **Small List** | 그레이디언트 목록을 작은 축소판과 텍스트로 표현합니다.
- **Large List** | 그레이디언트 목록을 큰 축소판과 텍스트로 표현합니다.

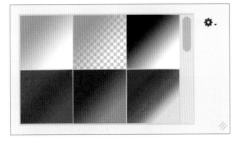 

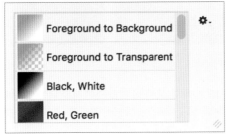

- **Preset Manager** | 그레이디언트 목록을 관리할 수 있는 사전 설정 관리자를 엽니다.

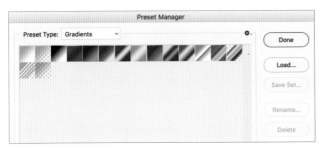

- **Reset Gradient** | 현재 그레이디언트 목록을 기본 그레이디언트 목록으로 재설정합니다.
- **Load Gradient** | 새로운 그레이디언트 목록을 불러옵니다.
- **Save Gradient** | 현재 그레이디언트 목록을 저장합니다.
- **Replace Gradient** | 현재 그레이디언트 목록을 다른 목록으로 대체합니다.

형태 그레이디언트 형태를 결정하는 것으로 왼쪽부터 선형, 방사형, 각진, 반사, 다이아몬드 그레이디언트입니다.

Mode 모드 그레이디언트 합성 모드를 설정합니다. 알아보기 102.p

Opacity 불투명도 불투명도를 설정하며 기본값은 100%입니다.

▲ 불투명도에 따른 변화 0%, 30%, 60%, 100%

Reverse 반전 그레이디언트 색상을 뒤집습니다. 시작 색이 끝 색이 되고 끝 색이 시작 색이 됩니다.

Dither 디더 색상 단계를 보다 부드럽게 표현합니다. 기본으로 체크되어 있습니다.

Transparency 투명도 체크하면 투명 영역이 있는 그레이디언트를 만들 수 있습니다. 기본으로 체크되어 있습니다.

그레이디언트 편집기 살펴보기

옵션바에서 그레이디언트 미리보기를 클릭하면 다음과 같은 그레이디언트 편집기를 열 수 있습니다.

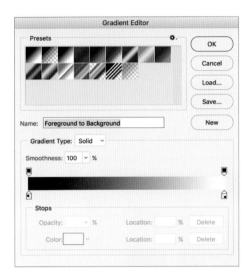

- **Presets** | 사전 설정한 그레이디언트 목록을 확인할 수 있습니다.
- **Load/Save/New** | 그레이디언트를 불러오거나 저장하고 새로 만듭니다.
- **Name** | 현재 그레이디언트의 이름을 변경합니다.
- **Gradient Type** | 그레이디언트 유형을 선택합니다. Solid와 Noise 중 선택하며 일반적으로 Solid를 선택해서 자유롭게 변경합니다.

 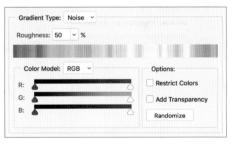

▲ Gradient Type: Solid(기본값) / Gradient Type: Noise

- Smoothness : Solid 그레이디언트에서 색 경계의 부드러운 정도를 나타내며, 수치가 높을수록 색 경계가 부드럽게 표현됩니다.
- Opacity : 그레이디언트의 불투명도를 조절합니다. 그레이디언트 바에서 위쪽에 있는 정지점을 클릭하면 활성화됩니다.

- Color: 그레이디언트 바의 아래쪽 정지점을 클릭하면 활성화되며, 그레이디언트의 색상을 선택합니다. Color 옵션을 클릭하면 색상 선택 창이 나타나며, Color 옵션의 펼침 아이콘을 클릭해서 현재 설정 중인 전경색, 배경색, 사용자 지정 색을 적용할 수도 있습니다.

- Location: 그레이디언트 바에서 선택한 정지점의 위치를 조절합니다.
- Delete: 선택한 정지점을 삭제합니다.
- Roughness: Noise 그레이디언트에서 거친 정도를 설정합니다. 수치가 높을수록 색상의 경계 값이 거칠어집니다.

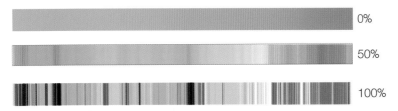

- Color Model: RGB(기본값), HSB, LAB 중 색상 표현 방법을 선택합니다.

- Restrict Colors: Noise 그레이디언트에 사용할 색상을 제한합니다.

제한 전

제한 후

- Add Transparency: Niose 그레이디언트에 투명도를 추가합니다.

추가 전

추가 후

- Randomize : 임의의 Noise 그레이디언트를 만듭니다. 버튼을 클릭할 때마다 새로운 Noise 그레이디언트가 생성됩니다.

기본 그레이디언트 목록 스타일

어도비에서 제공하는 기본 그레이디언트 목록은 다음과 같습니다.

■ **Color Harmonies 1** ┃ 색상 하모니 1

■ **Color Harmonies 2** ┃ 색상 하모니 2

■ **Metals** ┃ 금속

■ **Neutral Density** ┃ 중간 농도

■ **Noise Samples** ┃ 노이즈 샘플

■ **Pastels** ┃ 파스텔

- Photographic Toning | 사진 토닝

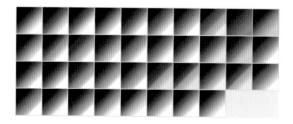

- Simple | 단순

- Special Effects | 특수 효과

- Spectrums | 스펙트럼

페인트 통, 3D 재질 놓기 도구의 옵션바

▲ 페인트 통 도구의 옵션바

▲ 3D 재질 놓기 도구의 옵션바

Set source 페인트 통 도구를 칠할 영역의 소스로 Foreground(전경색)와 Pattern(패턴) 중 선택할 수 있습니다.

Pattern picker Set source 옵션을 [Pattern]으로 설정하면 활성화되며, 소스로 사용할 패턴을 선택할 수 있습니다. 패턴 선택 창에서 설정 아이콘을 클릭하면 패턴을 추가/삭제하거나 패턴 목록 보기 설정을 변경할 수 있는 메뉴가 나타납니다.

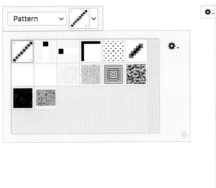 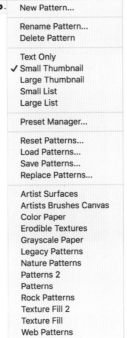 

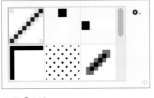

▲ 큰 축소판

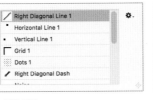

▲ 작은 목록

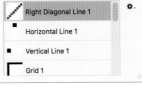

▲ 큰 목록

Mode 모드 페인트 통 도구로 칠해질 영역의 합성 모드를 설정합니다. `알아보기 102.p`

Opacity 불투명도 페인트 통 도구로 칠해질 소스의 불투명도를 설정합니다.

Tolerance 허용치 페인트가 칠해질 영역의 색상 범위를 설정합니다. 수치가 높을수록 칠해지는 색상의 영역이 커집니다. 기본 값은 32이며, 1에서 255까지 입력할 수 있습니다.

▲ 원본

▲ Tolerance 값에 따른 변화 32

▲ 100

▲ 150

Anti-alias 앤티 앨리어스 가장자리 변환을 매끄럽게 처리합니다. `알아보기 49.p`

Contiguous 인접 옵션에 체크하면 인접한 픽셀만 칠합니다.

All Layers 모든 레이어 옵션에 체크하면 레이어와 상관없이 화면에 보이는 이미지를 기준으로 색을 채웁니다.

Load Selected 선택 항목 불러오기 현재 선택한 재질을 재질 페인트 통에 불러옵니다.

기본 패턴 목록 스타일

Pattern picker에서 설정 아이콘을 클릭하면 나타나는 메뉴에서 가장 아래쪽에 있는 메뉴 그룹은 어도비에서 제공하는 패턴 목록을 불러올 때 사용합니다.

- Artist Surfaces | 예술 표면

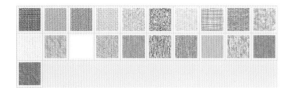

- Artist Brushes Canvas | 미술가 브러시 캔버스

- Color Paper | 컬러 용지

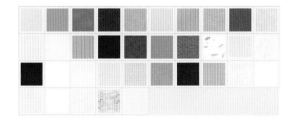

- Erodible Textures | 부식할 수 있는 텍스처

- Grayscale Paper | 그레이스케일 용지

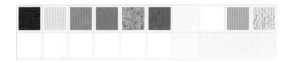

- Legacy Patterns | 이전 패턴

- Nature Pattern | 자연 패턴

- Patterns 2 | 패턴 2

- Patterns | 패턴

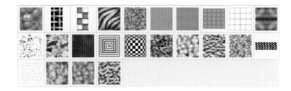

- Rock Patterns | 바위 패턴

- Texture Fill 2 | 텍스처 칠 2

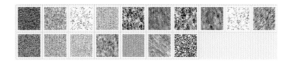

- Texture Fill | 텍스처 칠

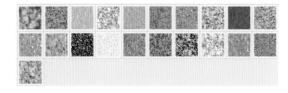

- Web Pattern | 웹 패턴

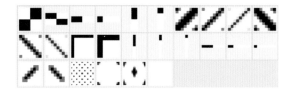

LESSON 14

효과 도구, 손가락 도구

Blur Tool, Sharpen Tool, Smudge Tool

○ Blur Tool
△ Sharpen Tool
〰 Smudge Tool

■ 흐림 효과 도구
▲ 선명 효과 도구
〰 손가락 도구

○ **Blur Tool** 흐림 효과 도구 | 특정 영역에 흐림 효과를 줄 때 사용합니다.

△ **Sharpen Tool** 선명 효과 도구 | 특정 영역에 선명 효과를 줄 때 사용합니다.

〰 **Smudge Tool** 손가락 도구 | 물감을 손가락으로 문지른 듯한 효과를 줄 때 사용합니다.

효과와 손가락 도구의 기능 및 옵션바

◌ **흐림 효과 도구** 특정 영역에 흐림 효과를 주는 도구로 브러시 도구처럼 사용할 수 있습니다. 메뉴바에서 [Filter > Blur] 메뉴의 브러시 버전이라고 할 수 있습니다.

△ **선명 효과 도구** 특정 영역에 선명 효과를 주는 도구로 브러시 도구처럼 사용할 수 있습니다. 메뉴바에서 [Filter > Sharpen] 메뉴의 브러시 버전이라고 할 수 있습니다. 효과를 강하게 적용할 경우 이미지가 깨져 보일 수 있습니다.

📷 **손가락 도구** 특정 영역의 물감을 손가락으로 문지른 듯한 효과를 주는 도구로 브러시 도구처럼 사용할 수 있습니다. 메뉴바에서 [Filter〉Liquify] 메뉴의 브러시 버전이라고 할 수 있습니다.

효과와 손가락 도구의 옵션바

▲ 흐림 효과 도구의 옵션바

▲ 선명 효과 도구의 옵션바

▲ 손가락 도구의 옵션바

📷 브러시 선택창을 엽니다. 원하는 브러시를 선택할 수 있으며 브러시의 크기와 경도 등의 간단한 설정을 변경할 수 있습니다. 알아보기 110.p

📷 Brush 설정 패널을 열거나 닫습니다. 효과에 사용할 브러시를 지정할 수 있습니다. 알아보기 463.p

Mode 모드 7가지 페인팅 모드 중 선택할 수 있습니다.

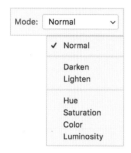

- **Normal** ｜ 기본값으로 사용합니다.
- **Darken** ｜ 어두운 부분에 영향을 줍니다.
- **Lighten** ｜ 밝은 부분에 영향을 줍니다.
- **Hue** ｜ 색조에 영향을 줍니다.
- **Saturation** ｜ 채도에 영향을 줍니다.
- **Color** ｜ 색상에 영향을 줍니다.
- **Luminosity** ｜ 광도에 영향을 줍니다.

Strength 강도 브러시의 강도를 설정합니다. 수치가 높을수록 효과가 강하게 적용됩니다.

Sample All Layers 모든 레이어 샘플링 체크하면 레이어와 상관없이 지금 보이는 화면을 기준으로 모든 레이어에 효과가 적용됩니다.

🖉 **Always use Pressure for Size** 타블렛 사용 시 필압 사용 여부를 설정하는 옵션으로 비활성화 시 브러시 사전 설정에 따라 압력을 제어합니다.

Protect Detail 세부 사항 보호 이미지의 디테일을 보호하면서 선명 효과를 적용합니다.

▲ 체크 시

▲ 미체크 시

Finger Painting 전경색을 사용해 손가락 효과를 적용합니다.

효과 도구 사용 중 발생하는 알림, 경고 메시지　　　　　　　　　　　　＿ □ ×

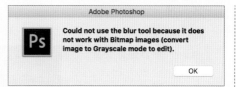

- **내용:** 비트맵/인덱스 색상 이미지와는 작동하지 않으므로 해당 효과를 사용할 수 없습니다(이미지를 RGB 모드로 변환하여 편집하십시오).
- **이유:** 비트맵 혹은 인덱스 모드에서 흐림 효과, 선명 효과, 손가락 도구를 사용하려고 하면 발생합니다.
- **해결 방법:** 이미지를 비트맵과 인덱스가 아닌 다른 모드로 변경합니다.

LESSON 15

닷지 도구,
번 도구, 스폰지 도구

Dodge Tool, Burn Tool, Sponge Tool

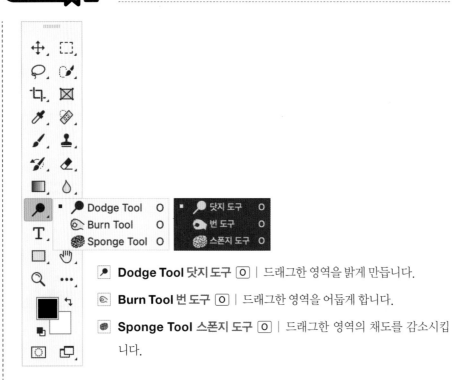

🔍 **Dodge Tool** 닷지 도구 ⓞ | 드래그한 영역을 밝게 만듭니다.

👁 **Burn Tool** 번 도구 ⓞ | 드래그한 영역을 어둡게 합니다.

🧽 **Sponge Tool** 스폰지 도구 ⓞ | 드래그한 영역의 채도를 감소시킵니다.

닷지, 번, 스폰지 도구의 기능 및 옵션바

🔍 **닷지 도구** 드래그한 영역을 밝게 만드는 도구로 브러시 도구처럼 사용할 수 있습니다.

🔍 **번 도구** 드래그한 영역을 어둡게 만드는 도구로 브러시 도구처럼 사용할 수 있습니다.

🔍 **스폰지 도구** 드래그한 영역의 채도를 감소시키는 도구로 브러시 도구처럼 사용할 수 있습니다. 또한 옵션바에서 Mode 옵션을 변경하여 채도를 증가시킬 수도 있습니다.

닷지, 번, 스폰지 도구의 옵션바

닷지 도구와 번 도구는 옵션바에서 제공하는 옵션의 종류가 완전히 일치하며, 스폰지 도구도 한두 개만 다를 뿐 나머지 옵션은 동일합니다.

▲ 닷지 도구의 옵션바

▲ 번 도구의 옵션바

▲ 스폰지 도구의 옵션바

브러시 선택창을 엽니다. 원하는 브러시를 선택할 수 있으며 브러시의 크기와 경도 등의 간단한 설정을 변경할 수 있습니다. 알아보기 110.p

Brush 설정 패널을 열거나 닫습니다. 효과에 사용할 브러시를 지정할 수 있습니다. 알아보기 463.p

Range 범위 효과가 적용될 영역을 설정합니다.

- **Shadows** ｜ 어두운 영역을 중심으로 효과를 적용합니다.
- **Midtones** ｜ 중간 영역을 중심으로 효과를 적용합니다(기본값).
- **Highlights** ｜ 밝은 영역을 중심 효과를 적용합니다.

Mode 모드 효과가 적용될 영역을 설정합니다.

- **Desaturate** ｜ 채도를 감소시킵니다.
- **MiSaturate** ｜ 채도를 증가시킵니다.

▲ 범위에 따른 닷지 도구의 효과 변화

Exposure 노출 효과의 강도를 조절합니다. 수치가 높을수록 효과가 강하게 적용됩니다.

🖌 **Airbrush-Style** 에어브러시 스타일 강화 효과를 사용합니다.

Protect Tones 색조 보호 효과를 적용할 때 색상의 색조가 과하게 변경되는 것을 보호합니다.

▲ 색조 보호 체크 시   ▲ 미체크 시

✒ **Pressure for Size** 타블렛 사용 시 필압으로 크기를 조절하는 옵션으로 비활성화 시 브러시 사전 설정에 따라 크기를 제어합니다.

Mode 모드 스폰지 도구의 차별되는 옵션으로 채도를 감소할지 증가할지 설정합니다.

- **Desaturate** | 기본값으로 스폰지 도구를 중복할수록 채도가 감소하며, 점차 무채색에 가까워집니다.
- **Saturate** | 효과를 중복할수록 채도가 높아져 원색에 가까워집니다.

▲ Desaturate　　　　　　　　　　▲ Saturate

Flow 흐름 효과의 강도를 설정합니다. 수치가 높을수록 효과가 강하게 적용됩니다.

Vibrance 활기 채도 변화가 심한 곳의 색상 손실을 최소화합니다. 다만 Mode 옵션을 [Saturate]
로 설정했을 때는 체크를 해제하고 사용할 때 더 나은 결과가 나오기도 합니다. 때로는 손실을 최소
화하기보다는 과감하게 보정함으로써 색다른 느낌을 얻을 수 있기 때문입니다.

▲ Saturate 모드에서 활기 옵션 사용　　　　▲ 미사용

펜 도구,
기준점 도구

Pen Tool, Freeform Pen Tool, Add Anchor Point Tool,
Delete Anchor Point Tool, Convert Point Tool

▪ ◌ Pen Tool	P	
◌ Freeform Pen Tool	P	
◌ Curvature Pen Tool	P	
◌ Add Anchor Point Tool		
◌ Delete Anchor Point Tool		
∧ Convert Point Tool		

◌ **Pen Tool 펜 도구** P | 패스를 만들 때 사용합니다.

◌ **Freeform Pen Tool 자유 형태 펜 도구** P | 자유로운 형태의 패스를 만듭니다.

◌ **Curvature Pen Tool 곡률 펜 도구** P | 부드러운 곡선과 직선 패스를 쉽게 그릴 수 있습니다.

◌ **Add Anchor Point Tool 기준점 추가 도구** | 기존 패스에 기준점을 추가합니다.

◌ **Delete Anchor Point Tool 기준점 삭제 도구** | 기존 패스에 있는 기준점을 삭제합니다.

∧ **Convert Point Tool 기준점 변환 도구** | 기존 패스의 기준점 속성을 바꿉니다.

포토샵의 펜 도구는 벡터 방식으로 된 패스를 생성하고 수정할 때 사용되는 도구입니다. 또 그려진 패스를 이용해 보다 쉽게 선택 영역을 지정할 수 있으며, 수정 및 저장할 수도 있습니다. 펜 도구에 대해 공부하기 전에 패스가 무엇인지, 패스의 각 부분 명칭은 무엇인지 알아보겠습니다.

패스란?

두 개 이상의 기준점이 이어진 벡터 방식으로 된 선을 패스라고 하며 시작점과 끝부분이 이어졌는지에 따라 열린 패스와 닫힌 패스로 나뉩니다.

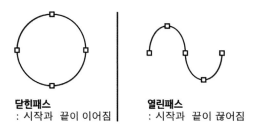

닫힌패스
: 시작과 끝이 이어짐

열린패스
: 시작과 끝이 끊어짐

패스에 있는 각 기준점은 선택했을 때와 선택하지 않았을 때가 구분되며, 패스에 있는 각 요소의 이름과 기능은 다음과 같습니다.

□ 일반 기준점   ■ 선택된 기준점

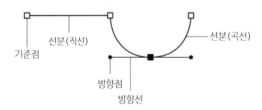

- **기준점** ┃ 선분의 양쪽 끝을 표시하는 점.
- **선분** ┃ 두 개의 기준점을 연결하는 선으로 형태에 따라 직선 선분과 곡선 선분으로 나눕니다.
- **방향점** ┃ 방향선의 양쪽 끝을 표시하는 점으로 이 점을 이용해 방향선을 수정합니다. 방향점은 곡선 선분에만 존재합니다.
- **방향선** ┃ 선의 길이와 방향에 따라 곡선의 모양이 결정됩니다.

펜과 기준점 도구의 기능 및 특징

🖊 **펜 도구** 패스를 만들 때 사용하는 도구로, 패스를 그리는 중에 하위 도구를 선택하지 않더라도 기준점을 클릭하면 🖊 기준점을 삭제할 수 있고, 선분을 클릭하면 🖊 기준점을 추가할 수 있습니다.

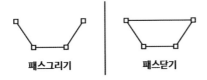

패스그리기 | 패스닫기

- **패스 그리기** | 기준점이 될 위치를 클릭+클릭하여 직선으로 연결된 패스를 그립니다.
- **곡선 패스 그리기** | 클릭+드래그하여 방향선이 있는 곡선 패스를 그립니다.
- **패스 닫기** | 시작점과 끝점을 연결해 패스를 닫습니다.

🖊 **자유 형태 펜 도구** 자유로운 형태의 패스를 만드는 도구입니다. 자유 형태 펜 도구 사용 중 Ctrl 을 누르면 일시적으로 ▶ 직접 선택 도구를 사용할 수 있으며, Alt 를 누르면 일시적으로 펜 도구를 사용할 수 있습니다. 또한 펜 도구와 마찬가지로 패스 그리기 도중 기준점을 클릭하면 🖊 기준점을 삭제할 수 있고 선분을 클릭하면 🖊 기준점을 추가할 수 있습니다.

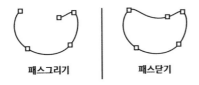

패스그리기 | 패스닫기

- **패스 그리기** | 시작점을 클릭한 채 그림을 그리듯 자유롭게 드래그하면 자동으로 기준점이 포함된 패스가 완성됩니다(자동으로 만들어지는 기준점의 빈도 조절하기).
- **패스 닫기** | 자유롭게 드래그하다 시작점으로 마우스를 가져가면 🖊 포인트 모양이 바뀌며, 이때 마우스에서 손을 떼거나 Ctrl 을 눌러 🖊 마우스 포인트가 변할 때 손을 떼면 현 위치에서 시작점까지 최단 거리로 이어져 패스를 닫습니다.

🖊 **곡률 펜 도구** 부드러운 곡선을 보다 쉽게 만들고 수정할 수 있습니다. 곡률 펜 도구로 만들어진 패스에는 베지어 선이 없습니다.

🖊 **기준점 추가 도구** 기존 패스에 기준점을 추가할 때 사용하는 도구로 기존 패스의 선분을 클릭하여 기준점을 추가합니다. Alt 를 이용해 일시적으로 기준점 삭제 도구로 사용할 수 있으며, Ctrl + Alt 를 이용해 일시적으로 패스 선택 도구로 사용할 수 있습니다.

🖉 **기준점 삭제 도구** 기존 패스에 있는 기준점을 삭제하는 도구로 기존 패스의 기준점을 클릭하여 기준점을 삭제합니다. [Alt]를 이용해 일시적으로 기준점 추가 도구로 사용할 수 있으며, [Ctrl]+[Alt]를 이용해 일시적으로 패스 선택 도구로 사용할 수 있습니다.

[\] **기준점 변환 도구** 기존 패스의 곡선 기준점을 클릭하여 곡선을 직선으로 바꾸고, 직선 기준점을 클릭한 채 드래그하여 방향점이 있는 곡선 패스로 변경합니다. [Alt]를 누른 채 방향점이 있는 기준점을 클릭하면 한쪽 방향점만 삭제할 수 있습니다.

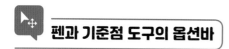

펜과 기준점 도구의 옵션바

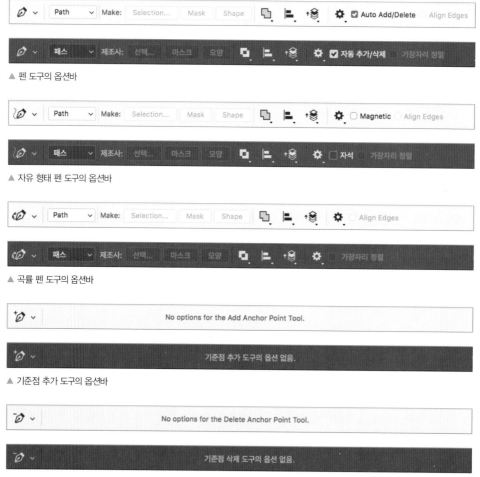

▲ 펜 도구의 옵션바

▲ 자유 형태 펜 도구의 옵션바

▲ 곡률 펜 도구의 옵션바

▲ 기준점 추가 도구의 옵션바

▲ 기준점 삭제 도구의 옵션바

| ↖ ∨ | No options for the Convert Point Tool. |

| ↖ ∨ | 기준점 변환 도구의 옵션 없음. |

▲ 기준점 변환 도구의 옵션바

Pick tool mode 선택 도구 모드 　펜 도구를 이용해 만들어지는 모양의 유형을 결정합니다.

- **Shape** 모양 ｜ Layers 패널에 새로운 Shape 레이어가 추가됩니다.
- **Path** 패스 ｜ Paths 패널에 새로운 패스가 추가됩니다.
- **Pixels** 픽셀 ｜ 펜 도구에서는 활성화되지 않으며 모양 도구 사용 시 활성화됩니다.

Make 제조사 　새로 만든 패스의 결과를 결정합니다.

- **Selection** 선택 ｜ 선택 영역을 만듭니다. 패스를 그린 후 [Selection] 버튼을 클릭하면 Make Selection 창이 나타납니다. `알아보기 164.p`
- **Mask** 마스크 ｜ 새 벡터 마스크를 만듭니다.
- **Shape** 모양 ｜ 새 Shape(모양) 레이어를 만듭니다.

Path operations 　모양이 겹쳐졌을 때의 처리 방법을 설정합니다.

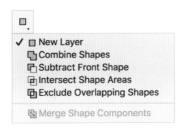

- ▣ **New Layer** ｜ 새 레이어 만듭니다.
- ▣ **Combine Shapes** ｜ 모양을 결합합니다.
- ▣ **Subtract Front Shape** ｜ 위에 있는 모양을 뺍니다.
- ▣ **Intersect Shape Areas** ｜ 교차된 영역만 남깁니다.
- ▣ **Exclude Overlapping Shapes** ｜ 교차된 영역만 뺍니다.
- ▣ **Merge Shape Components** ｜ 패스 레이어에 2개 이상의 패스가 존재할 경우 활성화되며 모든 겹치는 패스를 하나의 패스로 병합합니다.

Path alignment 패스를 정렬합니다.

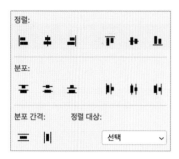

-  **Align Left Edges** | 왼쪽 가장자리 정렬
- **Align Horizontal Centers** | 수평 가운데 정렬
- **Align Right Edges** | 오른쪽 가장자리 정렬
- **Align Top Edges** | 위쪽 가장자리 정렬
- **Align Vertical Centers** | 수직 가운데 정렬
- **Align Bottom Edges** | 아래쪽 가장자리 정렬
- **Distribute Top Edges** | 위쪽 가장자리 분포
- **Distribute Vertical Centers** | 수직 가운데 분포
- **Distribute Bottom Edges** | 아래쪽 가장자리 분포
- **Distribute Left Edges** | 왼쪽 가장자리 분포
- **Distribute Horizontal Centers** | 수평 가운데 분포
- **Distribute Right Edges** | 오른쪽 가장자리 분포
- **Distribute Vertically** | 세로로 분포
- **Distribute Horizontally** | 가로로 분포
- **Align To Selection** | 선택 항목에 정렬
- **Align To Canvas** | 캔버스에 정렬

Path arrangement 패스 배열을 결정합니다.

- **Send Shape To Front** | 모양 맨 앞으로 가져오기
- **Send Shape Forward** | 모양 앞으로 가져오기

- ▪  **Send Shape Backward** ┃ 모양 뒤로 보내기
- ▪ **Send Shape To Back** ┃ 모양 맨 뒤로 보내기

Rubber Band 클릭하기 전 마우스 포인트 위치에 가상의 패스 선을 미리 표시합니다.

▲ Rubber Band 적용 전   ▲ 적용 후

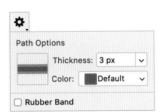

Auto Add/Delete 자동 추가/삭제 패스를 그리는 중에 기준점을 추가/삭제할 수 있습니다.

- ▪ **추가** ┃ 미리 그려진 선분을 클릭하여 기준점을 추가합니다.
- ▪ **삭제** ┃ 미리 그려진 기준점을 클릭하여 해당 기준점을 삭제합니다.

Align Edges 가장자리 정렬 모양의 가장자리를 픽셀의 끝단에 맞추는 기능으로 차이가 너무 미세해서 픽셀 구분이 가능할 만큼 확대하여야 확인할 수 있습니다. 선택 도구 모드−모양일 때 활성화됩니다.

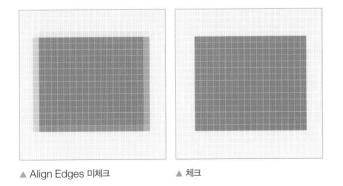

▲ Align Edges 미체크   ▲ 체크

- ▪ **Path Options** ┃ 패스 옵션을 설정합니다.
- ▪ **Thickness** ┃ 화면에 표시되는 패스의 두께를 설정합니다.
- ▪ **Color** ┃ 화면에 표시되는 패스의 색상을 설정합니다.

Magnetic 자석 옵션바에 있는 [Magnetic] 옵션과 동일하며 세부 설정을 변경할 수 있습니다.

■ **Curve Fit 곡선 맞춤** ┃ 자유 형태 펜 도구를 사용하여 패스를 그릴 때 자동으로 생성되는 기준점의 수와 간격을 조절하는 기능입니다. 수치가 높을수록 곡선이 매끄럽고 기준점의 수가 작아집니다.

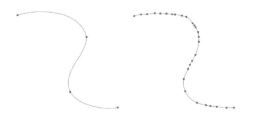

▲ Curve Fit 10일 때　　▲ Curve Fit 0.5일 때

- Width 폭: 패스를 고려하여 가장자리에서의 거리를 설정합니다(1~256px).
- Contrast 대비: 패스를 고려하여 가장자리의 대비를 설정합니다(1~100%).
- Frequency 빈도수: 패스에 추가되는 포인트 빈도수를 설정합니다(0~100).

■ **Pen Pressure 펜 압력** 타블렛 사용 시 필압을 이용해 Width 옵션 값을 변경합니다.

Magnetic 체크 시 자석 펜 옵션을 사용할 수 있습니다. 자석 펜은 자석 선택 도구와 동일한 기능을 하며 선택 영역이 아닌 패스가 생성된다는 점이 다릅니다.

Make Selection 창 살펴보기

펜 도구나 자유 형태 펜 도구를 이용해 패스를 그리고 옵션바에서 [Selection] 버튼을 클릭하면 다음과 같은 Make Selection(선택 영역 만들기) 창이 나타납니다.

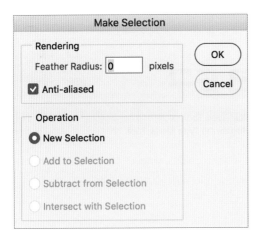

- **Rendering 렌더링** | 아래와 같은 렌더링 옵션을 설정합니다.
  - Feather Radius: 최대 250px까지 패더 값을 설정합니다.
  - Anti-aliased: 앤티 앨리어스를 적용합니다.

- **Operation 선택 범위** | 선택 영역에 대한 세부 옵션을 설정합니다.
  - New Selection: 새 선택 영역을 만듭니다.
  - Add to Selection: 선택 영역에 새로운 선택 영역을 추가합니다.
  - Subtract From Selection: 기존 영역에서 새로운 선택 영역을 뺍니다.
  - Intersect with Selection: 기존 영역과 새로운 선택 영역을 교차합니다.

LESSON 17

문자 도구, 문자 마스크 도구

Horizontal Type Tool, Vertical Type Tool,
Vertical Type Mask Tool, Horizontal Type Mask Tool

T **Horizontal Type Tool** 수평 문자 도구 [T] | 수평 방향으로 문자를 입력합니다.

T **Vertical Type Tool** 세로 문자 도구 [T] | 세로 방향으로 문자를 입력합니다.

T **Vertical Type Mask Tool** 세로 문자 마스크 도구 [T] | 세로 방향으로 문자 모양의 선택 영역을 만듭니다.

T **Horizontal Type Mask Tool** 수평 문자 마스크 도구 [T] | 수평 방형으로 문자 모양의 선택 영역을 만듭니다.

문자와 문자 마스크 도구의 기능 및 특징

문자 관련 도구는 모두 네 가지이며, 각 도구는 다음과 같이 문자 또는 문자 모양의 선택 영역을 만들 수 있습니다.

▲ 수평 문자 도구

▲ 세로 문자 도구

▲ 세로 문자 마스크 도구

▲ 수평 문자 마스크 도구

문자 입력하기 문자 관련 도구는 문자 / 문자 마스크를 입력할 위치를 클릭하여 다음과 같이 문자 입력 상태가 되면 내용을 입력합니다.

입력 완료하기 내용을 모두 입력한 후에는 옵션바에서 체크 모양의 확인 아이콘을 클릭하거나 Ctrl +Enter를 누릅니다. 문자를 입력 중 도구 상자에서 다른 도구를 선택해서 문자 입력을 완료할 수 있습니다.

입력 취소하기 입력한 내용을 모두 취소하려면 옵션바에서 취소 아이콘을 클릭하거나 ESC를 누릅니다.

문자 줄 바꾸기 워드 프로그램과 마찬가지로 Enter를 눌러 줄을 바꿀 수 있습니다. 이때 숫자패드에 있는 Enter를 누르면 줄 바꾸기가 아닌 입력 완료가 되니 주의합니다.

문자와 문자 마스크 도구의 옵션바

▲ 수평 문자 도구

▲ 세로 문자 도구

▲ 세로 문자 마스크 도구

▲ 수평 문자 마스크 도구

⊥T Toggle Text Orientation 클릭할 때마다 입력 중인 문자의 가로 / 세로 방향이 변경됩니다.

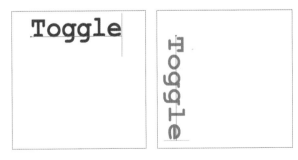

Search for and select fonts 사용자의 컴퓨터에 설치된 글꼴을 검색하고 선택합니다.

Set the font style 문자 유형을 선택할 수 있습니다. 문자 유형을 선택할 수 없는 글꼴을 선택하면 비활성화 상태가 됩니다.

Set the font Size 문자 크기를 입력하거나 클릭하여 선택할 수 있습니다.

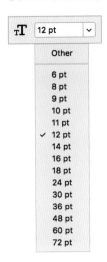

Set the anti-aliasing method 문자의 외곽 부분 처리 방법을 설정합니다.

- **None** ┃ 없음
- **Sharp** ┃ 선명하게
- **Crisp** ┃ 뚜렷하게
- **Strong** ┃ 강하게
- **Smooth** ┃ 매끄럽게
- **Mac Lcd, Mac** ┃ Mac 기기를 사용할 때 활성화됩니다.

▤ **Left align text** 문자를 왼쪽 정렬합니다.

▤ **Center text** 문자를 중앙 정렬합니다.

▤ **Right align text** 문자를 오른쪽 정렬합니다.

■ **Set the text color** 문자 색상을 변경할 수 있는 Color Picker 창을 엽니다.

☒ **Create warped text** Warp Text 창이 나타나며 입력한 문자에 왜곡 효과를 적용합니다.

▣ **Toggle the Character and Paragraph panels** Character 패널과 Paragraph 패널 그룹을 열거나 닫습니다. 알아보기 473, 485.p

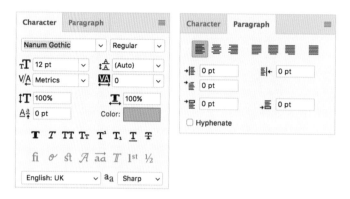

▥ **Top align text** 세로 방향 문자/마스크를 입력할 때 나타나며 문자/마스크를 상단 정렬합니다.

▦ **Center text** 세로 방향 문자/마스크를 입력할 때 나타나며 문자/마스크를 중앙 정렬합니다.

▧ **Bottom align text** 세로 방향 문자/마스크를 입력할 때 나타나며 문자/마스크를 하단 정렬합니다.

Warp Text 창 살펴보기

옵션바에서 Create warped text 아이콘을 클릭하면 나타나며, 문자/마스크 도구로 문자를 입력한 후 모양을 왜곡할 때 사용합니다. 문자를 왜곡할 때는 우선 Style 옵션을 선택해서 모양을 선택한 후 하위 옵션을 조정합니다. Style 옵션을 선택하기 전에는 나머지 메뉴가 비활성화 상태입니다.

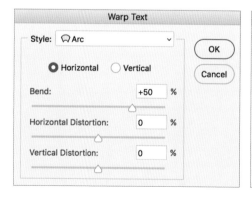

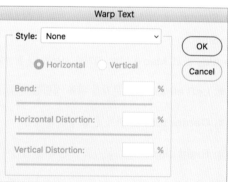

▪ **Style** | 왜곡할 모양을 선택합니다.

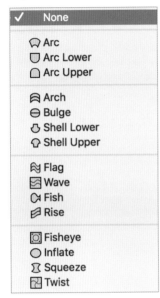 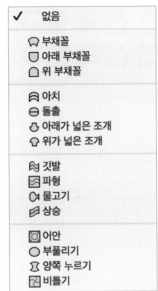

- Horizontal 가로 / Vertical 세로: 왜곡하는 방향을 선택합니다.
- Bend 구부리기: 왜곡되는 정도를 설정합니다.
- Horizontal Distortion 가로 왜곡: 가로 방향으로 왜곡 정도를 설정합니다.
- Vertical Distortion 세로 왜곡: 세로 방향으로 왜곡 정도를 설정합니다.
- 설정 되돌리기: 문자 왜곡 설정을 변경한 후 처음 상태로 되돌릴 수 있습니다. Wrap Text 창이 열린 상태에서 **Alt** 를 누르면 [Cancel](취소) 버튼이 [Reset](재설정) 버튼으로 변경됩니다. 이 [Reset] 버튼을 클릭하면 설정한 옵션 값이 초기화됩니다.

LESSON 18

패스 선택 도구, 직접 선택 도구

Path Selection Tool, Direct Selection Tool

| Path Selection Tool | A |
| Direct Selection Tool | A |

패스 선택 도구 A
직접 선택 도구 A

 Path Selection Tool 패스 선택 도구 A | 패스를 선택하거나 이동할 때 사용합니다.

Direct Selection Tool 직접 선택 도구 A | 패스의 선분, 기준점, 방향점을 선택하고 이동할 때 사용합니다.

선택 도구의 기능 및 특징

패스 선택 도구

패스 선택 도구는 패스를 선택하거나 이동할 때 사용하는 도구로 Ctrl 을 누르면 일시적으로 ▶ 직접 선택 도구로 사용할 수 있습니다.

패스 선택하기 패스 선택 도구를 선택한 후 특정 패스를 클릭하거나 드래그해서 범위를 선택하면 포함되는 모든 패스가 선택되고, 모든 기준점이 활성화됩니다.

 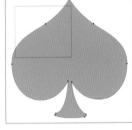

▲ 클릭해서 패스 선택하기　　▲ 드래그해서 패스 선택하기

패스 이동하기 기준점이 활성화된 패스를 드래그하면 위치를 옮길 수 있습니다.

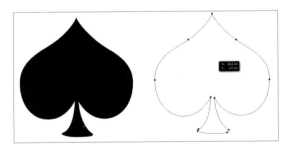

패스가 선택되지 않을 때 옵션바의 Select 옵션이 [Active Layers]로 설정되어 있다면 Layers 패널에서 선택 중인 레이어 이외의 패스는 선택되지 않습니다. 그러므로 Select 옵션을 [All Layers]로 설정하면 작업창에 보이는 모든 패스를 선택할 수 있습니다.

직접 선택 도구

직접 선택 도구는 패스의 선분, 기준점, 방향점을 선택하고 이동할 때 사용하는 도구로 Ctrl 을 누르면 일시적으로 ▶ 패스 선택 도구로 사용할 수 있습니다.

기준점/기준선 선택하기 선택할 기준점/기준선을 직접 클릭하거나 범위를 드래그하여 범위에 포함되는 기준점/기준선을 선택합니다.

기준점/기준선 이동하기 기준점/기준선을 선택한 다음 원하는 위치로 드래그합니다. 여러 개의 기준점을 동시에 선택해서 이동할 수 있습니다.

방향점 이동하기 기준점/기준선을 선택하여 방향점을 활성화한 후 활성화된 방향점을 선택한 채 드래그합니다. 방향점은 곡면 값이 있는 패스에만 존재하며 직선으로 이루어진 패스에는 방향점이 존재하지 않습니다.

 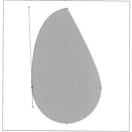

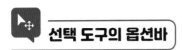

선택 도구의 옵션바

패스 선택 도구와 직접 선택 도구는 그 쓰임만 다를 뿐 사용할 수 있는 옵션은 동일합니다.

▲ 선택 도구의 옵션바

Select 선택 ┃ 레이어에 따른 선택 여부를 결정합니다.

- **Active Layers** 활성 레이어 ┃ 현재 선택된 레이어에 있는 패스만 선택됩니다.
- **All Layers** 모든 레이어 ┃ 작업창에 보이는 모든 레이어의 패스를 선택할 수 있습니다.

Fill 칠/**Stroke** 획 ┃ 모양의 채우기 / 외곽선 색상과 유형을 지정할 수 있습니다.

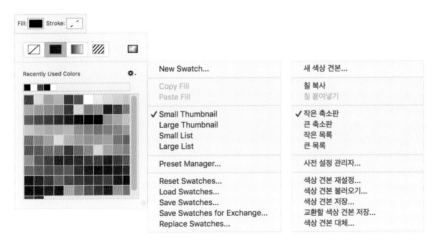

Stroke Width ┃ 모양의 외곽선 두께를 지정할 수 있습니다.

Stroke Options 모양의 외곽선을 점선 등으로 변경할 수 있습니다.

- **Align** 정렬 | 외곽선의 위치를 선택합니다. 순서대로 안쪽, 중앙, 바깥쪽입니다.
- **Caps** 대문자 | 선의 끝부분 모양을 선택합니다.
- **Corners** 모서리 | 모서리의 모양을 선택합니다.
- **More Options** 옵션 확장 | Stroke 창을 열고 Dash(대시), Gap(간격) 옵션을 이용하면 점선의 간격을 조절할 수 있습니다.

W/H 모양의 폭과 높이를 설정합니다. 가운데 있는 ⊖ Link 아이콘을 클릭해서 활성화하면 한쪽 값에 따라 나머지 값이 동일한 비율로 변경됩니다.

Path operations 모양이 겹쳤을 때의 처리 방법을 결정합니다. `알아보기 161.p`

⊞ **Path alignment** 패스를 정렬합니다. `알아보기 162.p`

⊞ **Path arrangement** 패스 배열을 결정합니다. `알아보기 162.p`

Align Edges 가장자리 정렬 모양의 가장자리를 픽셀의 끝단에 맞추는 기능으로 차이가 너무 미세해서 픽셀 구분이 가능할 만큼 확대하여야 확인할 수 있습니다. 선택 도구 모드-모양일 때 활성화됩니다.

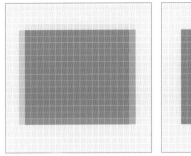 

▲ 가장자리 정렬 미체크   ▲ 체크

Constrain Path Dragging 제한 패스 드래그 패스를 드래그할 때 방향선의 방향을 제한합니다.
미체크가 기본값이며 체크 시 이전 버전의 포토샵처럼 패스를 편집할 수 있습니다.

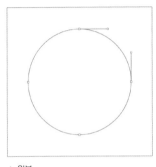  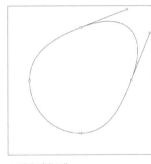

▲ 원본   ▲ 제한 패스 드래그 체크   ▲ 미체크(기본값)

LESSON 19

모양 도구

Rectangle Tool, Rounded Rectangle Tool, Ellipse Tool, Polygon Tool, Line Tool, Custom Shape Tool

▢ **Rectangle Tool** 사각형 도구 U | 드래그 혹은 클릭하여 벡터 방식의 사각형을 만듭니다.

▢ **Rounded Rectangle Tool** 모서리가 둥근 직사각형 도구 U | 드래그 혹은 클릭하여 벡터 방식의 모서리가 둥근 사각형을 만듭니다.

○ **Ellipse Tool** 타원 도구 U | 드래그 혹은 클릭하여 벡터 방식의 타원을 만듭니다.

⬡ **Polygon Tool** 다각형 도구 U | 드래그 혹은 클릭하여 벡터 방식의 다각형을 만듭니다.

╱ **Line Tool** 선 도구 U | 드래그하여 벡터 방식의 선을 만듭니다.

✿ **Custom Shape Tool** 사용자 정의 모양 도구 U | 드래그 혹은 클릭하여 벡터 방식의 자유로운 도형을 만듭니다.

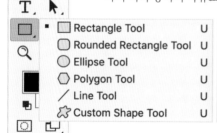

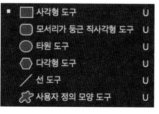

모양 도구의 기능 및 특징

모양 도구는 모두 여섯 가지로 선 도구를 제외한 나머지 도구는 작업창을 클릭하거나 드래그하여 원하는 모양을 만들 수 있습니다. 또한 모든 모양 도구를 사용 중 Ctrl 을 이용해 일시적으로 ▶ 패스선택 도구를 사용할 수 있고, Alt 를 이용해 일시적으로 ☒ 스포이트 도구를 사용할 수 있습니다.

드래그하여 그리기

각 도구를 선택한 후 작업창에서 드래그하여 원하는 크기로 벡터 방식의 도형을 그릴 수 있습니다.

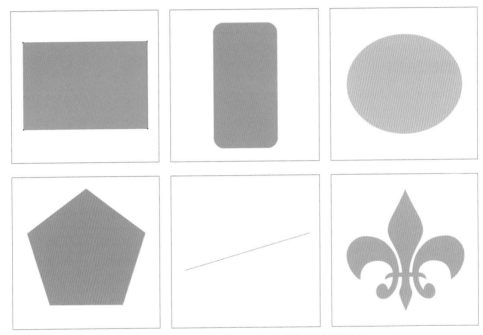

▲ 사각형 도구, 모서리가 둥근 직사각형 도구, 타원 도구, 다각형 도구, 선 도구, 사용자 정의 모양 도구

Shift 활용하기 각 도형을 그릴 때 Shift 를 누른 채 드래그하면 정사각형, 정원 등 폭과 높이 값이 동일한 도형을 그릴 수 있습니다. 단 사용자 정의 모양 도구는 포토샵에서 제공하는 원본 모양과 동일한 비율로 유지하는 용도로 사용됩니다. 선 도구는 폭과 높이 값이 없기 때문에 다음과 같이 수평, 수직, 45도로 직선을 그릴 때 Shift 를 사용합니다.

Alt 활용하기 선 도구를 제외한 나머지 도구를 이용할 때 Alt 를 누른 채 드래그하면 처음 드래그한 지점이 도형의 중점이 됩니다.

클릭하여 그리기

선 도구를 제외한 나머지 모양 도구를 선택한 후 작업창을 클릭하면 Create 창이 나타나며 원하는 수치를 입력하여 정확한 크기로 벡터 방식의 도형을 그릴 수 있습니다.

Create Rectangle 창 사각형 도구를 선택한 후 작업창에서 임의의 위치를 클릭하면 나타납니다.

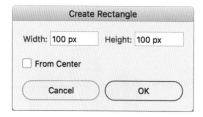

- **Width 폭** ㅣ 사각형의 가로 크기를 입력합니다.
- **Height 높이** ㅣ 사각형의 세로 크기를 입력합니다.
- **From Center 중앙부터** ㅣ 체크하면 클릭한 지점이 사각형의 중점이 되도록 모양을 만듭니다.

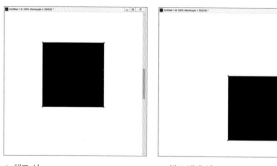

▲ 체크 시　　　　　　　　　▲ 체크 해제 시

Create Rounded Rectangle 창 모서리가 둥근 직사각형 도구를 선택한 후 작업창에서 임의의
위치를 클릭하면 나타납니다.

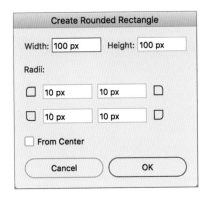

- **Width 폭** | 가로 크기를 입력합니다.
- **Height 높이** | 세로 크기를 입력합니다.
- **Radii 반경** | 0~1000px까지 모서리의 둥근 정도를 설정합니다.
- **From Center 반경** | 체크 시 클릭한 지점이 중점이 되도록 모양을 만듭니다.

Create Ellipse 창 타원 도구를 선택한 후 작업창에서 임의의 위치를 클릭하면 나타납니다. 정원
을 그릴 때는 Width와 Hright 옵션에 같은 값을 입력하면 됩니다.

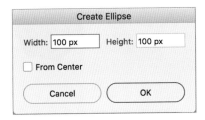

- **Width 폭** | 가로 크기를 입력합니다.
- **Height 높이** | 세로 크기를 입력합니다.
- **From Center 중앙부터** | 클릭한 지점을 중앙으로 모양을 만듭니다.

Create Polygon 창 다각형 도구를 선택한 후 작업창에서 임의의 위치를 클릭하면 나타나며, 원하는 크기와 면의 수를 설정할 수 있습니다.

- **Width 폭** | 0~3000px 값으로 가로 크기를 입력합니다.
- **Height 높이** | 0~3000px 값으로 세로 크기를 입력합니다.
- **Number of Sides 면의 수** | 면 또는 별 모양의 포인트 수를 입력하며, 최소 3부터 최대 100까지 입력할 수 있습니다. 면의 수가 커질수록 원에 가까운 모양의 다각형을 만들 수 있습니다.

▲ 면의 수: 3, 4, 5, 6, 7

- **Smooth Corners 모퉁이 매끄럽게** | 날카로운 모퉁이가 아닌 둥근 모양의 모퉁이를 만듭니다.
- **Star 별** | Number of Sides 값만큼 꼭짓점을 가지는 별 모양을 만듭니다.
- **Indent Sides By 측면 들여쓰기 기준** | [Star] 옵션에 체크해야 활성화되며, 별 모양에서 꼭짓점 사이의 깊이를 설정합니다. 최소 0%부터 99%까지 입력할 수 있습니다.

▲ 설정 값: 0%, 20%, 40%, 60%, 80%

- **Smooth Indents** 가장자리 매끄럽게 | [Star] 옵션에 체크해야 활성화되며 꼭짓점 사이를 곡선으로 표현합니다.

Create Custom Shape 창 사용자 정의 모양 도구를 선택한 후 작업창에서 임의의 위치를 클릭하면 나타납니다.

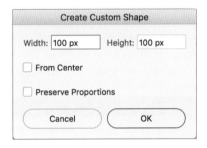

- **Width** 폭 | 가로 크기를 입력합니다.
- **Height** 높이 | 세로 크기를 입력합니다.
- **From Center** 중앙부터 | 클릭한 지점을 중앙으로 모양을 만듭니다.
- **Preserve Proportions** 비율 유지 | 원본 모양 비율을 유지합니다. Width(Height) 옵션 값 입력 시 나머지 옵션 값이 원본 비율에 맞추어 자동 입력됩니다. 드래그해서 그릴 때 [Shift]를 누르는 것과 같은 효과입니다.

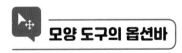 **모양 도구의 옵션바**

▲ 사각형 도구

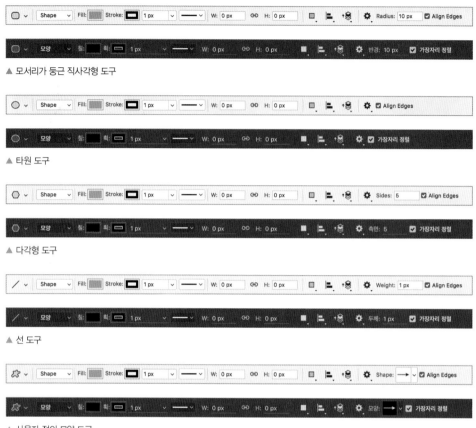

▲ 모서리가 둥근 직사각형 도구

▲ 타원 도구

▲ 다각형 도구

▲ 선 도구

▲ 사용자 정의 모양 도구

Pick tool mode 만들어지는 모양의 유형을 결정합니다.

- **Shape 모양** ｜ Layers 패널에 새로운 Shape 레이어가 추가됩니다.
- **Path 패스** ｜ Paths 패널에 새로운 패스가 추가됩니다.
- **Pixels 픽셀** ｜ 별도의 레이어나 패스 추가 없이 현재 레이어에 지정한 모양이 칠해집니다.

  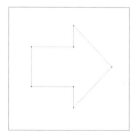 

Fill 칠 / **Stroke** 획 모양의 채우기 / 외곽선 색상과 유형을 지정할 수 있습니다. <u>알아보기 177.p</u>

Stroke Width 모양의 외곽선 두께를 지정할 수 있습니다.

Stroke Options 모양의 외곽선을 점선 등으로 변경할 수 있습니다. <u>알아보기 178.p</u>

W/H 모양의 폭과 높이를 설정합니다. 가운데 있는 ⊖ Link 아이콘을 클릭해서 활성화하면 한쪽 값에 따라 나머지 값이 동일한 비율로 변경됩니다.

▣ **Path operations** 모양이 겹쳤을 때의 처리 방법을 결정합니다. <u>알아보기 161.p</u>

▤ **Path alignment** 패스를 정렬합니다. <u>알아보기 162.p</u>

▨ **Path arrangement** 패스 배열을 결정합니다. <u>알아보기 162.p</u>

✿ **Setup** 사각형 도구와 모서리가 둥근 직사각형, 그리고 타원 도구와 사용자 정의 모양 도구의 추가 옵션을 설정합니다.

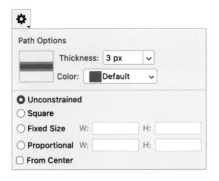

- **Path Options** | 패스 옵션을 설정합니다.
- **Thickness** | 화면에 표시되는 패스의 두께를 설정합니다.
- **Color** | 화면에 표시되는 패스의 색상을 설정합니다.
- **Unconstrained** 제한 없음 | 자유로운 크기의 사각형/모서리가 둥근 직사각형 모양을 만듭니다.
- **Square** | 가로/세로 크기가 동일한 사각형/원 모양을 만듭니다.
- **Fixed Size** 크기 고정 | 지정한 크기로 모양을 만듭니다.
- **Proportional** 비율 | 지정한 비율로 모양을 만듭니다.
- **From Center** 중앙부터 | 드래그를 시작한 지점을 중점으로 하는 모양을 만듭니다.

Align Edges 가장자리 정렬 픽셀 격자에 벡터 모양 가장자리를 정렬합니다.

Radius 반경 모서리의 둥근 정도를 설정합니다.

✿ **Setup** 다각형 도구의 추가 옵션을 설정합니다.

Sides 측면 다각형 도구의 옵션으로 면(또는 별 모양의 포인트)의 수를 설정합니다.

Setup 직선 도구의 추가 옵션을 설정합니다.

- **Path Options** | 패스 옵션을 설정합니다.
- **Thickness** | 화면에 표시되는 패스의 두께를 설정합니다.
- **Color** | 화면에 표시되는 패스의 색상을 설정합니다.
- **Arrowheads 화살촉** | 체크한 방향으로 화살표가 생성됩니다.
- **Start 체크 시** | 시작 부분에 화살표가 생성됩니다.
- **End 체크 시** | 끝부분에 화살표가 생성됩니다.
- **Start와 End 모두 체크 시** | 시작과 끝부분 모두에 화살표가 생성됩니다.

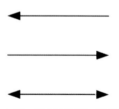

▲ Start만 체크 시 / End만 체크 시 / Start와 End 모두 체크 시

- **Width 폭** | 화살촉의 두께를 결정합니다. 최소 10%에서 최대 1000%까지 입력할 수 있습니다.

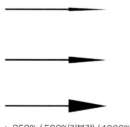

▲ 250% / 500%(기본값) / 1000% 일 때

- **Length 길이** | 화살촉의 길이를 결정합니다. 최소 10%에서 최대 5000%까지 입력할 수 있습니다.

▲ 100% / 1000%(기본값) / 2500% / 5000%일 때

- **Concavity 오목한 정도** | 화살촉의 모양을 결정합니다. 최소 −50%에서 최대 50%까지 입력할 수 있습니다.

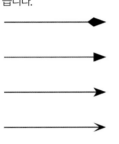

▲ −50% / 0%(기본값) / 25% / 50%

Weight 두께 직선의 두께를 설정합니다.

Shape 모양 포토샵에서 기본 제공하는 모양 중 작업창에 그릴 모양을 선택하고 불러옵니다.

사용자 정의 모양 도구에서 제공하는 모양

사용자 정의 모양 도구를 선택한 후 옵션바에서 Shape 옵션을 클릭하면 다음과 같은 모양 목록과 메뉴를 확인할 수 있습니다.

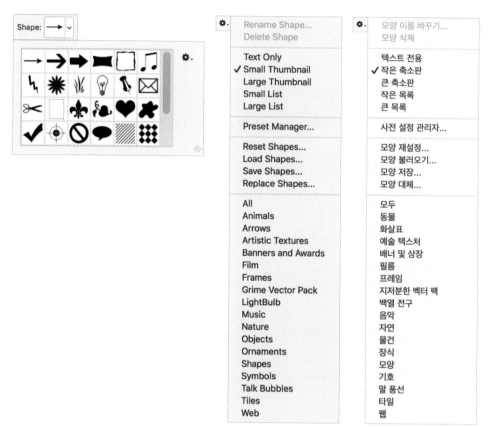

Setup 아이콘을 클릭한 후 불러올 수 있는 모양 목록은 다음과 같습니다.

- **Animals** 동물 모양을 불러옵니다.

- **Arrows** 화살표 모양을 불러옵니다.

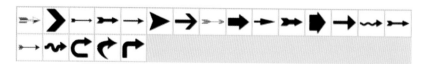

- Artistic Textures 예술 텍스처 모양을 불러옵니다.

- Banners and Awards 배너 및 상장 모양을 불러옵니다.

- Film 필름 모양을 불러옵니다.

- Frames 프레임 모양을 불러옵니다.

- Grime Vector Pack 지저분한 벡터 팩 모양을 불러옵니다.

- LightBulb 백열 전구 모양을 불러옵니다.

- Music 음악 모양을 불러옵니다.

- Nature 자연 모양을 불러옵니다.

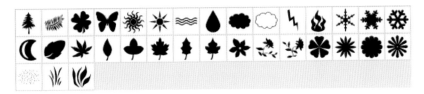

- Objects 물건 모양을 불러옵니다.

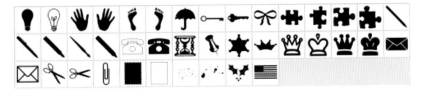

- Ornaments 장식 모양을 불러옵니다.

- Shapes 일반 모양을 불러옵니다.

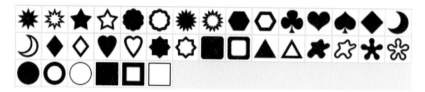

- Symbols 기호 모양을 불러옵니다.

- Talk Bubbles 말풍선 모양을 불러옵니다.

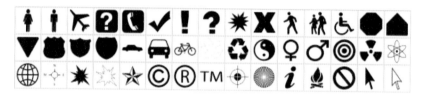

- Tiles 타일 모양을 불러옵니다.

- Web 웹 모양을 불러옵니다.

- **내용:** 이 작업은 실시간 모양을 보통 패스로 변환합니다. 계속하시겠습니까?
- **이유:** 모양 도구의 옵션바에서 Path operations 옵션을 [New Layer]가 아닌 다른 항목을 선택한 후 한 레이어에서 여러 모양을 결합 및 교차하고 [Merge Shape Components]를 선택하면 나타납니다.
- **해결 방법:** [Yes] 버튼을 클릭해서 실시간으로 반영된 모양을 하나의 보통 패스로 변경하거나, [No] 버튼을 클릭해서 실시간으로 반영된 모양을 유지합니다.

LESSON 20

손 도구,
회전 보기 도구

Hand Tool, Rotate View Tool

손 도구 H
회전 보기 도구 R

손 도구 H
회전 보기 도구 R

Hand Tool 손 도구 H | 화면을 움직일 때 사용합니다.

Rotate View Tool 회전 보기 도구 R | 화면을 회전할 때 사용합니다. 작업창에서 보이는 화면이 회전하는 것으로 실제 이미지는 회전하지 않습니다. 또한 언제든 원래 설정대로 돌아올 수 있습니다.

손 도구의 기능 및 옵션바

손 도구는 화면을 드래그해서 움직일 때 사용하는 도구로, 🖐 손 도구를 사용하기 위해서는 움직이고자 하는 이미지의 크기가 현재 작업창보다 커야 합니다. 이미지와 화면이 같거나 화면보다 이미지가 작으면 아무리 드래그해도 화면은 움직이지 않습니다.

▲ 왼쪽으로 드래그

▲ 기본 상태

▲ 오른쪽으로 드래그

▲ 이미지와 화면이 같은 경우

▲ 화면보다 이미지가 작은 경우

포토샵 환경 설정의 기본값으로 손바닥 도구를 이용해 화면을 이동하면 이동한 방향으로 관성을 가지고 미끄러지듯 움직이는 것을 확인할 수 있습니다. 이러한 관성 효과를 없애려면 메뉴바에서 [Edit 〉 Preferences 〉 Tools](편집 〉 환경 설정 〉 도구) 메뉴를 선택한 후 [Enable Flick Panning](깜박임 팬 활성화) 옵션의 체크를 해제합니다. Preferences 대화상자를 여는 단 축키는 Ctrl + K 입니다.

손 도구 사용 중 화면 확대/축소

Alt 일시적으로 ⌕ 축소 돋보기 도구를 사용할 수 있습니다. Alt 를 누른 채 화면을 클릭하거나 드 래그해서 화면을 축소할 수 있습니다.

Ctrl 일시적으로 ⌕ 확대 돋보기 도구를 사용할 수 있습니다. Ctrl 을 누른 채 화면을 클릭하거나 드래그해서 화면을 확대할 수 있습니다.

마우스 오른쪽 버튼 클릭 손 도구 사용 중 마우스 오른쪽 버튼을 클릭하면 다음과 같은 메뉴를 선택 해서 화면 비율을 조정할 수 있습니다.

- **Fit on Screen** | 이미지를 화면에 맞춰서 표시합니다.
- **100%** | 이미지를 원본 비율로 표시합니다.
- **200%** | 이미지를 200% 비율로 표시합니다.

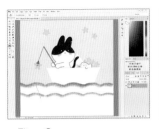

▲ Fit on Screen

▲ 100%

▲ 200%

- **Print Size** | 실제 인쇄되는 크기로 표시됩니다. 같은 픽셀이라도 dpi에 따라 인쇄 크기가 다를 수 있습니다.

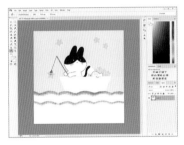

▲ 750pixel 72dpi

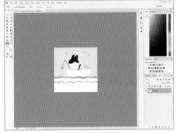

▲ 750pixel 150dpi

손 도구의 옵션바

Scroll All Windows 모든 창 스크롤 체크하면 열려 있는 모든 창의 화면이 함께 움직입니다. 체크를 해제하면 현재 작업 중인 작업창만 움직입니다.

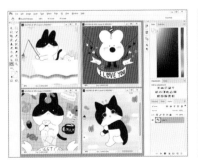

100%/Fit Screen 화면 맞추기/Fit Screen 화면 채우기 버튼을 클릭해서 이미지 비율을 조정합니다. 단축키 [Ctrl]+[Alt]+[0] (100%), [Ctrl]+[0] (화면 맞추기)을 사용하면 편리합니다.

▲ 100%

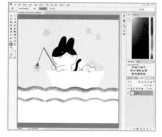
▲ 화면 맞추기

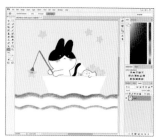
▲ 화면 채우기

 ## 회전 보기 도구의 기능 및 옵션바

회전 보기 도구는 화면을 드래그해서 회전할 때 사용하는 도구로 작업창에서 보이는 화면이 회전하는 것이지 실제 이미지는 회전되지 않습니다. 또한 언제든 원래 설정대로 되돌릴 수 있습니다. 회전 보기 도구를 사용 중에 [Shift]를 누른 채 드래그하면 15도씩 회전할 수 있으며, [Ctrl]을 눌러 일시적으로 이동 도구를 사용할 수 있습니다.

회전 보기 도구의 옵션바

Rotation Angle 회전 각도 값을 입력하거나  아이콘에서 드래그하여 화면의 회전 각도를 설정합니다.

▲ 0도

▲ 45도

▲ 90도

▲ 180도

Reset View 보기 재설정 화면을 기본 보기 상태로 되돌립니다.

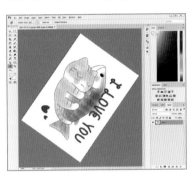
▲ 변경된 각도

▲ 보기 재설정

Rotate All Windows 모든 창 회전 열려 있는 모든 창의 화면을 함께 회전합니다.

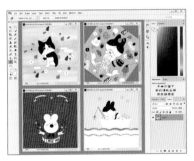

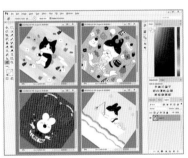

돋보기 도구

Zoom Tool

 Zoom Tool 돋보기 도구 Z | 클릭한 곳을 중심으로 화면을 확대/축소합니다.

돋보기 도구의 기본 기능 및 옵션바

돋보기 도구는 클릭한 곳을 중심으로 화면을 확대, 축소하는 도구로 화면을 클릭하거나 드래그해서 확대하거나 축소합니다.

- 클릭한 채로 유지하면 화면이 점차 확대/축소됩니다.
- 돋보기 도구는 최대 3200%까지 확대할 수 있습니다.
- [Ctrl]을 누르고 있으면 일시적으로 이동 도구를 사용할 수 있습니다.
- [Alt]를 이용해 일시적으로 확대를 축소로, 축소를 확대로 변경할 수 있습니다.

돋보기 도구 사용 중 화면에서 마우스 오른쪽 버튼을 클릭해서 팝업 메뉴를 표시한 후 확대/축소 기능을 사용할 수 있습니다.

- **Fit on Screen** ┃ 이미지를 화면에 맞춰서 표시합니다.
- **100%** ┃ 이미지를 원본 비율로 표시합니다.
- **200%** ┃ 이미지를 200% 비율로 표시합니다.
- **Print Size** ┃ 실제 인쇄되는 크기로 표시됩니다. 같은 픽셀이라도 dpi에 따라 인쇄 크기가 다를 수 있습니다. 알아보기 27.p

▲ 700pixel 72dpi

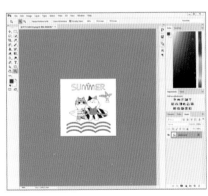
▲ 700pixel 150dpi

- **Zoom IN** ｜ 이미지를 확대하여 표시합니다.
- **Zoom Out** ｜ 이미지를 축소하여 표시합니다.

화면의 확대／축소는 작업창 왼쪽 아래에 있는 입력 필드를 이용할 수도 있으며, 다음과 같은 단축키를 이용하면 효과적입니다.

- Ctrl + + ｜ 화면을 확대합니다.
- Ctrl + - ｜ 화면을 축소합니다.
- Ctrl + Alt + + ｜ 작업창이 별도로 분리되어 있을 때 화면과 작업창을 함께 확대합니다.
- Ctrl + Alt + - ｜ 작업창이 별도로 분리되어 있을 때 화면과 작업창을 함께 축소합니다.
- Ctrl + 0 ｜ 화면을 작업창에 맞추어 표시합니다.
- Ctrl + Alt + 0 ｜ 이미지를 원본 비율로 표시합니다.

돋보기 도구의 옵션바

Zoom in／Zoom out 돋보기 도구를 선택한 후 화면을 클릭했을 때 확대할지 축소할지 선택합니다.

Resize Windows to Fit 창 크기 조정 옵션에 체크하면 화면과 함께 작업창을 확대／축소합니다.

Zoom All Windows 모든 창 확대/축소 열려 있는 모든 창의 이미지가 함께 확대/축소됩니다. 단 단축키를 이용한 화면 확대/축소는 모든 창 확대/축소의 영향을 받지 않습니다.

Scrubby Zoom 스크러비 확대/축소 좌우 드래그를 이용하여 화면이 점층적으로 확대/축소되는 스크러비 효과를 사용합니다. 옵션에 체크한 후 왼쪽으로 드래그하면 화면이 점점 축소되고, 오른쪽으로 드래그하면 점점 확대됩니다. 옵션에 체크를 해제하면 드래그해서 선택한 범위가 작업창에 가득 차도록 확대됩니다.

100%/Fit Screen 화면 맞추기/Fill Screen 화면 채우기 버튼을 클릭해서 이미지 비율을 조정합니다. 단축키 Ctrl+Alt+0 (100%), Ctrl+0 (화면 맞추기)를 사용하면 편리합니다.

▲ 100%   ▲ 화면 맞추기   ▲ 화면 채우기

LESSON 22

전경색과 배경색

Foreground Color, Background Color

■ **Foreground Color 전경색** | 아이콘의 앞쪽에 위치한 색상으로 기본값은 검정(#000000)입니다.

▢ **Background Color 배경색** | 아이콘의 뒤쪽에 위치한 색상으로 기본값은 흰색(#ffffff)입니다.

↕ **Switch 교체** X | 전경색과 배경색을 교체합니다.

⬕ **Default 되돌리기** D | 전경색과 배경색을 기본값으로 되돌립니다.

도구상자의 유형(한 줄/두 줄)에 따라 아이콘의 위치와 크기의 변화가 있으나 기능은 동일합니다.

- **전경색** | 앞쪽 색을 의미하며 브러시 도구를 사용할 때 칠해지는 색상으로 사용됩니다.
- **배경색** | 뒤쪽 색을 의미하며 지우개 도구를 사용해 배경 레이어를 지울 때 지워진 부분에 나타나는 색상으로 사용됩니다.
- **전경색/배경색 채우기** | 작업창이나 선택 영역에 전경색/배경색을 채울 때는 단축키를 사용합니다. 색으로 채울 작업창이나 선택 영역 상태에서 [Alt]+[Delete]를 누르면 전경색으로 채워지고, [Ctrl]+[Delete]를 누르면 배경색으로 채워집니다.
- **전경색/배경색 변경하기** | 전경색/배경색 아이콘을 클릭하면 Color Picker 창이 나타납니다. 이 창을 이용해서 원하는 색상을 선택하거나 색상 값을 입력해서 색을 지정할 수 있습니다.

Color Picker 창 살펴보기

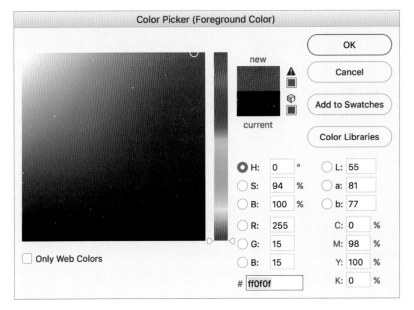

- **색상 슬라이더** | 클릭하여 원하는 색상을 선택할 수 있습니다. 선택 후 선택한 색상의 다양한 채도가 색상필드에 표시됩니다.
- **색상 필드** | 원하는 채도를 선택할 수 있습니다.
- **Only Web Colors** | 체크하면 웹에서 안정적으로 표현되는 색상으로 슬라이더와 필드가 재구성됩니다.

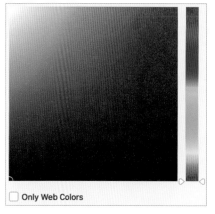 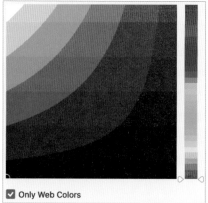

☐ Only Web Colors   ☑ Only Web Colors

- **New** ｜ 새로 선택된 색이 표시됩니다.
- **Current** ｜ 기존 색상이 표시됩니다.

- **🔺 인쇄 표시 경고** ｜ 인쇄 영역 색상을 초과할 때 해당 경고가 표시됩니다. 인쇄 시 해당 색상이 제대로 표현되지 않을 가능성이 크므로 경고 아래 표시된 근접 색을 클릭해서 변경하거나 다른 색을 선택하여 경고를 해제할 수 있습니다.
- **🔳 웹 표시 경고** ｜ 웹 페이지에 적합한 색상이 아닐 때 경고가 표시됩니다. 웹에서 해당 색상이 제대로 표현되지 않을 가능성이 크므로 경고 아래 표시된 근접 색을 클릭해서 변경하거나 다른 색을 선택하여 경고를 해제할 수 있습니다.
- **HSB** ｜ 색상의 기본 특성을 H(색조)/S(채도)/B(명도) 3가지로 표현한 것을 의미합니다.

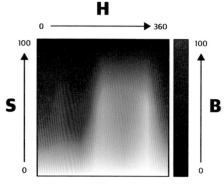

▲ H(색조) / S(채도) / B(명도)

- Hue 색조 : 색상을 나타냅니다.
- Saturation 채도 : 색상의 강도(순도)를 나타냅니다.
- Brightness 명도 : 색상의 밝기를 나타냅니다.

- **LAB** | 눈으로 인지할 수 있는 모든 색상을 표현합니다. 이 방식은 색상이 눈에 어떻게 보이는지를 정의하기 때문에 모니터/카메라에 표시되는 색상 방식과는 다른 독립적인 색상으로 간주됩니다.
- **RGB** | RGB 모드의 색상값을 직접 입력할 수 있습니다. <u>알아보기 25.p</u>
- **CMYK** | CMYK 모드의 색상값을 직접 입력할 수 있습니다.
- **#** | Html 모드의 색상값을 직접 입력할 수 있습니다.
- **Add to Swatches** | 현재 색상을 색상 견본에 추가합니다.
- **Color Libraries** | Color Libraries 창에서 색상을 선택합니다.

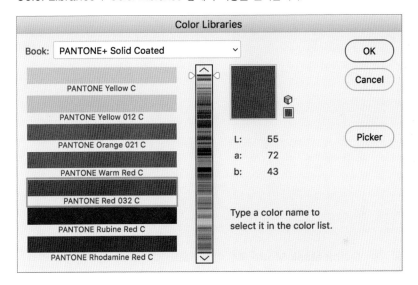

빠른 마스크 모드

Quick Mask Mode

 **Quick Mask Mode** 빠른 마스크 모드 Q | 보다 섬세한 선택 영역을 빠르게 지정할 때 사용합니다.

빠른 마스크 모드 편집 상태

빠른 마스크 모드 편집 상태가 되면 선택 영역이 반투명한 빨간색으로 표시되며 브러시 도구를 이용해 선택 영역을 추가하거나 제외할 수 있습니다. Color Indicates를 이용해 선택된 영역의 기본값을 반전할 수 있습니다. 또한 빠른 마스크 모드 편집 상태에서 Channels 패널을 보면 Quick Mask 채널이 추가된 것을 확인할 수 있습니다. Quick Mask 채널에서 작업한 내용은 이외의 채널(원본)에는 어떠한 영향도 미치지 않습니다.

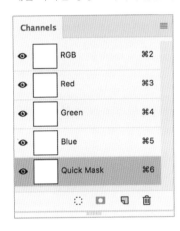

브러시 도구로 선택 영역 추가/제외하기

빠른 마스크 모드에서는 브러시를 이용해 칠한 영역이 붉게 표시되고 붉게 표시된 부분은 빠른 마스크 모드 해제 시 선택 영역으로 지정됩니다.

- **선택 영역 추가** | 브러시 도구를 이용해 칠하기
- **선택 영역 제외** | 지우개 도구를 이용해 불필요한 부분을 지우기
- **선택 영역 지정** | 빠른 마스크 모드 해제 시 붉은 부분이 선택 영역으로 지정됩니다.

▲ 원본-빠른 마스크 모드

▲ 브러시 도구를 이용해 칠　　　▲ 지우개 도구로 불필요한 부분을 지움　　　▲ 빠른 마스크 모드에서 빠져나와 선택
　　　　　　　　　　　　　　　　　　　　　　　　　　　　　　　　　　　　영역이 지정된 모습

Quick Mask Options 창 살펴보기

빠른 마스크 모드 아이콘을 더블클릭하면 Quick Mask Options(빠른 마스크 옵션) 창을 불러올
수 있습니다.

- **Color Indicates** 색상 표시 내용 ｜ 선택 영역의 기준을 선택합니다.
  - Masked Areas 마스크 영역: 빨간색 이외의 영역이 선택 영역으로 지정됩니다(기본값).
  - Selected Areas 선택 영역: 빨간색으로 칠해진 영역이 선택 영역으로 지정됩니다.

▲ 빠른 마스크 모드　　　　▲ 마스크 영역　　　　　　　　　▲ 선택 영역

- **Color** 색상 ｜ 빠른 마스크 모드에서 사용할 색상 및 불투명도를 지정합니다.

LESSON 24

화면 모드

Standard Screen Mode,
Full Screen Mode With Menu Bar, Full Screen Mode

- ▪ 🗗 Standard Screen Mode   F
- ☐ Full Screen Mode With Menu Bar   F
- 🖼 Full Screen Mode   F

- ▪ 🗗 표준 화면 모드   F
- ☐ 메뉴 막대가 있는 전체 화면 모드   F
- 🖼 전체 화면 모드   F

🗗 **Standard Screen Mode** ⒡ | 표준 화면 모드로 작업화면 보기

☐ **Full Screen Mode With Menu Bar** ⒡ | 메뉴바가 있는 전체 화면 모드로 작업화면 보기

🖼 **Full Screen Mode** ⒡ | 전체 화면 모드로 작업화면 보기

도구 상자를 이용한 화면 모드 도구 상자에서 선택할 수 있는 화면 모드는 다음과 같이 세 가지가 있습니다. 전체 화면 모드에서는 ESC 를 눌러 표준 화면 모드로 전환할 수 있습니다.

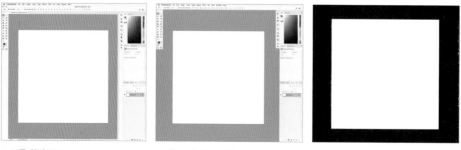

▲ 표준 화면 모드   ▲ 메뉴바가 있는 전체 화면 모드   ▲ 전체 화면 모드

Tab을 이용한 화면 모드 도구 상자 이외에도 Tab 을 눌러 화면 모드를 변경할 수 있습니다. Tab 을 누르면 왼쪽 도구 상자와 오른쪽 패널 상자가 사라져서 작업화면을 더 넓게 볼 수 있으며 다시 한번 Tab 을 누르면 원래의 화면 모드로 돌아옵니다.

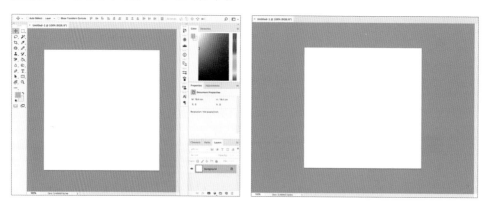

Tab 사용 중 일시적으로 도구 상자, 패널 상자 보기 Tab 을 눌러 도구 상자와 패널 상자를 가린 후 마우스를 양쪽 끝 바로 가져가면 도구 상자나 패널 상자를 일시적으로 사용할 수 있습니다.

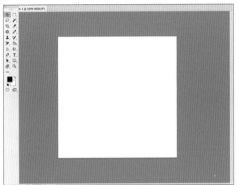
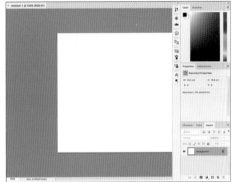

화면 모드 변경 시 발생하는 알림, 경고 메시지

Full Screen Mode 선택 시 발생

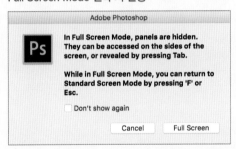

- **내용:** 전체 화면 모드에서는 패널이 숨겨집니다. 화면 측면에서 액세스하거나 [Tab]을 사용하여 표시할 수 있습니다. 전체 화면 모드에서 [F] 또는 [ESC]를 눌러 표준 화면 모드로 돌아갈 수 있습니다.
- **이유:** 도구 상자에서 [Full Screen Mode]를 선택하면 나타납니다.
- **해결 방법:** 전체 화면 모드에서 모든 패널이 숨겨지기 때문에 전체 화면 모드를 사용할지를 다시 한번 묻는 알림 메시지입니다. [Full Screen] 버튼을 클릭하면 전체 화면 모드가 실행되며, [Tab] 또는 [F] 또는 [ESC]를 눌러 전체 화면 모드를 해제할 수 있습니다.

PART 02
메뉴바 &
패널

File

Edit

Image

Layer

Type

Select

Filter

View

Windows

Help

LESSON 01 File 메뉴

File		파일	
New...	Ctrl+N	새로 만들기...	⌘N
Open...	Ctrl+O	열기...	⌘O
Browse in Bridge...	Alt+Ctrl+O	Bridge에서 찾아보기...	⌥⌘O
Open As...	Alt+Shift+Ctrl+O	고급 개체로 열기...	
Open as Smart Object...		최근 파일 열기	▶
Open Recent	▶		
Close	Ctrl+W	닫기	⌘W
Close All	Alt+Ctrl+W	모두 닫기	⌥⌘W
Close and Go to Bridge...	Shift+Ctrl+W	닫은 후 Bridge로 이동...	⇧⌘W
Save	Ctrl+S	저장	⌘S
Save As...	Shift+Ctrl+S	다른 이름으로 저장...	⇧⌘S
Check In...		되돌리기	F12
Revert	F12		
Export	▶	내보내기	▶
Generate	▶	생성	▶
Share on Behance...		공유...	
		Behance에서 공유...	
Search Adobe Stock...		Adobe Stock 검색...	
Place Embedded...		포함 가져오기...	
Place Linked...		연결 가져오기...	
Package...		패키지...	
Automate	▶	자동화	▶
Scripts	▶	스크립트	▶
Import	▶	가져오기	▶
File Info...	Alt+Shift+Ctrl+I	파일 정보...	⌥⇧⌘I
Print...	Ctrl+P	인쇄...	⌘P
Print One Copy	Alt+Shift+Ctrl+P	한 부 인쇄	⌥⇧⌘P

 Menu 작업을 시작하는 메뉴

New 새로 만들기 [Ctrl]+[N] 새로운 작업창을 만들 때 사용합니다. [New] 메뉴를 선택하면 새 문서를 만들 수 있는 New Document 대화상자가 나타납니다. 설정을 변경하거나 템플릿을 선택한 후 [Create] 버튼을 클릭해서 새로운 문서를 만들 수 있습니다.

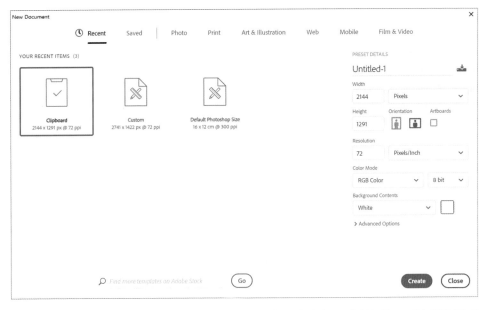

- **상단 탭** | 왼쪽부터 순서대로 최근, 저장됨, 사진, 인쇄, 아트 및 일러스트레이션, 웹, 모바일, 영화 및 비디오로 목적에 따라 자주 사용하는 문서의 크기와 세부 설정 값이 저장되어 있습니다. 상단 탭에서 원하는 분류를 선택한 후 각 탭에서 사용할 설정 아이콘을 클릭해서 사용합니다. 또한 이미 만들어진 템플릿을 다운받을 수도 있습니다.

- **Find more Templates on Adobe Stock** | 어도비 스톡에서 더 많은 템플릿을 검색하고 다운로드할 수 있으며, 다운로드한 템플릿은 [Saved] 탭에서 확인할 수 있습니다.

- **PRESET DETAILS 사전 설정 세부 정보** | 새로운 문서의 이름을 입력합니다. 아이콘을 클릭하면 현재 설정 값을 저장할 수 있으며, [Saved] 탭에서 저장한 설정을 선택할 수 있습니다.

- **Width 폭, Height 높이** | 새 문서의 폭과 높이, 그리고 단위를 결정합니다. 사용할 수 있는 단위는 Pixels(픽셀), Inches(인치), Centimeters(센티미터), Millimeters(밀리미터), Points(포인트), Picas(파이카)가 있습니다.

- **Orientation 방향, Artboards 대지** | 새 문서의 방향을 변경합니다. [Artboards]에 체크하면 동일한 캔버스에 여러 개의 대지를 만들 수 있는 대지 형식의 문서를 만듭니다.

- **Resolution 해상도** | 새 문서의 해상도를 설정합니다. 단위는 Pixels/Inches와 Pixels/Centimeters 중 선택할 수 있습니다.

- **Color Mode 색상 모드** | 색상 모드와 비트 값을 선택합니다.

- **Background Contents 배경 내용** | 문서의 배경색을 설정합니다. White(흰색), Black(검정), Background Color(배경색) 중 하나를 선택하거나 또는 Color Picker 아이콘을 클릭하여 다른 색상을 선택할 수 있습니다.

■ **Advanced Options** 고급 옵션 ┃ Color Profile(색상 프로필)과 Pixel Aspect Ratio(픽셀 종횡비)를 설정할 수 있습니다

Open 열기 [Ctrl]+[O] 열기 대화상자가 나타나면 경로를 지정해서 원하는 파일을 불러옵니다.

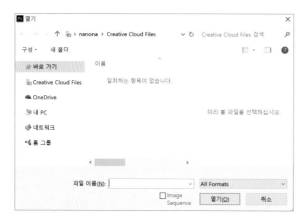

Browse in Bridge Bridge에서 찾아보기 [Alt]+[Ctrl]+[O] Bridge에서 불러올 파일을 찾습니다.

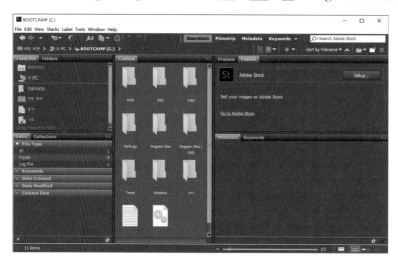

Open As [Alt]+[Shift]+[Ctrl]+[O] 지정한 확장자에 해당하는 파일을 불러올 때 사용합니다.

Open as Smart Object 고급 개체로 열기 선택한 파일을 고급 개체로 불러옵니다.

Open Recent 최근 파일 열기 최근 작업한 파일 중 불러올 파일을 선택할 수 있습니다. 최근 20번째 파일까지 표시되며, [Clear Recent File List]를 선택해서 최근 파일 목록을 지울 수 있습니다.

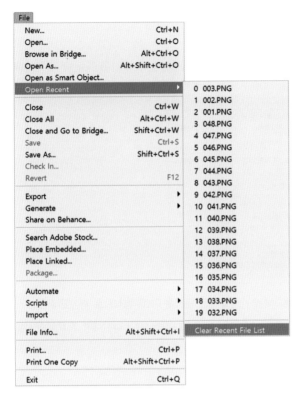

Edit

Image

Layer

Type

Select

Filter

View

Windows

Help

TIP 메뉴 바에서 [Edit > Preferences > File Handling]을 선택한 후 대화상자 하단에 있는 Recent File List Contains에서 최근 파일 표시 수를 변경할 수 있습니다.

Menu 작업을 마치는 메뉴

Close 닫기 Ctrl + W 현재 작업창을 닫습니다.

Close All 모두 닫기 Alt + Ctrl + W 열려 있는 모든 작업창을 닫습니다.

Close and Go to Bridge 닫은 후 Bridge로 이동 Shift + Ctrl + W 현재 작업창을 닫고 Bridge 를 실행합니다

Save 저장 Ctrl + S 작업 파일을 저장합니다.

Save As 다른 이름으로 저장 Shift + Ctrl + S 다른 이름으로 작업 파일을 저장합니다.

Revert 되돌리기 F12 작업 중인 파일을 최종 저장 지점으로 되돌립니다.

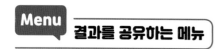

Menu 결과를 공유하는 메뉴

Export 내보내기 이미지를 다음과 같은 다양한 파일 형식으로 저장합니다. 하위 메뉴 중 자주 사용하는 주요 메뉴는 다음과 같습니다.

- **Quick Export as PNG PNG로 빠른 내보내기** | 작업 중인 문서를 PNG 형식으로 저장합니다.
- **Export As 내보내기 형식** Alt + Shift + Ctrl + W | Export As 대화상자가 나타나며, 포토샵 문서를 이미지로 내보낼 때 형식을 조정할 수 있습니다.

- **Export Preferences** 내보내기 기본 설정 | Preferences 대화상자가 열리며 내보내기 세부 옵션을 변경할 수 있습니다.
- **Save for Web** 웹용으로 저장 [Alt]+[Shift]+[Ctrl]+[S] | Save for Web 대화상자가 열리며, 웹에서 사용할 수 있는 GIF, JPEG, PNG, WBMP 형식으로 이미지를 저장합니다.

- **Artboards to Files** 대지를 파일로 | 대지를 파일로 저장합니다. 파일 형식은 PSD가 기본값이며 변경할 수 있습니다.
- **Artboards to PDF** 대지를 PDF로 | 대지를 PDF로 저장합니다.

Export 하위 메뉴 중 [Artboards to Files] 또는 [Artboard to PDF] 메뉴를 선택하면 나타나며 아트보드로 내보낼 때 세부 옵션을 설정합니다.

▲ Artboards to Files　　　　　　　　　　▲ Artboard to PDF

- Destination(대상): 내보낸 파일이 저장될 경로를 지정합니다. [Browse] 버튼을 클릭해서 저장 경로를 선택할 수 있습니다.
- File Name Prefix(파일 이름 접두어): 파일 이름 앞에 공통으로 붙일 문자를 입력합니다.
- Include Overlapping Areas/Artboard Content Only: 겹친 면적을 포함할지(Include Overlapping Areas), 대지 컨텐츠만 저장할지(Artboard Content Only) 선택합니다.
- Export Selected Artboards: 체크하면 선택한 대지를 내보냅니다.
- Include Background in Export: 체크하면 내보내기에 배경을 포함합니다.
- File Type: 저장될 파일 유형을 선택하며, [Export Option]에 체크하면 유형별 세부 옵션을 설정할 수 있습니다.
- Options: Artboards To PDF 대화상자에 표시되는 옵션으로 다음과 같은 하위 옵션을 설정할 수 있습니다.

    - Multi-Page Document/Document Per Artboard: 모든 아트보드를 포함한 PDF로 저장할지(Multi-Page Document), 각 아트보드를 각 PDF로 저장할지(Document Per Artboard) 선택합니다.
    - Encoding: 인코딩 방식을 선택합니다.
    - Include ICC Profile: ICC 프로파일을 포함합니다. ICC 프로파일이 포함된 파일의 경우 여러 디스플레이 장치에서 보다 정확하고 비슷한 색상값을 보여줍니다.
    - Include Artboard Name: 대지 이름을 포함합니다.

Generate 생성　레이어 이름 뒤에 .jpg 또는 .png 등의 확장자 명을 입력 후 생성-이미지 정보를 선택하면 폴더가 생성되며 안에 확장자를 입력한 레이어가 해당 확장자로 저장됩니다.

Share 공유　현재 이미지를 원하는 어플리케이션으로 공유할 수 있습니다.

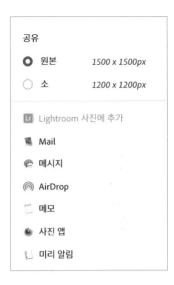

Share on Behance Behance에서 공유 어도비의 클라우드 서비스인 Behance에서 작품을 공유합니다.

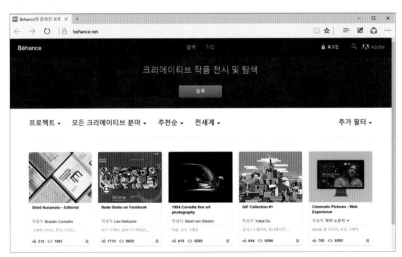

Search Adobe Stock Adobe Stock 검색 Adobe Stock 웹사이트로 이동하여 템플릿 등을 검색하고 다운로드할 수 있습니다.

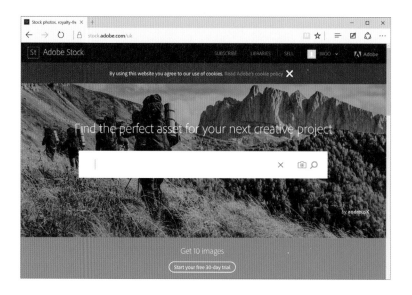

Place Embedded 포함 가져오기 Smart Object 형식으로 파일을 불러옵니다.

Place Linked 연결 가져오기 링크 형태로 파일을 불러옵니다. 원본 파일을 수정하면 링크로 연결된 모든 파일에서도 수정됩니다.

TIP Alt 를 누른 채 이미지를 작업창으로 드래그하면 링크 형태로 불러올 수 있습니다.

Package 패키지 새 폴더를 만들고 그곳에 링크로 연결된 원본 파일과 작업 파일을 저장합니다.

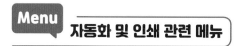 **자동화 및 인쇄 관련 메뉴**

Automate 자동화 반복되는 작업을 자동으로 처리해 주는 기능입니다.

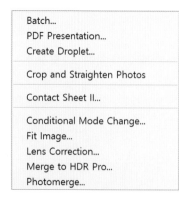

Batch...	일괄 처리...
PDF Presentation...	PDF 프레젠테이션...
Create Droplet...	드롭릿 만들기...
Crop and Straighten Photos	사진 자르기와 똑바르게 하기
Contact Sheet II...	밀착 인화 II...
Conditional Mode Change...	렌즈 교정...
Fit Image...	이미지 맞추기...
Lens Correction...	조건부 모드 변경...
Merge to HDR Pro...	HDR Pro로 병합...
Photomerge...	Photomerge...

- **Batch** | 반복된 작업을 자동화합니다.
- **PDF Presentation** | 다양한 이미지로 여러 페이지의 문서 또는 슬라이드 쇼를 만들 수 있습니다.
- **Create Droplet** | 액션 실행 파일을 만듭니다.
- **Crop and Straighten Photos** | 사진을 자르고 똑바르게 보정합니다.
- **Contact Sheet II** | 같은 폴더에 있는 여러 이미지를 한 장의 섬네일로 만들어 줍니다.
- **Conditional Mode Change** | 액션 사용 중 색상 모드 변환이 일어날 수 있도록 모드를 변경합니다.
- **Fit Image** | 지정한 크기로 이미지를 맞춥니다.
- **Lens Correction** | 왜곡된 이미지를 보정합니다.
- **Merge to HDR Pro** | 서로 다른 노출 값을 가진 이미지를 평균 노출 값으로 보정하여 하나로 통합합니다.
- **Photomerge** | 파노라마 이미지를 만듭니다.

Scripts 스크립트 여러 레이어를 각각의 파일로 저장할 때 사용합니다.

Image Processor...	이미지 프로세서...
Delete All Empty Layers	빈 레이어 모두 삭제
Flatten All Layer Effects Flatten All Masks	모든 레이어 효과 병합 모든 마스크 병합
Script Events Manager...	스크립트 이벤트 관리자...
Load Files into Stack... Load Multiple DICOM Files... Statistics...	스택으로 파일 불러오기... 여러 DICOM 파일 불러오기... 통계...
Browse...	찾아보기...

- **Image Processor** 여러 파일을 변환하고 처리합니다. [Automate] 〉 [Batch] 메뉴와 비슷하지만 액션을 먼저 만들지 않고 작업한다는 점에서 더 빠른 처리가 가능합니다.
- **Delete All Empty Layers** | 빈 레이어를 모두 삭제합니다.
- **Fatten All Layer Effects** | 모든 레이어 효과를 하나로 합칩니다.
- **Flatten All Masks** | 모든 마스크를 하나로 합칩니다.
- **Script Events Manager** | 스크립트 이벤트 관리자 창을 엽니다.
- **Load Files into Stack** | 선택한 이미지를 각각의 레이어로 불러와 하나의 파일로 만듭니다.
- **Load Multiple DICOM Files** | 여러 DICOM 파일을 불러옵니다.
- **Statistics** | 이미지를 통계화합니다.
- **Browse** | 자바스크립트를 찾아볼 수 있습니다.

TIP DICOM은 Digital Imaging and Communications in Medicine의 약자로 의료용 기기에서 사용되는 표준 이미지입니다.

File
Edit
Image
Layer
Type
Select
Filter
View
Windows
Help

TIP Image Processor로 가능한 작업들

파일을 JPEG, PSD, TIFF 형식 중 하나로 변환할 수 있으며 다음과 같은 세부 옵션을 변경할 수 있습니다.

- Camera Raw 파일을 동일한 옵션으로 조정할 수 있습니다.
- 이미지 크기를 조정할 수 있습니다.
- 색상 프로필을 포함시키거나 sRGB로 변환할 수 있습니다.
- 변환된 이미지에 저작권 메타데이터를 포함할 수 있습니다.

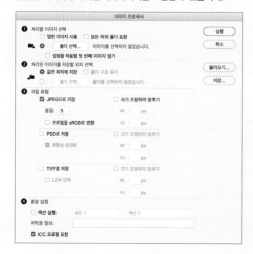

Import 가져오기 다음과 같이 하위 메뉴를 선택하여 외부에서 파일을 가져옵니다.

- **Variable Data Sets** | 변수가 있는 반복 작업을 자동화할 때 사용합니다.

TIP Variable Data Sets 메뉴가 활성화되지 않는다면?

: 데이터 세트가 있어야 활성화되며 데이터 세트는 메뉴바의 [Image > Variables > Defin]에서 변수를 정의한 후 활성화됩니다.

- **Video Frames to Layers** ┃ GIF의 프레임을 레이어로 가져옵니다.
- **Notes** ┃ PDF 파일 등에서 메모를 가져옵니다.
- **WIA Support** ┃ 스캐너, 카메라 등 외부 장치로부터 파일을 가져옵니다.

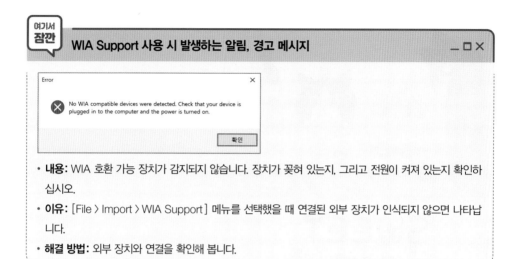
File Info 파일 정보 [Alt]+[Shift]+[Ctrl]+[I] 다음과 같은 대화상자가 열리며 이미지의 이름, 크기, 저작권 등의 파일 정보를 확인하고 수정할 수 있습니다.

Print 인쇄 `Ctrl`+`P` 인쇄 관련 옵션을 설정하여 인쇄합니다.

Print One Copy 1부 인쇄 `Alt`+`Shift`+`Ctrl`+`P` 별도의 설정 없이 바로 1부를 인쇄합니다.

Exit 종료 `Ctrl`+`Q` 포토샵을 종료합니다.

LESSON 02

Edit 메뉴

File
Edit
Image
Layer
Type
Select
Filter
View
Windows
Help

Edit		편집	
Undo	Ctrl+Z	실행 취소	⌘ Z
Redo	Shift+Ctrl+Z	다시 실행	⇧ ⌘ Z
Toggle Last State	Alt+Ctrl+Z	마지막 상태 전환	⌥ ⌘ Z
Fade...	Shift+Ctrl+F	희미하게 하기...	⇧ ⌘ F
Cut	Ctrl+X	잘라내기	⌘ X
Copy	Ctrl+C	복사	⌘ C
Copy Merged	Shift+Ctrl+C	병합하여 복사	⇧ ⌘ C
Paste	Ctrl+V	붙여넣기	⌘ V
Paste Special	▶	특수 붙여넣기	▶
Clear		지우기	
Search	Ctrl+F	검색	⌘ F
Check Spelling...		맞춤법 검사...	
Find and Replace Text...		텍스트 찾기/바꾸기...	
Fill...		칠...	⇧ F5
Stroke...		획...	
Content-Aware Fill...		내용 인식 채우기...	
Content-Aware Scale	Alt+Shift+Ctrl+C	내용 인식 비율	⌥⇧⌘ C
Puppet Warp		퍼펫 뒤틀기	
Perspective Warp		원근 뒤틀기	
Free Transform	Ctrl+T	자유 변형	⌘ T
Transform	▶	변형	▶
Auto-Align Layers...		레이어 자동 정렬...	
Auto-Blend Layers...		레이어 자동 혼합...	
Define Brush Preset...		브러시 사전 설정 정의...	
Define Pattern...		패턴 정의...	
Define Custom Shape...		사용자 정의 모양 정의...	
Purge	▶	제거	▶
Adobe PDF Presets...		Adobe PDF 사전 설정...	
Presets	▶	사전 설정	▶
Remote Connections...		원격 연결...	
Color Settings...	Shift+Ctrl+K	색상 설정...	⇧ ⌘ K
Assign Profile...		프로필 할당...	
Convert to Profile...		프로필로 변환...	
Keyboard Shortcuts...	Alt+Shift+Ctrl+K	바로 가기 키...	⌥⇧⌘ K
Menus...	Alt+Shift+Ctrl+M	메뉴	⌥⇧⌘ M
Toolbar...		도구 모음...	

Undo 실행 취소 Ctrl + Z 가장 최근 명령을 취소합니다. 메뉴를 보면 'Undo' 뒤에 가장 최근 사용한 명령어가 표시됩니다.

Edit	
Undo Send Backward	Ctrl+Z
Step Forward	Shift+Ctrl+Z
Step Backward	**Alt+Ctrl+Z**

아래처럼 3단계로 완성한 결과물에서 [Undo] 메뉴를 한 번 실행하면 2번 과정으로 돌아가고 2번 과정에서 [Undo]를 한 번 더 실행하면 1번이 아니라 3번으로 돌아갑니다. 즉 Undo 기능은 계속해서 이전 과정으로 돌아가는 것이 아니라 가장 최근 명령을 되돌리고 다시 실행하는 과정이 반복됩니다.

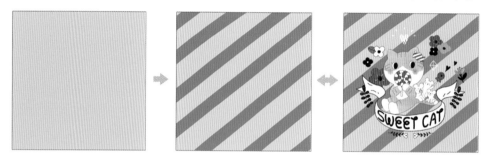

Redo 다시 실행 Shift + Ctrl + Z 취소했던 명령을 1단계 재실행합니다. 실행할 때마다 계속해서 다음 단계를 재실행할 수 있습니다. 즉 N번 실행하면 N번만큼 다음 단계가 재실행됩니다.

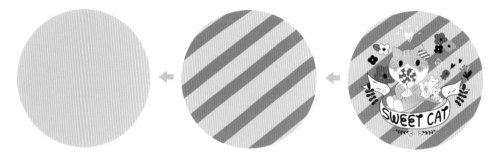

Toggle Last State 마지막 상태 전환 Alt + Ctrl + Z 명령을 1단계 취소합니다. 계속해서 이전 단계로 실행을 취소할 수 있습니다. 즉 N번 실행하면 N번만큼 이전 단계로 되돌아갑니다. [Preference > Performance > History States]에서 돌아갈 수 있는 횟수를 변경할 수 있습니다.

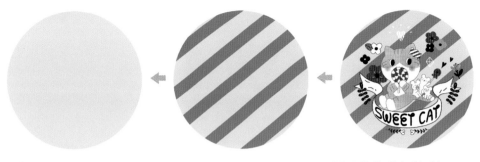

TIP Undo는 가장 최근 명령 1단계만을 취소할 수 있지만 Backward는 1단계씩 계속해서 명령을 취소할 수 있습니다.

Fade 희미하게 하기 `Shift` + `Ctrl` + `F` 방금 실행한 명령에 투명도와 합성 효과를 적용하는 기능으로 메뉴를 보면 Undo와 마찬가지로 'Fade' 뒤에 가장 최근 사용한 명령어가 표시됩니다.

일반 레이어가 아닌 배경 레이어에도 동일한 효과가 적용됩니다. 브러시, 연필, 스탬프, 지우개, 그레이디언트, 페인트 도구 등 선택 영역 지정에 사용되는 도구 이외의 대부분에서 사용할 수 있습니다. 단 지우개 도구는 투명도 적용은 가능하지만 레이어 합성 효과는 사용할 수 없습니다.

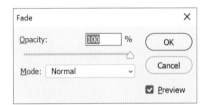

- Opacity: 불투명도 설정합니다.
- Mode: 합성 효과를 선택합니다.

Fade 기능은 가장 최근 명령에만 투명도와 합성 효과를 적용하므로 같은 브러시 도구를 사용했더라도 두 번에 나눠 그리면 마지막 작업에만 투명도 효과가 적용됩니다.

▲ 투명도: 100%　　　　　　▲ 투명도 50% 적용

▲ 투명도: 100%

▲ 투명도 50% 적용

Cut 잘라내기 [Ctrl]+[X] 선택한 레이어에서 선택 영역의 이미지를 잘라냅니다. 잘린 이미지는 클립보드에 저장됩니다.

▲ 선택 영역 설정 후 잘라내기

Copy 복사 [Ctrl]+[C] 선택한 레이어에서 선택 영역의 이미지를 복사합니다. 복사한 이미지는 클립보드에 저장됩니다.

Copy Merged 병합하여 복사 [Shift]+[Ctrl]+[C] 레이어와 상관없이 선택 영역의 이미지를 화면에 보이는 그대로 복사합니다.

Paste 붙여넣기 Ctrl + V 복사하거나 잘라낸 이미지를 붙여넣습니다. 붙여넣기를 실행할 때 선택 영역이 지정되어 있으면 선택 영역을 기준으로 붙여넣기가 실행되며, 그렇지 않으면 작업창 중앙을 중심으로 붙여넣기가 실행됩니다.

▲ 선택 영역 해제 후 붙여넣기

▲ 새로운 선택 영역으로 위치 지정 후 붙여넣기

File
Edit
Image
Layer
Type
Select
Filter
View
Windows
Help

Paste Special 특수 붙여넣기 마스크를 이용해 위치나 조건을 지정하여 붙여넣기를 실행합니다.

Paste in Place　　Shift+Ctrl+V Paste Into　Alt+Shift+Ctrl+V Paste Outside	형식 없이 붙여넣기 제 자리에 붙여넣기　　⇧⌘V 안쪽에 붙여넣기　　　⌥⇧⌘V 바깥쪽에 붙여넣기

- **Paste in Place 제 자리에 붙여넣기** ⎡Shift⎦+⎡Ctrl⎦+⎡V⎦ ㅣ 복사하거나 잘라낸 이미지를 같은 자리에 붙여넣습니다.

- **Paste Into 안쪽에 붙여넣기** ⎡Alt⎦+⎡Shift⎦+⎡Ctrl⎦+⎡V⎦ ㅣ 복사하거나 잘라낸 이미지를 선택 영역 안쪽에 붙여넣습니다. 선택 영역으로 마스크 레이어가 생성됩니다.

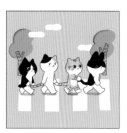  

■ **Paste Outside 바깥쪽에 붙여넣기** | 복사하거나 잘라낸 이미지를 선택한 영역 바깥쪽에 붙여넣습니다. 선택한 영역이 반전되어 마스크 레이어가 생성됩니다.

Clear 지우기 선택한 레이어에서 선택 영역의 이미지를 지웁니다. Clear 실행 후에도 선택 영역은 그대로 남아 있습니다.

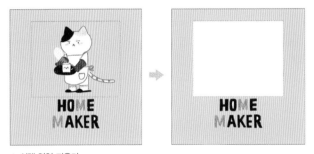

▲ 선택 영역 지우기

Search 검색 Ctrl + F 내 컴퓨터 또는 어도비 스톡에서 파일을 찾습니다.

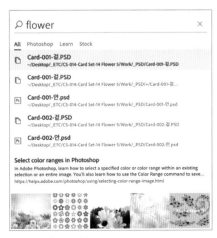

▲ 'Flower' 검색 결과

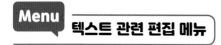

Menu 텍스트 관련 편집 메뉴

Check Spelling 맞춤법 검사 영어 맞춤법을 검사합니다. 한글 맞춤법은 지원하지 않습니다. 맞춤법이 틀리면 Check Spelling 대화상자가 나타나며, Suggestions(추천 단어)에서 교체할 단어를 선택하거나 Change To(변경 내용)에 교체할 단어를 입력해서 변경할 수 있습니다.

TIP 선택한 레이어에서만 맞춤법 검사를 할 때는 [Check All Layers]의 체크를 해제하고, 모든 텍스트 레이어에서 맞춤법을 검사할 때는 체크합니다.

Find and Replace Text 텍스트 찾기/바꾸기 텍스트를 찾거나 찾은 텍스트를 지정한 텍스트로 변경합니다. Layers 패널에 최소 1개 이상의 텍스트 레이어가 있어야 합니다.

Menu 채우기 및 테두리 관련 메뉴

Fill 칠 Shift + F5 선택 영역을 색 또는 패턴으로 채웁니다. 선택 영역이 없다면 선택한 레이어 전체에 채워집니다. Fill 대화상자에서 Contents 옵션을 변경하여 무엇으로 채울지 결정할 수 있습니다.

▲ 색으로 채우기　　　　　　　　　▲ 패턴으로 채우기

Fill 대화상자 Contents 옵션을 [Pattern]으로 선택하면 패턴을 선택하고 스크립트를 적용할 수 있는 추가 Options 영역이 나타납니다.

Stroke 획 선택 영역의 외곽선을 따라 선을 그립니다.

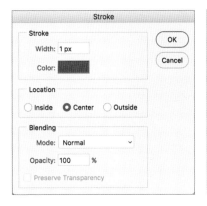

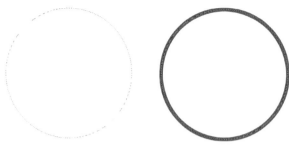

▲ 선택 영역 지정후 Stroke 적용

Storke 대화상자에서 가장 주의할 옵션이 Location(위치)입니다. 다음과 같이 선택 영역을 기준으로 테두리 선을 어느 위치에 그리느냐에 따라 전체 크기가 달라질 수 있습니다.

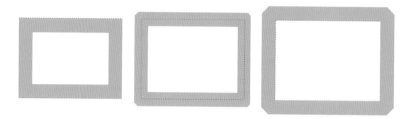

Menu 자유로운 이미지 편집 메뉴

Content-Aware Fill 내용 인식 채우기 이미지의 내용을 인식하여 선택된 영역의 이미지를 자연스럽게 지울(합성할) 수 있습니다.

▲ 선택 영역 지정

▲ 내용 인식 채우기 적용

- **Show Sampling Area 샘플링 영역 표시** ┃ 체크 시 내용 인식에 사용될 영역을 다른 색상으로 표시합니다.

- **Sampling Option 샘플링 옵션**
  - Opacity 불투명도 : 샘플링 영역 표시에 사용되는 색상의 불투명도를 조절합니다.
  - Color 색상 : 사용되는 색상을 변경합니다.
  - Indicates 표시 : 색상이 표시되는 영역을 반전합니다.

File
Edit
Image
Layer
Type
Select
Filter
View
Windows
Help

▲ 불투명도 변경

▲ 색상 변경

▲ 표시 변경

■ **Fill Settings 채우기 설정** | 이 옵션을 이용하여 보다 높은 품질의 결과물을 얻을 수 있습니다

 • Color Adaptation 색상 적용: 대비 및 밝기 조정을 적용합니다.

 • Rotation Adaptation 회전 적용: 이미지 회전을 적용합니다.

 • Scale 비율: 크기 조정을 허용합니다.

 • Mirror 뒤집기: 수평 뒤집기를 허용합니다.

■ **Output Settings 출력 설정**

 • Output To 출력 위치: 결과물을 어떤 방식의 레이어로 가져올지 선택합니다.

Content-Aware Scale 내용 인식 비율 ⸤Alt⸥+⸤Shift⸥+⸤Ctrl⸥+⸤C⸥ 이미지 내용을 인식하여 중요 오브제의 비율은 그대로 두고 배경의 크기를 늘리거나 줄일 수 있습니다. 아래 예시를 보면 배의 비율은 유지된 채 배경인 바다만 늘어난 것을 확인할 수 있습니다.

▲ 원본

▲ 오른쪽으로 당겨 늘였을 때
 (배가 늘어나 있음)

▲ 내용 인식 비율로 오른쪽으로 당겨 늘였
 을 때(배의 비율이 원본과 거의 동일함)

효과가 적용될 XY좌표/가로/세로 비율이 표시됩니다.

- **Amount 양** ┃ 수치가 높을수록 내용 인식 효과가 강하게 적용됩니다.
- **Protect 보호** ┃ 보호할 영역을 지정한 알파 채널을 선택합니다.
- **사람 모양** ┃ 피부톤을 보호하며 효과를 적용합니다.

Puppet Warp 퍼펫 뒤틀기 각도, 크기 등을 자연스럽게 수정할 수 있습니다.

▲ 퍼펫 뒤틀기로 이미지 변형하기

- **모드** ┃ 메시의 탄성을 선택합니다. 고정〈표준〈왜곡 순으로 탄성이 높습니다.
- **농도** ┃ 메시 점의 간격을 선택합니다.
- **확장** ┃ 메시 외부의 가장자리를 확장/축소합니다.
- **메시 표시** ┃ 메시 표시를 끄거나 켭니다.
- **핀 깊이** ┃ 고정 핀의 깊이를 조절합니다.
- **회전** ┃ 핀 회전 방식을 설정합니다.
- **화살표** ┃ 모든 핀을 제거합니다.

Perspective Warp 원근 뒤틀기 이미지의 원근감을 변경합니다. 건축물 또는 원근이 잘못된 이미지를 변경할 때 유용합니다.

▲ 원본

▲ 원근 뒤틀기 적용(수직선 똑바르게 하기)

- **레이아웃** ┃ 레이아웃 선을 그릴 때 사용합니다.
- **뒤틀기** ┃ 레이아웃 선을 그린 다음 원근을 뒤틀 때 사용합니다.
- ┃ 레이아웃 수직선/수평선/수직&수평선을 똑바르게 합니다.

▲ 원본

▲ 수평선 똑바르게 하기 적용

File

Edit

Image

Layer

Type

Select

Filter

View

Windows

Help

TIP [Perspective Warp] 메뉴 활성화하기

간혹 [Perspective Warp] 메뉴가 비활성화 상태일 수 있습니다. 이럴 때는 Preferences 대화상자에서 다음과 같이 설정한 후 다시 시도해 봅니다.

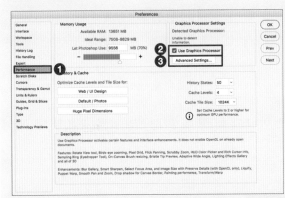
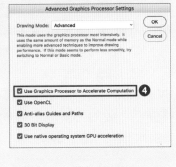

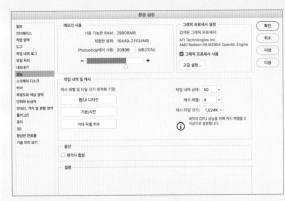
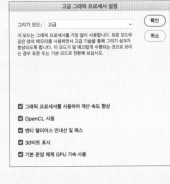

01 [Edit 〉 Preferences 〉 Performance] 메뉴를 선택합니다.

02 Graphics Processor Settings 영역에 있는 [Use Graphics Processor]에 체크합니다.

03 [Advanced Settings] 버튼을 클릭합니다.

04 Advanced Graphics Processor Settings 대화상자에 있는 [Use Graphics Processor To Accelerate Computation]에 체크합니다.

Free Transform 자유 변형 [Ctrl]+[T] 선택한 영역을 자유롭게 변형합니다. 선택 영역이 없으면 선택 중인 레이어 전체를 변형합니다. 변형을 완료한 후에는 [Ctrl]+[Enter]를 누르거나 옵션바에서 [확인] 아이콘을 클릭합니다.

- ▪ ☑ ⠿ ┃ 체크 시 참조점을 변경할 수 있습니다. 참조점이란 변형을 실행할 때 중심이 되는 고정점을 의미합니다. 단축키 Alt +클릭으로도 원하는 곳을 참조점으로 변경할 수 있습니다.

- ▪ **XY** ┃ 참조점의 수평/수직 위치를 표시합니다.

- ▪ △ ┃ 체크 시 참조점이 원본에서 상대적으로 얼마나 이동했는지를 XY에 표시 합니다.

- ▪ **WH** ┃ 가로/세로 비율을 변경합니다.

- ▪ ∞ ┃ 체크 시 가로/세로 비율을 유지합니다.

- ▪ ⊿ ┃ 회전 각도를 변경합니다.

- ▪ **HV** ┃ 수평/수직 기울기를 변경합니다.

- ▪ 보간: 쌍입방∨ ┃ 보간을 변경합니다. 보간이란 이미지가 확대될 때 생기는 원래 없었던 픽셀 영역을 어떻게 채울지에 대한 방식을 말합니다.

- • 최단입점: 가장자리가 보다 명확해집니다.
- • 쌍선형: 주변 픽셀의 색상 평균값을 가진 픽셀을 추가합니다.
- • 쌍입방: 최단입점/쌍선형보다 더 뛰어난 그레이디언트 정밀도를 가집니다(기본값).
- • 쌍입방(더 매끄럽게): 이미지를 확대할 때 유용합니다.
- • 쌍입방(더 선명하게): 이미지를 축소할 때 유용합니다.
- • 쌍입방 자동: 확대/축소에 맞게 포토샵에서 자동으로 보간 방식을 결정합니다.

- ▪ 🐟 ┃ 체크 시 뒤틀기 모드를 사용할 수 있습니다. 또한 자유 변형 옵션바에서 뒤틀기 옵션바로 변경됩니다.

- **뒤틀기** | 뒤틀기 방식을 변경합니다.

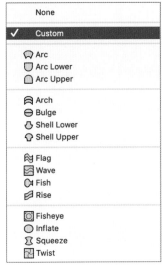

- 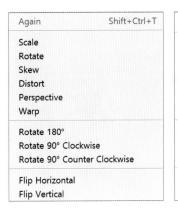 | 뒤틀기 방향을 변경합니다.

Transform 변형 선택한 영역 또는 레이어를 다음과 같은 하위 메뉴 중 하나를 선택해서 변형합니다. 가장 최근에 사용한 Transform 효과를 다시 한번 적용할 때는 [Again] 메뉴를 선택하면 됩니다.

Again	Shift+Ctrl+T		반복	⇧⌘T
Scale			비율	
Rotate			회전	
Skew			기울이기	
Distort			왜곡	
Perspective			원근	
Warp			뒤틀기	
Rotate 180°			180도 회전	
Rotate 90° Clockwise			시계 방향으로 90° 회전	
Rotate 90° Counter Clockwise			시계 반대 방향으로 90° 회전	
Flip Horizontal			가로로 뒤집기	
Flip Vertical			세로로 뒤집기	

- **Scale** │ 이미지 크기를 변경할 수 있습니다. 선택 또는 레이어 범위에 조절점이 표시되며, 각 위치의 조절점을 드래그하여 크기를 변경합니다. Shift 를 누른 상태로 꼭짓점에 있는 조절점을 드래그하면 원본과 동일한 비율로 이미지 크기를 변경할 수 있습니다.

▲ 좌우 모서리에 있는 조절점으로 너비 변경하기

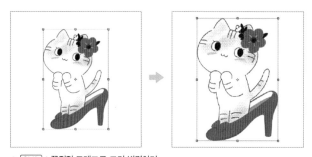

▲ Shift +꼭짓점 드래그로 크기 변경하기

- **Rotate/Skew/Distort** │ 이미지 각도나 기울기를 변경하거나 왜곡할 수 있습니다.

▲ Rotate   ▲ Skew   ▲ Distort

- **Perspective/Warp** │ 원근 효과를 주거나 뒤틀 수 있습니다.

- **Warp** | 뒤틉니다.

▲ Perspective　　▲ Warp

- **Rotate 180˚/Rotate 90˚Clockwise/Rotate 90˚Counter Clockwise** | 이미지를 180도, 시계 방향으로 90도, 시계 반대 방향으로 90도 회전합니다.

▲ Rotate 180˚　　▲ Rotate 90˚Clockwise　　▲ Rotate 90˚Counter Clockwise

- **Flip Horizontal/Flip Vertical** | 이미지를 가로 또는 세로로 뒤집습니다.

▲ Flip Horizontal　　▲ Flip Vertical

File
Edit
Image
Layer
Type
Select
Filter
View
Windows
Help

레이어를 활용한 이미지 편집 메뉴

Auto-Align Layers 레이어 자동 정렬 레이어를 자동 정렬하여 하나의 이미지로 만듭니다. 파노라마 사진 등 다른 조건에서 촬영된 이미지를 하나의 이미지로 만들 때 사용하며, 2개 이상의 레이어가 선택되어 있어야 활성화됩니다.

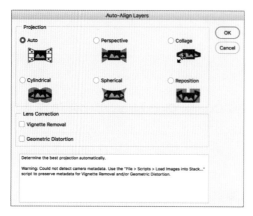 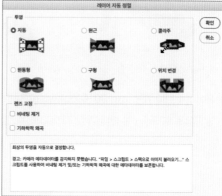

- **Projection** | 혼합 교정 방법으로 Auto(자동), Perspective(원근), Collage(콜라주), Cylindrical(원통형), Spherical(구형), Reposition(위치 변경) 중 선택합니다.
- **Lens Correction** | 렌즈 교정 방법으로 Vignette Removal(비네팅 제거)와 Geometric Distortion(기하학적 왜곡)을 사용할 수 있습니다.

Auto-Blend Layers 레이어 자동 혼합 레이어를 자동 혼합하여 하나의 이미지로 만듭니다. 2개 이상의 레이어가 선택된 상태에서 활성화됩니다.

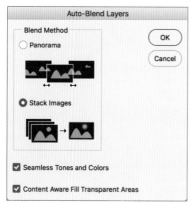 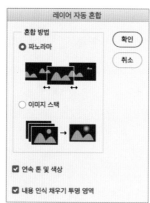

- **Blend Method** | Panorama(파노라마) 방식과 Stack Images(이미지 스택) 방식 중 혼합 방법을 선택합니다. 좌우가 겹치며 옆으로 이어지는 이미지라면 [Panorama]를, 같은 장소에 오브제만 다르면 [Stack Image]를 선택합니다.
- **Seamless Tones and Colors** | 매끄러운 혼합을 위해 색상 및 색조를 조정합니다.
- **Content Aware Fill Transparent Areas** | 투명 영역에서 내용 인식 채우기를 자동으로 적용합니다. 다. 알아보기 238.p

Define Brush Preset 브러시 사전 설정 정의 선택한 영역의 이미지를 브러시로 저장하며, 선택 영역이 없을 때는 작업창 전체 이미지가 브러시로 지정됩니다.

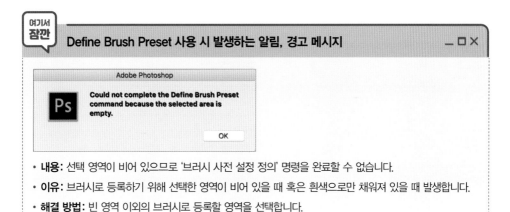

여기서 **잠깐** **Define Brush Preset 사용 시 발생하는 알림, 경고 메시지**

- **내용:** 선택 영역이 비어 있으므로 '브러시 사전 설정 정의' 명령을 완료할 수 없습니다.
- **이유:** 브러시로 등록하기 위해 선택한 영역이 비어 있을 때 혹은 흰색으로만 채워져 있을 때 발생합니다.
- **해결 방법:** 빈 영역 이외의 브러시로 등록할 영역을 선택합니다.

Define Pattern 패턴 정의 현재 이미지를 패턴으로 저장합니다.

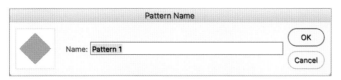

Define Custom Shape 사용자 지정 모양 정의 패스 이미지를 사용자 지정 모양으로 저장합니다.

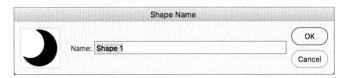

Purge 제거 Undo(실행 취소), Clipboard(클립보드), History(작업 내역), All(모두), Video Cache(비디오 캐시) 중 선택해서 기록을 지울 수 있습니다.

Menu 포토샵 활용을 위한 사전 설정 메뉴

Adobe PDF Presets Adobe PDF 사전 설정 Adobe PDF 저장을 위한 사전 설정을 불러옵니다.

Presets 사전 설정 브러시나 색상 견본 등의 사전 설정을 관리할 수 있는 Preset Manager (사전 설정 관리자), 포토샵 이전 버전에 저장된 사전 설정을 불러오는 Migrate Preset (사전 설정 마이그레이션), 사전 설정을 내보내거나 가져올 수 있는 Export/Import Presets (사전 설정 내보 내기/가져오기)를 선택할 수 있습니다.

 Presets 사용 시 발생하는 알림, 경고 메시지   _ □ ×

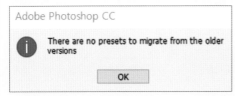

- **내용:** 다음 버전에서 사전 설정을 가져오겠습니까?
- **이유:** [Presets 〉 Migrate Presets] 메뉴를 선택했을 때 나타납니다.
- **해결 방법:** 포토샵 이전 버전에서 사전 설정을 가져오려면 [Yes], 아니면 [No] 버튼을 클릭합니다.

- **내용:** 이전 버전에서 마이그레이션할 사전 설정이 없습니다.
- **이유:** [Presets 〉 Migrate Presets] 메뉴를 사용할 때 이전 버전이 없다면 나타납니다.
- **해결 방법:** Export/Import Presets를 통해 현재 사전 설정을 내보내거나 가져올 수 있습니다. 또는 [OK] 버튼을 클릭해서 이전 버전 설정을 포기합니다.

Remote Connections 원격 연결 Preferences 창이 열리며 원격 연결 관련 설정을 변경할 수 있는 [Plug-Ins] 항목이 표시됩니다.

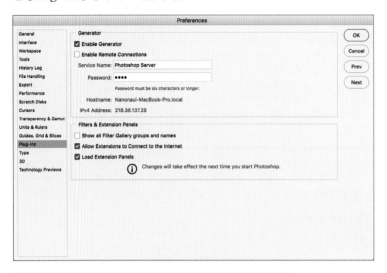

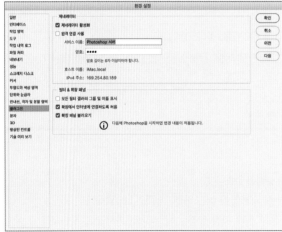

Color Settings 색상 설정 [Shift]+[Ctrl]+[K] 작업 영역 색상이나 색상 관리 규칙 등을 설정할 수 있는 Color Settings 창을 불러옵니다.

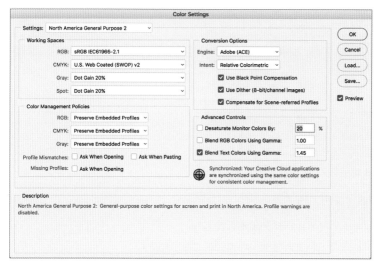

Assign Profile 프로필 할당 문서에서 사용할 색상 프로필을 선택합니다. 문서에서 색상 관리를 사용하지 않을 때는 [Dont Color Manage This Document]를 선택하고, 새로운 프로필을 적용하려면 [Profile]을 선택한 후 목록에서 사용할 프로필을 선택합니다.

Convert to Profile 프로필로 변환 현재 문서에서 사용하는 색상 프로필을 변경합니다.

Keyboard Shortcuts 바로 가기 키 ［Alt］＋［Shift］＋［Ctrl］＋［K］

Menus 메뉴 ［Alt］＋［Shift］＋［Ctrl］＋［M］

- Keyboard Shortcuts(바로 가기 키)로 단축키를 설정합니다.
- Menus(메뉴)로 자주 사용하지 않는 메뉴를 보이지 않도록 끄거나 켭니다.

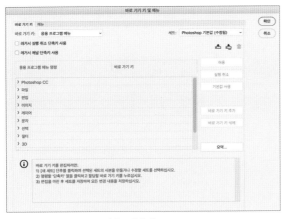

▲ Keyboard Shortcuts(바로 가기 키)

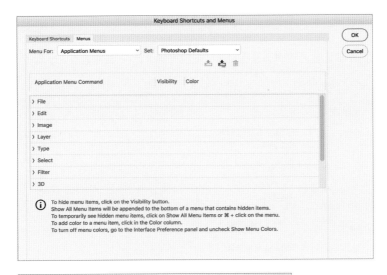

▲ Menus(메뉴)

Toolbar 도구 모음 Customize Toolbar 대화상자를 엽니다. 툴바에서 자주 사용하지 않는 도구를 자유롭게 숨기거나 꺼낼 수 있습니다.

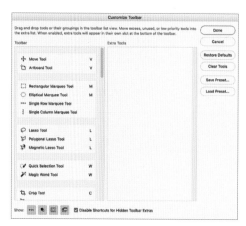 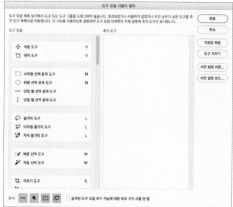

Preferences 환경설정 포토샵의 세부 설정들을 사용자에 맞게 변경할 수 있는 환경설정 창을 엽니다. 맥에서는 [메뉴바 > Photoshop > Preferences(환경설정)]에 있습니다.

 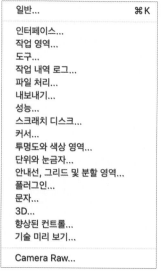

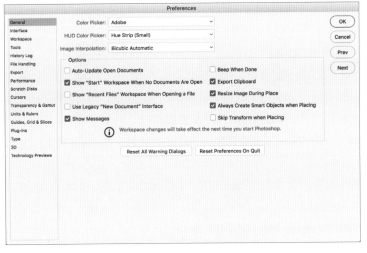

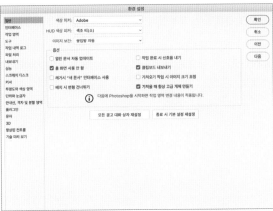

▲ General 항목이 선택된 Preferences 대화상자

- **General 일반** │ 환경설정의 기본적인 설정들을 변경합니다.
- **Interface 인터페이스** │ 색상 테마 및 UI 언어 등을 변경합니다.
- **Workspace 작업 영역** │ 작업 영역의 세부 설정을 변경합니다.
- **Tools 도구** │ 도구와 관련된 세부 설정을 변경합니다.
- **History Log 작업 내역 로그** │ 작업 내역을 저장합니다.
- **File Handling 파일 처리** │ 파일 저장 옵션 및 호환성 세부 설정을 변경합니다.
- **Export 내보내기** │ 빠른 내보내기 형식 및 위치를 변경합니다.
- **Performance 성능** │ 컴퓨터의 사양에 맞게 메모리/그래픽 프로세서 등의 세부 성능을 조절할 수 있습니다.

- **Scratch Disks 스크래치 디스크** | 메모리가 부족할 때 추가 메모리의 역할을 해주는 내부 또는 외부 드라이브를 선택합니다.
- **Cursors 커서** | 커서의 모양을 변경합니다.
- **Transparency & Gamut 투명도와 색상 영역** | 투명 영역의 격자 무늬와 색상 영역의 경고 색상을 변경합니다.
- **Units & Rulers 단위와 눈금자** | 기본으로 사용되는 단위를 변경합니다.
- **Guides, Grid & Slices 안내선, 그리드 및 분할 영역** | 안내선과 격자 등의 선 유형과 색상을 변경합니다.
- **Plug-ins 플러그인** | 플러그인에 대한 세부 설정을 변경합니다. 플러그인이란 추가적으로 포토샵에 설치해 사용할 수 있는 외부 기능입니다.
- **Type 문자** | 문자를 입력할 때 사용되는 세부 옵션을 변경합니다.
- **3D** | 3D 기능을 사용할 때 VRAM/렌더링 등의 세부 옵션을 변경합니다.
- **Technology Previews 기술 미리 보기** | 현재 개발 중인 포토샵의 새로운 기능들을 미리 사용할 수 있습니다.
- **Camera Raw 카메라 로우** | JPG 파일을 불러오면 자동으로 카메라 로우가 실행되는 등의 카메라 로우 관련 세부 설정을 변경합니다.

LESSON
03

Image 메뉴

Image	
Mode	▶
Adjustments	▶
Auto Tone	Shift+Ctrl+L
Auto Contrast	Alt+Shift+Ctrl+L
Auto Color	Shift+Ctrl+B
Image Size...	Alt+Ctrl+I
Canvas Size...	Alt+Ctrl+C
Image Rotation	▶
Crop	
Trim...	
Reveal All	
Duplicate...	
Apply Image...	
Calculations...	
Variables	▶
Apply Data Set...	
Trap...	
Analysis	▶

이미지	
모드	▶
조정	▶
자동 톤	⇧⌘L
자동 대비	⌥⇧⌘L
자동 색상	⇧⌘B
이미지 크기...	⌥⌘I
캔버스 크기...	⌥⌘C
이미지 회전	▶
자르기	
재단...	
모두 나타내기	
복제...	
이미지 적용...	
연산...	
변수	▶
데이터 세트 적용...	
트랩...	
분석	▶

File
Edit
Image
Layer
Type
Select
Filter
View
Windows
Help

색상 표현 방식을 변경하는 Mode 메뉴

[Image > Mode] 메뉴를 선택하면 다음과 같이 하위 메뉴를 선택해서 색상 표현 방식을 변경할 수 있습니다.

Bitmap 비트맵 색상 모드가 Grayscale일 때만 활성화되며, 2가지 색상 값(검정 또는 흰색) 중 하나를 사용하여 이미지를 표현합니다.

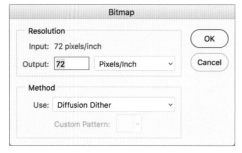

- **Resolution 해상도** | Input(현재 해상도)과 Output(변경할 해상도) 옵션을 이용해서 이미지 해상도를 변경할 수 있습니다. Output 옵션은 이미지의 크기에도 영향을 미칩니다. Input보다 Output이 크면 이미지 크기가 커지고, Input보다 Output이 작으면 이미지 크기도 작아집니다.

▲ 72→72

▲ 72→150으로 변경

- **Method** | 비트맵 만드는 방법을 선택합니다. Use 옵션에 따라 다음과 같이 변환됩니다. Use 옵션을 [Custom Pattern]으로 설정하면 선택한 패턴이 적용됩니다.

▲ 원본

▲ 50% Threshold

▲ Pattern Dither

▲ Diffusion Dither

▲ Halftone Screen

▲ Custom Pattern

File

Edit

Image

Layer

Type

Select

Filter

View

Windows

Help

Grayscale 회색 음영 256단계의 무채색 흑백 이미지로 변환합니다.

▲ 원본

▲ Grayscale 적용

Grayscale 사용 시 발생하는 알림, 경고 메시지 _ □ ×

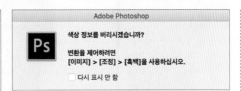

- **내용:** 색상 정보를 버리시겠습니까? 변환을 제어하려면 [이미지 〉 조정 〉 흑백]을 사용하십시오.
- **이유:** [Image 〉 Mode 〉 Grayscale] 메뉴를 이용해 컬러 이미지를 회색으로 변환할 때 나타납니다.
- **해결 방법:** [Discard] 버튼을 클릭하면 색상 모드가 Grayscale로 변경됩니다. 색상별 흑백 값을 제어하려면 [Cancel] 버튼을 클릭한 후 [Image 〉 Adjustments 〉 Black & White] 메뉴를 선택합니다. Black and White 대화상자가 열리면 각 색상 값이 흑백으로 변경되는 강약을 조절할 수 있습니다. 단 Black and White 대화상자를 이용하면 흑백 이미지로 변경될 뿐 색상 모드가 변경되는 것은 아닙니다.

▲ Grayscale 적용

▲ Black & White 적용

- **내용:** 모드를 변경하면 레이어 모양에 영향을 줄 수 있습니다. 모드를 변경하기 전에 배경으로 이미지를 병합하시겠습니까?
- **이유:** 색상 모드 변경 시 레이어 패널에 다중의 레이어가 있을 경우 나타납니다.
- **해결 방법:** 레이어를 유지하려면 [배경으로 병합 안 함]을 선택하고, 레이어를 유지하지 않아도 된다면 [배경으로 병합]을 선택합니다.

Duotone 이중톤 색상 모드가 Grayscale일 때 활성화됩니다.

▲ 원본   ▲ Duotone 적용

다음과 같은 Duotone Options 대화상자가 나타나며, 최대 4가지 색상을 조합하여 이미지를 표현할 수 있습니다.

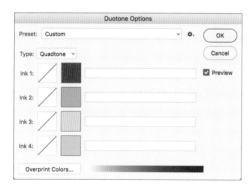
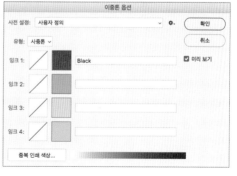

- **Preset** | 미리 설정된 색상을 선택해서 Duotone 이미지를 만들거나 [Custom]을 선택하여 사용할 색상을 지정할 수 있습니다. 오른쪽 기어 모양의 [Preset options] 아이콘을 클릭해서 현재 설정을 저장/삭제하거나(Save/Delete) 저장된 설정을 불러올 수(Load) 있습니다.

- **Type** | Duotone 이외에 Monotone, Tritone, Quadtone을 선택해서 조합할 색상 수를 변경할 수 있습니다.
- **Overprint Colors** | 각 색상이 중복되는 부분을 어떤 색으로 표현할지 선택할 수 있으며, 최종 색상 조합이 그레이디언트 바에 표시됩니다.

Indexed Color 인덱스 색상 Index Color 대화상자를 이용해서 최대 256가지 색상으로 표현되는 인덱스 이미지를 만듭니다. 사용 색상을 제한해서 파일 용량이 줄일 수 있어 웹 환경 등에 적합한 이미지 표현 방식입니다.

▲ 원본　　　　　　　　　　▲ 인덱스 색상 10 적용　　　　　　　▲ 인덱스 색상 20 적용

- **Palette** | 어떤 색상 팔레트를 이용하여 인덱스 이미지로 표현할지 선택합니다.
- **Colors** | 현재 이미지에 사용할 색상 수를 입력합니다. 최대 256까지 입력할 수 있습니다.
- **Forced** | 색상표에 특정 색상을 강제로 포함시킵니다.
- **Transparency** | 이미지에 투명 값이 있을 때 체크하면 투명 값을 사용할 수 있습니다.
- **Matte** | 이미지에 투명 값이 있을 때만 활성화됩니다. Transparency에 체크가 해제되어 있을 때 투명 영역을 어떤 색으로 표현할지 선택합니다.
- **Dither** | 디더(적은 색상으로 보다 풍부한 색상을 가진 이미지처럼 표현하는 것) 방식을 변경합니다.

- **Amount** | Dithering 정도를 설정합니다.
- **Preserve Exact Color** | 색상표에 있는 색상이 변경되지 않는 것을 원할 경우 체크합니다.

RGB Color RGB 색상 Red, Green, Blue를 이용해 이미지를 표현하는 방식으로, 영상이나 모니터 등을 위한 색상 표현 방식입니다. CMYK Color 모드에 비해 표현할 수 있는 색의 범위가 월등히 많습니다.

CMYK Color CMYK 색상 Cyan, Magenta, Yellow, Black을 이용해 이미지를 표현하는 방식으로, 인쇄를 위한 색상 표현 방식입니다. RGB Color 모드에 비해 표현할 수 있는 색의 범위가 제한적입니다.

Lab Color Lab 색상 사람의 눈으로 인지할 수 있는 모든 색상을 표현합니다. Lab 이미지는 Photoshop, Photoshop EPS, 대용량 문서 형식(PSB), Photoshop PDF, Photoshop Raw, TIFF, Photoshop DCS 1.0 또는 Photoshop DCS 2.0 형식으로 저장할 수 있습니다.

Multichannel 다중 채널 채널마다 256 레벨의 회색을 포함하는 표현 방식으로, 특수 인쇄를 위한 색상 표현 방식입니다. 레이어를 지원하지 않으며 Photoshop, 대용량 문서 형식(PSB), Photoshop 2.0, Photoshop Raw 또는 Photoshop DCS 2.0 형식으로 저장할 수 있습니다.

8, 16, 32 Bits/Channel 8비트/채널, 16비트/채널, 32비트/채널로 변경합니다. 비트란 각 픽셀에서 사용할 수 있는 색상의 양을 의미하며 숫자가 높을수록 더 많고 더 정확한 색상을 표현할 수 있습니다. 일반적인 경우 8비트/채널을 사용합니다.

Color Table 색상표 인덱스 모드에서 사용 가능하며 사용자가 만든 색상표로 인덱스 이미지를 만들 수 있습니다.

▲ 원본

▲ 색상표를 변경한 이미지

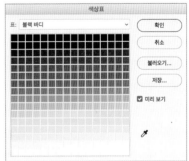
▲ 색상표

File
Edit
Image
Layer
Type
Select
Filter
View
Windows
Help

명도나 대비 등 다양한 색상 값 관련 옵션을 조정하여 이미지를 보정합니다.

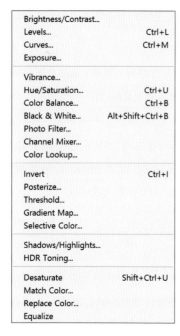

Brightness/Contrast 명도/대비 이미지의 명도/대비 값이 중간인 영역의 명도와 대비값을 조정합니다. [Auto] 버튼을 클릭하면 자동으로 명도와 채도가 조정됩니다.

 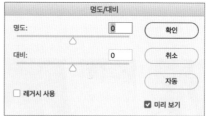

▲ 원본 ▲ Auto 적용

[Use Legacy]에 체크하면 중간 영역이 아닌 어두운 영역과 밝은 영역에도 효과가 적용됩니다. 디자인 작업이 아닌 자연스러운 사진 보정 시에는 체크를 해제한 채 사용하는 것이 좋습니다.

▲ Brightness 조정　　　　　　　▲ Use Legacy 체크 후 Brightness 조정

▲ Contrast 조정　　　　　　　▲ Use Legacy 체크 후 Contrast 조정

Levels 레벨 [Ctrl]+[L] 삼각형 모양의 조절바를 이용하여 명도와 대비 값을 조정합니다. 각 조절바 및 옵션의 기능은 다음과 같습니다.

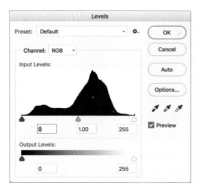 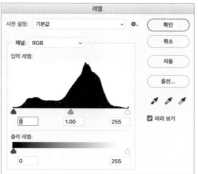

- **Preset** | 사전 설정을 선택해 적용합니다.
- **Channel** | 조정할 채널을 선택합니다.
- **Input Levels** | 대비 값을 조정합니다.
- **Output Levels** | 명도 값을 조정합니다.
- **스포이드 아이콘** | 왼쪽부터 순서대로 어두운 영역, 중간 영역, 밝은 영역의 기준을 결정합니다.
- **검정 삼각형** | 위치한 지점을 가장 어두운 영역으로 만듭니다.
- **회색 삼각형** | 위치한 지점을 중간 영역으로 만듭니다.
- **흰색 삼각형** | 위치한 지점을 가장 밝은 영역으로 만듭니다.

Curves 곡선 [Ctrl]+[M] 점 편집 방법과 자유 드래그 방법으로 곡선을 변형하여 명도와 대비 값을 조정합니다. 곡선 왼쪽 위에 있는 아이콘으로 곡선 변형 방법을 선택할 수 있으며, 드래그 방법을 선택하면 [Smoth] 버튼이 활성화되어 드래그한 곡선을 매끄럽게 처리할 수 있습니다.

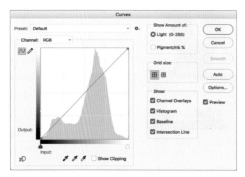 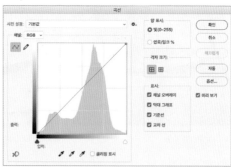

Preset과 Channel 옵션, 스포이드 아이콘 및 조절바 사용 방법은 Levels 기능과 동일하며, 추가 옵션은 다음과 같습니다.

- **Show Amount of** │ Light(빛)와 Pigment/Ink(안료/잉크) 중 어떤 방식으로 양을 조정할지 선택합니다.

- **Grid size** │ 곡선 뒤에 표시되는 격자 크기를 선택합니다.

- **Show** │ Channel Overlays(채널 오버레이), Histogram(막대그래프), Baseline(기준선), Intersection Line(교차선) 중에 곡선 영역에 표시할 항목에 체크합니다.

Exposure 노출 노출 값을 조정하여 이미지를 보정합니다. Preset과 스포이드 아이콘 사용 방법은 Levels 기능과 동일하며, 추가 옵션은 다음과 같습니다.

- **Exposure** │ 노출 값을 조정합니다.
- **Offset** │ 오프셋을 조정합니다.
- **Gamma Correction** │ 감마 값을 교정합니다.

Vibrance 활기 계조의 손실을 최소화하며 이미지의 채도를 조절합니다. Hue/Saturation에서 채도를 조절하는 것보다 자연스러운 효과를 얻을 수 있습니다.

▲ 원본

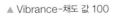

▲ Vibrance-채도 값 100

▲ Hue / Saturation-채도 값 100

Hue/Saturation 색조/채도 [Ctrl]+[U] 색조, 채도, 밝기를 조정합니다.

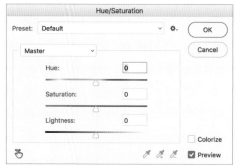 

- **Master** │ 보정할 색상 계열을 선택합니다.
- 🖑 **손가락 아이콘** │ 이미지에서 기준이 되는 색을 클릭한 후 드래그하여 채도를 조정할 수 있습니다. [Ctrl]을 누른 채 클릭하면 색조를 조정할 수 있습니다.
- **Colorize** │ 단일 톤을 가진 이미지로 변경합니다.

▲ 원본　　　　　　　　　　▲ Colorize 적용

- 🖋🖋🖋 **스포이드 아이콘** │ 효과가 적용될 색상의 범위를 선택/추가/제외 할 수 있습니다(계열이 Master일 때는 비활성화됩니다).

Color Balance 색상 균형 [Ctrl]+[B] Color Balance 영역에서는 조절바를 이용하거나 Color Levels 옵션 값을 입력하여 색상 균형을 맞춥니다. Tone Balance 영역에서는 Shadows(어두운 영역), Midtones(중간 영역), Highlights(밝은 영역) 중 어느 부분을 중심으로 효과를 적용할지 선택할 수 있습니다. 이때 [Preserve Luminosity]에 체크하면 원본 이미지의 명도를 유지하고, 체크를 해제하면 명도 값도 함께 변경됩니다.

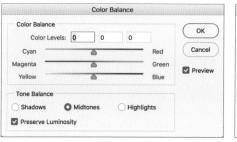
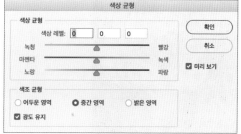

Black & White 흑백 `Alt`+`Shift`+`Ctrl`+`B` Reds, Yellows, Greens, Cyans, Blues, Magentas 각 색상 값을 조정하여 색다른 흑백 이미지를 만들 때 사용합니다.

▲ 원본   ▲ Black & White 적용   ▲ 채도 조절 & 화색 음영으로 만든 흑백 이미지

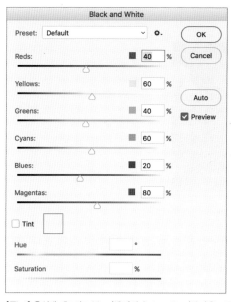
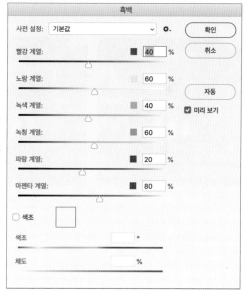

[Tint] 옵션에 체크하고 Hue(색조)와 Saturation(채도)을 조절하여 흑백 이미지에 색조를 입힐 수 있습니다.

▲ Black & White 적용 후 [Tint] 옵션에 체크

Photo Filter 포토 필터 Photo Filter 대화상자가 열리면 Filter 옵션을 이용하여 이미지에 적용할
사진 필터를 선택하거나 Color 옵션을 이용하여 색상 필터를 적용할 수 있습니다. 필터를 적용한 후
에 Density 옵션을 이용하여 필터 농도를 조절할 수 있습니다. 또한 [Preserve Luminosity]에
체크해서 필터를 적용한 후에도 이미지 명도를 유지할 수 있습니다.

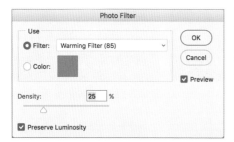

▲ 원본   ▲ Photo Filter 적용

Channel Mixer 채널 혼합 채널을 혼합하여 고품질의 회색 음영/세피아 이미지를 만듭니다.
Preset 옵션에서 사전 설정 값을 선택하거나 다음과 같은 세부 옵션을 조정하여 이미지를 보정할 수
있습니다.

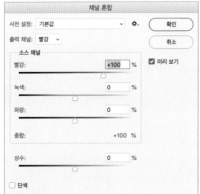

- **Output Channel** ｜ 효과를 적용할 채널을 선택합니다.
- **Source Channels** ｜ 전체 혼합에서 각 색상 채널의 영향을 조정합니다.
- **Constant** ｜ 각 출력 채널의 명도를 조정합니다.
- **Monochrome** ｜ 흑백 이미지로 만듭니다.

Color Lookup 색상 검색 미리 만들어진 룩업을 적용해 보다 빠르고 쉽게 이미지를 보정할 수 있습니다. Color Lookup 영역에서 사용할 룩업을 선택하고 디더 사용 여부를 결정해서 이미지를 보정합니다.

Invert 반전 `Ctrl`+`I` 이미지의 색상 값을 반전합니다.

▲ 원본　　　　　　　　▲ Invert 적용

Posterize 포스터화 이미지 색상을 단순화합니다.

▲ 원본 　　　　　　　　▲ Levels 4 　　　　　　　　▲ Levels 10

Threshold 한계값 이미지를 검정과 흰색으로만 표현합니다. Threshold Level(한계값 레벨) 옵션에 1부터 255까지 입력할 수 있으며, 값이 클수록 이미지는 검정에 가까워집니다.

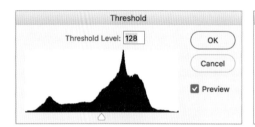 

▲ 원본 　　　　　　　　　　　▲ Threshold 적용

Gradient Map 그레이디언트 맵 Gradient Used Grayscale Mapping 옵션에서 사용할 그레이디언트를 선택하면 이미지에 적용됩니다. Dither 옵션에 체크하여 디더를 사용할 수 있고, Reverse 옵션에 체크하여 색상 값을 반전할 수도 있습니다.

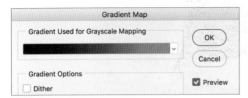 

▲ 원본 ▲ 흑백 Gradient Map 적용 ▲ 컬러 Gradient Map 적용

Selective Color 선택 색상 Colors 옵션에서 선택한 색상을 강조하거나 조정합니다. Method 옵션에서 색상 조정을 Relative(상대치)로 할지 Absolute(절대치)로 할지 선택할 수 있습니다.

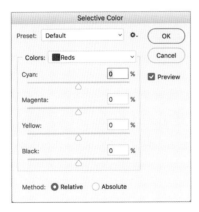 

▲ 원본   ▲ Selective Color 적용

Shadows/Highlights 어두운 영역/밝은 영역 이미지의 어두운 영역을 밝게 하고, 밝은 영역을
어둡게 조정할 수 있습니다. Shadows 영역의 Amount 값이 커질수록 어두운 영역이 밝아지고,
Highlights 영역의 Amounts 값이 커질수록 밝은 영역이 어두워집니다. Show More Option 옵
션에 체크하면 세부 옵션이 펼쳐지며, 효과가 적용될 반경(Radius)을 조절하거나, 색상(Color)
또는 중간 색조(Midtone) 등을 조정할 수 있습니다.

HDR Toning HDR 토닝 노출이 다른 여러 장의 사진을 한 장의 이미지로 만드는 HDR 기능과 유
사하게 1장의 사진에서 노출을 조정합니다. Method 옵션에서 Local Adaptation(로컬 적용),
Exposure and Gamma(노출 및 감마), Highlight Compression(밝은 영역 압축), Equalize
Histogram(막대그래프 균일화) 중 어떤 방식으로 효과를 적용할지 선택할 수 있습니다. 기본 값인
Local Adaptation의 세부 옵션은 다음과 같습니다.

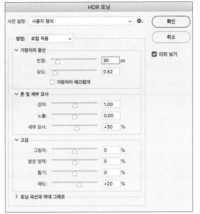

▲ 원본

▲ HDR Toning 적용

- **Edge Glow** ㅣ Radius(반경)와 Strength(강도) 값을 조정하여 가장자리 광선을 조정합니다. Smooth Edges에 체크하면 가장자리를 매끄럽게 표현합니다.
- **Tone and Detail** ㅣ 밝은 영역과 그림자의 차이를 조정하는 Gamma(감마), 전체 이미지의 색조를 조정하는 Exposure(노출), Detail(세부 묘사) 값을 조정하여 톤 및 세부 묘사 정도를 표현합니다.
- **Advanced** ㅣ 고급 옵션으로 Shadow(그림자), Highlight(밝은 영역), Vibrance(활기), Saturation(채도)을 조정합니다.
- **Toning Curve and Histogram** ㅣ 토닝 곡선과 막대그래프를 이용해 효과를 적용합니다.

HDR Toning 사용 시 발생하는 알림, 경고 메시지 ⎯ ☐ ✕

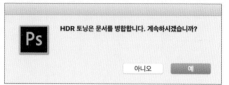

- **내용:** HDR 토닝은 문서를 병합합니다. 계속하시겠습니까?
- **이유:** 레이어가 여러 개 있거나, 배경 레이어가 없는 상태에서 [Image 〉 Adjustments 〉 HDR Toning] 메뉴를 실행하면 나타납니다.
- **해결 방법:** HDR Toning을 실행하려면 배경 레이어 하나만 있어야 합니다. [Yes] 버튼을 클릭해서 모든 레이어를 병합하고 배경 레이어로 만듭니다.

Desaturate 채도 감소 [Shift]+[Ctrl]+[U] 채도를 감소시켜 흑백 이미지를 만듭니다.

▲ 원본

▲ Desaturate 적용

Match Color 색상 일치 다른 이미지의 색상 정보를 가져와 현재 이미지에 적용합니다. 색상 정보를 가져올 이미지도 열려 있어야 합니다.

 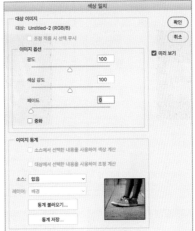

- **Destination Image** | 효과가 적용될 대상 이미지에 대한 옵션 영역입니다. Ignore Selection When Applying Adjustment 옵션은 선택 영역이 지정된 상태에서 활성화되며, 체크 시 선택 영역과 무관하게 이미지 전체에 효과가 적용됩니다. 다른 이미지의 색상 정보를 적용하더라도 Luminance(광도), Color Intensity(색상 강도), Fade(페이드, 효과 강도) 값을 변경하여 이미지를 조정할 수 있으며, Neutralize 에 체크하면 색상 정보가 중화됩니다.

- **Image Statistics** | 색상 정보를 가져올 이미지에 대한 옵션 영역입니다. Use Selection in Source to Calculate Colors에 체크하면 소스 이미지의 선택 영역 색상 정보만 사용하여 이미지를 보정하고, Use Selection in Target to Calculate Adjustment에 체크하면 변경될 대상 이미지의 선택 영역 색상 정보만 이용해 이미지를 보정합니다. Image Statistics 영역의 세부 옵션으로는 소스 이미지를 선택할 Source, 소스 이미지 중 특정 레이어를 선택할 수 있는 Layer 옵션이 있습니다. [Load Statistics] 버튼을 클릭하면 저장된 설정 값을 불러올 수 있으며, [Save Statistics] 버튼을 클릭하면 현재 설정 값을 저장할 수 있습니다.

File

Edit

Image

Layer

Type

Select

Filter

View

Windows

Help

Replace Color 색상 대체 지정한 색상 값을 다른 색으로 대체합니다.

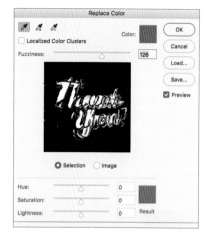 

▲ 원본　　　　　　　　　　　　　　▲ Replace Color 적용

- **스포이트** ｜ 클릭해서 대체할 영역을 선택/추가/제외합니다.
- **Localized Color Clusters** ｜ 체크하면 연속된 유사 색상 영역을 함께 선택합니다.
- **Color** ｜ 현재 선택된 색상 영역을 표시하며 스포이트를 이용하지 않고 직접 대체할 색상을 지정할 수도 있습니다.
- **Fuzziness** ｜ 효과가 적용될 영역의 범위를 정합니다.
- **Selection/Image** ｜ 작업 중인 이미지의 미리보기 방식을 선택합니다.
- **Hue** ｜ 대체될 색상 값을 조정합니다.
- **Saturation** ｜ 대체될 채도 값을 조정합니다.
- **Lightness** ｜ 대체될 명도 값을 조정합니다.
- **Result** ｜ 대체될 색상을 표시하며, 클릭하여 대체될 색상을 직접 지정할 수도 있습니다.

Equalize 균일화 이미지의 어두운 영역과 밝은 영역의 명도를 계산하여 전체 이미지의 명도 값을 평균값으로 조정합니다.

▲ 원본   ▲ Equalize 적용

선택 영역이 지정되어 있다면 다음과 같은 옵션 창이 나타납니다. 선택 영역에서만 Equalize를 적용하려면 Equalize Selected area only를, 선택 영역을 기준으로 전체 이미지를 보정하려면 Equalize entire image based on Selected area를 선택합니다.

Menu 자동으로 이미지를 보정하는 Auto 메뉴

클릭 한 번으로 이미지를 보정할 수 있는 대표적인 메뉴입니다.

Auto Tone `Shift`+`Ctrl`+`L` 이미지의 톤을 자동으로 보정합니다.

Auto Contrast `Alt`+`Shift`+`Ctrl`+`L` 이미지의 대비 값을 자동으로 보정합니다.

Auto Color `Shift`+`Ctrl`+`B` 이미지의 색상 값을 자동으로 보정합니다.

File
Edit
Image
Layer
Type
Select
Filter
View
Windows
Help

▲ 원본

▲ Auto Tone

▲ Auto Contrast

▲ Auto Color

Menu 크기 및 방향을 조정하는 메뉴

Image Size 이미지 크기 Alt + Ctrl + I 이미지 크기와 캔버스 크기가 함께 변경됩니다.

▲ 원본

▲ Image Size 축소

Canvas Size 캔버스 크기 [Alt]+[Ctrl]+[C] 이미지 크기는 변하지 않고 캔버스 크기만 변경됩니다.

▲ 원본

▲ Canvas Size 축소

Image Rotation 이미지 회전 다음과 같은 하위 메뉴를 선택해서 이미지를 회전시킵니다.

180°	180도 회전
90° Clockwise	90° 시계 방향
90° Counter Clockwise	90° 시계 반대 방향
Arbitrary...	임의...
Flip Canvas Horizontal	캔버스 가로로 뒤집기
Flip Canvas Vertical	캔버스 세로로 뒤집기

[Arbitrary] 메뉴를 선택하면 다음과 같은 옵션 창이 나타납니다. ˚Clockwise(시계 방향)와 ˚Counter Clockwise(시계 반대 방향) 중 선택한 후 각도를 입력해서 이미지를 회전시킬 수 있습니다.

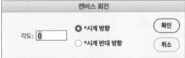

▲ 원본

▲ 180˚

▲ 90˚Clockwise

File

Edit

Image

Layer

Type

Select

Filter

View

Windows

Help

▲ 90°Counter Clockwise　　　　▲ Flip Canvas Horizontal　　　　▲ Flip Canvas Vertical

Crop 자르기 선택한 영역만 남기고 나머지 영역은 삭제합니다. 선택 영역이 지정된 상태에서 실행하면 바로 선택 영역만 남으며, 선택 영역을 지정하지 않고 실행하면 다음과 같이 남길 영역을 드래그해서 선택할 수 있습니다.

Trim 재단 선택한 기준에 따라 자동으로 외곽을 잘라냅니다.

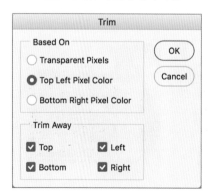

▲ 원본   ▲ Trim 적용

- **Based On** | Transparent Pixels(투명 픽셀), Top Left Pixel Color(왼쪽 위 픽셀 색상), Bottom Right Pixel Color(오른쪽 아래 픽셀 색상) 중 잘라낼 기준을 선택합니다.
- **Trim Away** | Top, Left, Bottom, Right 중 잘라낼 방향에 모두 체크합니다.

Reveal All 모두 나타내기 캔버스 크기가 이미지보다 작을 때 실행하면 캔버스가 이미지 크기에 맞춰집니다.

이미지를 복제하고 합성하는 메뉴

Duplicate 복제 현재 문서를 복제하여 새로운 문서를 만듭니다.

- **As** | 복제된 새 문서의 이름을 입력합니다.
- **Duplicate Merged Layers Only** | 체크 시 레이어가 병합돼 배경 레이어만 있는 문서로 복제됩니다.

Apply Image 이미지 적용 크기가 같은 두 개의 이미지를 하나의 이미지로 합성합니다.

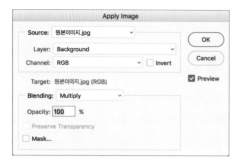 

▲ 원본   ▲ 소스   ▲ Apply Image 적용

- **Source** ｜ 합성에 사용할 소스 이미지를 선택합니다. 현재 열려 있는 이미지 중 크기가 같은 이미지
  만 선택할 수 있습니다. 소스 이미지를 선택한 후에는 Layer 옵션에서 병합한 상태(Merged) 또는 특
  정 레이어를 선택해서 합성할 수 있고, Channel 옵션에서는 소스로 사용될 채널을 선택할 수 있습니다.
  Invert에 체크하여 이미지의 색상 값을 반전할 수도 있습니다.

- **Target** ｜ 효과가 적용될 이미지 파일 명이 표시됩니다.

- **Blending** ｜ 합성 모드를 선택하고, Opacity(투명도)를 조정합니다. Layers 패널에 일반 레이어가 있
  으면 Preserve Transparency가 활성화되고, 체크하면 투명 영역이 유지됩니다. Mask에 체크하면 마
  스크 기능을 사용할 때 적용할 소스 이미지를 선택할 수도 있습니다.

Calculations 연산 이미지 내 또는 이미지 간 채널을 결합하여 새로운 이미지를 만듭니다.

Menu 변수와 데이터 세트, 인쇄 설정을 위한 메뉴

Variables 변수 B 사용할 변수를 정의하고 현재 변수를 저장하거나 불러올 수 있습니다. 레이어 패널에 일반 레이어가 있을 때 활성화됩니다.

Define...	정의...
Data Sets...	데이터 세트...

- **Define (J)** | 변수를 사용하여 변경될 부분을 설정합니다.

- **Data Sets (J)** | 데이터 세트를 불러오거나 저장할 수 있습니다. 변수를 정의한 다음 활성화되며, 데이터 세트란 변수 및 연결된 데이터의 모음입니다.

Apply Data Set 데이터 세트 내용을 적용합니다.

Trap 트랩 [T] 옵셋 인쇄 시 흰색 여백 부분을 보정하기 위한 기능으로 색상 영역의 간격을 조정합니다. 이미지가 CMYK 모드일 때 활성화됩니다.

 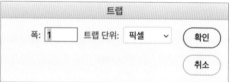

Menu 이미지를 분석하는 Analysis 메뉴

- **Set Measurement Scale** 측정 비율을 설정합니다.
  - Default (D): 기본값을 사용합니다.

• Custom (C) : 사용자가 직접 정의합니다.

■ **Select Data Points (D)** ┃ 측정할 데이터를 선택합니다.

• Custom (C) : 사용자가 직접 정의합니다.

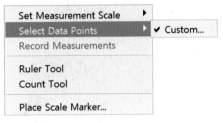 

 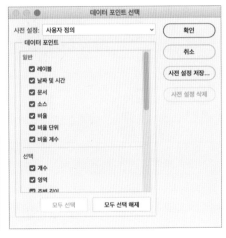

- **Record Measurements（M）** ｜ 측정된 값이 기록됩니다. Ruler Tool/Count Tool 사용 시 활성화됩니다.

- **Ruler Tool（R）** ｜ 눈금자 도구를 사용합니다.
- **Count Tool（C）** ｜ 카운트 도구를 사용합니다.
- **Place Scale Marker（P）** ｜ 측정 비율 표시자를 가져옵니다.

Layer 레이어

Layer		레이어	
New	▶	새로 만들기	▶
Copy CSS		CSS 복사	
Copy SVG		SVG 복사	
Duplicate Layer...		레이어 복제...	
Delete	▶	삭제	▶
Quick Export as PNG	Shift+Ctrl+'	PNG으(로) 빠른 내보내기	⇧⌘'
Export As...	Alt+Shift+Ctrl+'	내보내기 형식...	⌥⇧⌘'
Rename Layer...		레이어 이름 바꾸기...	
Layer Style	▶	레이어 스타일	▶
Smart Filter	▶	고급 필터	▶
New Fill Layer	▶	새 칠 레이어	▶
New Adjustment Layer	▶	새 조정 레이어	▶
Layer Content Options...		레이어 내용 옵션...	
Layer Mask	▶	레이어 마스크	▶
Vector Mask	▶	벡터 마스크	▶
Create Clipping Mask	Alt+Ctrl+G	클리핑 마스크 만들기	⌥⌘G
Smart Objects	▶	고급 개체	▶
Video Layers	▶	비디오 레이어	▶
Rasterize	▶	래스터화	▶
New Layer Based Slice		레이어 기반 새 분할 영역	
Group Layers	Ctrl+G	레이어 그룹화	⌘G
Ungroup Layers	Shift+Ctrl+G	레이어 그룹 해제	⇧⌘G
Hide Layers	Ctrl+,	레이어 숨기기	⌘,
Arrange	▶	정돈	▶
Combine Shapes	▶	모양 결합	▶
Align Layers to Selection	▶	선택 영역에 맞춰 레이어 정렬	▶
Distribute	▶	분포	▶
Lock Layers...	Ctrl+/	레이어 잠그기...	⌘/
Link Layers		레이어 연결	
Select Linked Layers		연결된 레이어 선택	
Merge Layers	Ctrl+E	레이어 병합	⌘E
Merge Visible	Shift+Ctrl+E	보이는 레이어 병합	⇧⌘E
Flatten Image		배경으로 이미지 병합	
Matting		매트	▶

File
Edit
Image
Layer
Type
Select
Filter
View
Windows
Help

레이어를 만들고 내보내는 기본 메뉴

New 새로 만들기 N

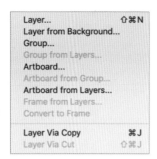

■ **Layer** L / Shift + Ctrl + N | 새로운 레이어를 만듭니다.

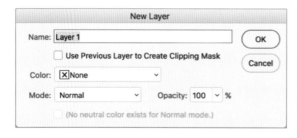
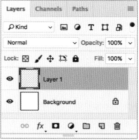

▲ 새 레이어 설정창   ▲ 새 레이어가 생성된 레이어 패널

• Name : 레이어 이름을 입력합니다.

• Use Previous Layer to Create Clipping Mask : 이전 레이어를 사용하여 클리핑 마스크를 만듭니다.

- Color : 레이어 앞의 아이콘 표시 색상을 8가지(None, Red, Orange, Yellow, Green, Blue, Violet, Gray) 중에서 선택합니다. 레이어 패널에서도 해당 기능을 사용할 수 있습니다.

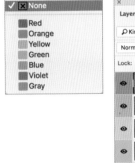

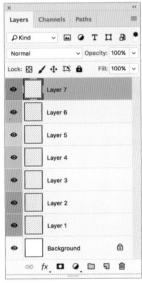

▲ 색상 선택 모습   ▲ 색상이 적용된 레이어

- Mode : 레이어의 합성 모드를 선택합니다.
- Opacity : 레이어의 투명도를 조정합니다.
- No neutral color exists for Normal mode. : 중간색을 어떻게 처리할지를 정합니다. 중간색이 있는 경우 활성화됩니다.

- **Layer from Background** B | 배경 레이어를 일반 레이어로 변경합니다.

▲ 배경 레이어

▲ 일반 레이어로 변경된 모습

- **Group** G | 레이어 패널에 새로운 그룹을 만듭니다.

▲ 레이어 패널

▲ 그룹 생성

- Name : 그룹 이름을 입력합니다.
- Color : 그룹 아이콘 앞의 표시 색상을 선택합니다.
- Mode : 그룹의 합성 모드를 선택합니다.
- Opacity : 그룹의 투명도를 조정합니다.

▪ **Group from Layers** | 선택된 레이어를 그룹으로 만듭니다. 레이어가 선택되어 있어야 활성화됩니다.

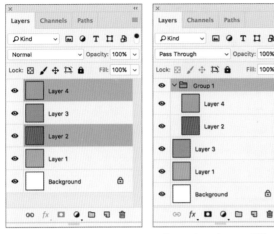

▲ 레이어 선택　　　　　　　　　　　▲ Group from Layers 적용

▪ **Artboard** | 새로운 대지를 만듭니다.

• Name: 대지의 이름을 입력합니다.

• Set Artboard to Preset: 기존 설정 값으로 선택하여 대지를 만들 수 있습니다.

• Width: 대지의 가로 크기를 설정합니다. / Height: 대지의 세로 크기를 설정합니다.

▪ **Artboard from Group** | 선택한 그룹과 같은 크기의 대지를 만듭니다. 그룹이 선택되어 있어야 활성화됩니다.

▪ **Artboard from Layers** | 선택한 레이어와 같은 크기의 대지를 만듭니다.

▪ **Frame from Layers** 레이어에서 프레임 | 선택된 일반 레이어를 프레임 레이어로 만듭니다.

▪ **Convert to Frame** 프레임으로 변환 | 선택된 모양 또는 문자 레이어를 프레임 레이어로 만듭니다.

▪ **Layer Via Copy** [Ctrl]+[J] | 선택된 레이어를 복사합니다.

File
Edit
Image
Layer
Type
Select
Filter
View
Windows
Help

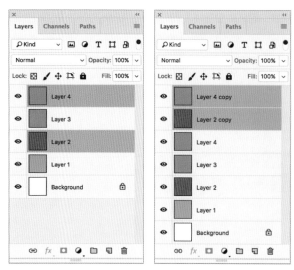

▲ 레이어 선택   ▲ Shape Layer Via Copy 적용

- **Layer Via Cut** `Shift`+`Ctrl`+`J` | 선태 영역을 오려내 새로운 레이어로 만듭니다.

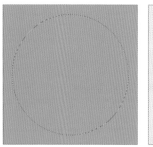

▲ 선택 영역 지정

▲ Shape Layer Via Cut 적용

▲ 레이어 패널

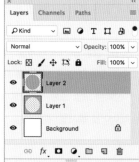

▲ Shape Layer Via Cut 적용 후 레이어 패널의 모습

Copy CSS 모양/텍스트 레이어에서 CSS 정보 값을 복사하여 스타일 시트로 가져올 수 있습니다.

- 모양 레이어일 경우 크기/위치/그림자/칠, 획 색상 등을 복사합니다.
- 텍스트 레이어일 경우 글꼴/크기/두께/선 높이/밑줄/취소선/위, 아래 첨자/텍스트 맞춤 등을 복사합니다.

Copy SVG SVG를 정보 값을 복사합니다.

> **TIP** CSS(Cascading Style Sheets)와 SVG(Scalable Vector Graphics)란?
> CSS는 웹페이지 스타일을 미리 저장해 두고 한 가지 요소만 변경해도 관련된 전체 페이지의 내용이 일관되게 변경하는 방식을 말합니다. SVG는 벡터 그래픽을 표현하기 위한 XML 기반의 파일 형식을 뜻합니다.

Duplicate Layer 레이어 복제 [D] 선택한 레이어를 복제합니다.

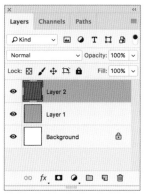
▲ 원본

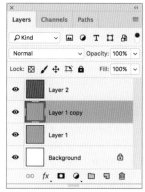
▲ Duplicate Layer 적용

- Duplicate : 복제 원본 레이어가 표시됩니다.
- As : 복제될 레이어의 이름을 입력합니다.
- Document : 복제 레이어를 만들 문서를 선택하거나 새로운 문서를 만듭니다.
- Artboard : 대지 레이어가 있을 경우 활성화됩니다.
- Name : 기존 문서가 아닌 새 문서를 만들 경우 새 문서의 이름을 입력합니다.

Delete 레이어를 삭제합니다.

Layer	레이어
Hidden Layers	숨겨진 레이어

- **Layer** L | 선택된 레이어를 삭제합니다. 일반 레이어가 1개 이상 있어야 활성화됩니다.

▲ 레이어 패널

▲ Delete 적용

- **Hidden Layers** H | 숨겨진 레이어를 모두 삭제합니다. 숨겨진 레이어가 있을 경우 활성화됩니다.

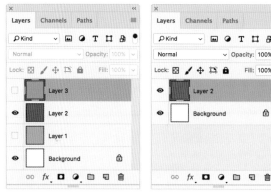

▲ 레이어 패널   ▲ Hidden Layers 적용

Quick Export as PNG Shift + Ctrl + ' 선택한 레이어를 PNG 파일로 저장합니다.

Export As [Alt]+[Shift]+[Ctrl]+['] 선택한 레이어를 다른 포맷 방식으로 저장합니다.

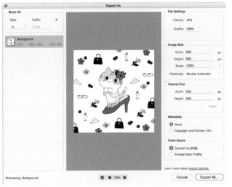 

Rename Layer 레이어 이름 바꾸기 선택한 레이어 이름을 변경합니다. 레이어 패널의 레이어 이름 부분을 더블클릭하여 변경할 수도 있습니다.

▲ 레이어 패널   ▲ Rename Layer 적용

Layer Style 레이어 스타일 ⓨ 레이어에 스타일을 적용합니다. 레이어 패널에서도 Layer Style을 사용할 수 있습니다.

▪ **Style** ⎸ 스타일을 조정합니다.

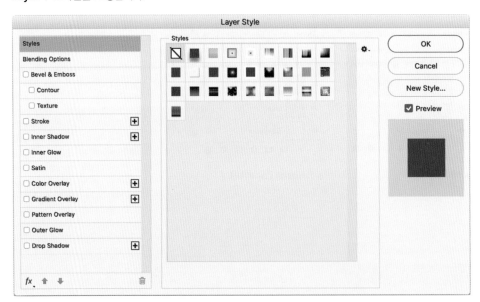

■ **Blending Options** N | 레이어 혼합 모드 및 투명도 등을 조정합니다.

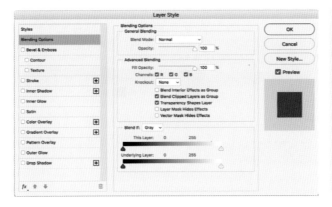

■ **Bevel & Emboss** B | 밝은 영역과 그림자 등의 효과를 조정합니다.

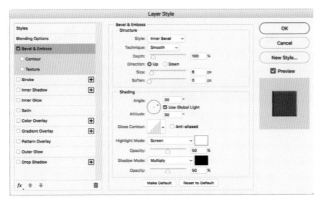

• Contour : 윤곽선의 종류와 범위 등을 조정합니다.

• Texture : 텍스처의 패턴과 비율, 깊이 등을 조정합니다.

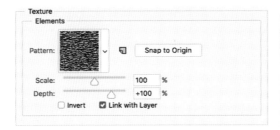

File
Edit
Image
Layer
Type
Select
Filter
View
Windows
Help

■ Stroke ⓚ ┃ 획의 크기, 위치, 불투명도, 색상 등을 조정합니다.

■ Inner Shadow ⓘ ┃ 내부 그림자의 불투명도, 각도, 거리, 종류 등을 조정합니다.

■ Inner Glow ⓦ ┃ 내부 광선 효과의 불투명도, 기법, 종류 등을 조정합니다.

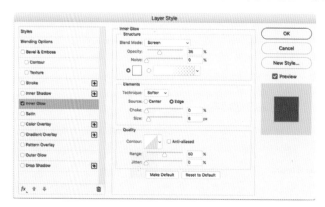

- **Satin** ⬚T⬚ ┃ 새틴 효과의 불투명도, 각도, 거리, 크기, 종류 등을 조정합니다.

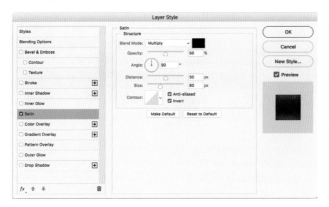 

- **Color Overlay** ⬚V⬚ ┃ 색상 오버레이를 조정합니다.

- **Gradient Overlay** ⬚G⬚ ┃ 그레이디언트 오버레이를 조정합니다.

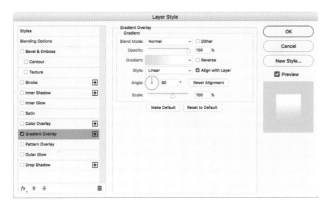 

File
Edit
Image
Layer
Type
Select
Filter
View
Windows
Help

- **Pattern Overlay** Ⓨ | 패턴 오버레이를 조정합니다.

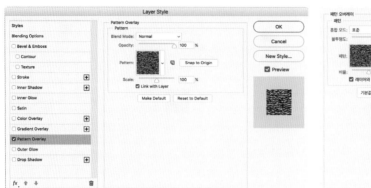

- **Outer Glow** ⓞ | 외부 광선의 불투명도, 기법, 종류 등을 조정합니다.

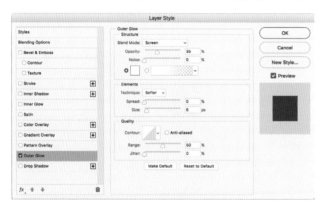

- **Drop Shadow** Ⓓ | 그림자의 불투명도, 각도, 거리, 종류 등을 조정합니다.

- **Copy Layer Style** `C` | 선택된 레이어의 스타일을 복사합니다.
- **Paste Layer Style** `P` | 복사한 레이어 스타일을 선택한 레이어에 붙여넣습니다. 복사한 레이어가 있어야 활성화됩니다.

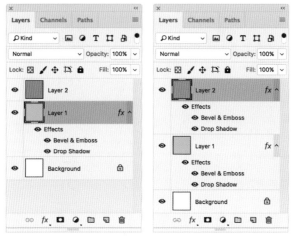

▲ 레이어 스타일 복사하기　　▲ 레이어 스타일 붙여넣기

- **Clear Layer Style** `A` | 선택된 레이어의 레이어 스타일을 삭제합니다.

▲ 레이어 선택　　　　　　　▲ 레이어 스타일 삭제

- **Global Light** `L` | 전체 조명의 방향을 조정합니다.

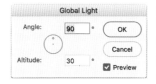 

- **Create Layer** R │ 레이어 스타일을 일반 레이어 형태로 만듭니다. 레이어 스타일이 적용되어야 활성화됩니다. N가지의 레이어 스타일 = N개의 레이어가 생성됩니다.

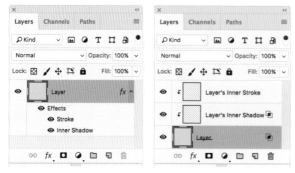

▲ 레이어 스타일이 적용된 레이어　　▲ 레이어 만들기 적용

- **Hide Layer** H │ 레이어에 적용된 모든 효과를 숨깁니다.

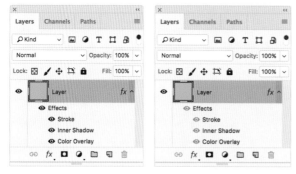

▲ 원본 레이어　　▲ 모든 효과 숨기기 적용

- **Scale Effects** F │ 레이어 스타일의 효과 비율을 조정합니다.

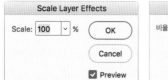 

Smart Filler 고급 필터 고급 필터 효과를 조정합니다. [Filter 〉 Convert for Smart Filters]로 변경 후 Filter 효과가 적용된 경우에 활성화됩니다.

Disable Smart Filters	고급 필터 사용 안 함
Delete Filter Mask Disable Filter Mask	필터 마스크 삭제 필터 마스크 사용 안 함
Clear Smart Filters	고급 필터 지우기

- **Disable Smart Filters** ⏐ 고급 필터 효과를 가립니다. 레이어 패널의 눈 아이콘을 클릭해도 같은 효과가 적용됩니다.
- **Delete Filter Mask** ⏐ 필터 마스크를 삭제합니다. 필터 효과는 유지됩니다.
- **Disable Filter Mask** ⏐ 필터 마스크를 사용하지 않습니다. 마스크가 사라지는 것은 아니며 마스크 아이콘에 X로만 표시됩니다. X 표시 아이콘을 우클릭해 [Enable Filter Mask]를 이용해 언제든 다시 필터 마스크를 사용할 수 있습니다.
- **Clear Smart Filter** ⏐ 고급 필터를 삭제합니다.

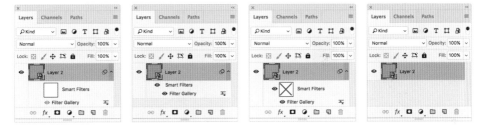

▲ 고급 필터 마스크 사용 안 함 ▲ 필터 마스크 삭제 ▲ 필터 마스크 사용 안 함 ▲ 고급 필터 지우기

New Fill Layer 새 칠 레이어 Ⓦ 선택 영역을 클리핑 마스크로 만들어 단색/그레이디언트/패턴을 채우는 칠 레이어를 만듭니다. 선택 영역이 없을 경우 작업창 전체를 영역으로 하는 클리핑 마스크가 만들어집니다.

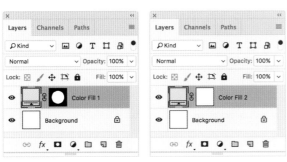

▲ 선택 영역이 있는 경우 ▲ 선택 영역이 없는 경우

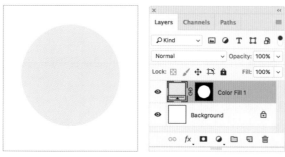

단색…
그레이디언트…
패턴…

■ **Solid Color** C ┃ 단색으로 된 클리핑 마스크를 만듭니다.

▲ Solid Color 적용　　　　　　▲ 레이어 패널의 모습

색상 피커 창에서 색상을 지정합니다.

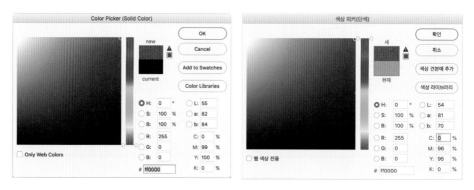

■ **Gradient** M ┃ 그레이디언트로 된 클리핑 마스크를 만듭니다.

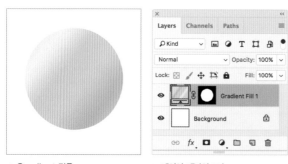

▲ Gradient 적용　　　　　　▲ 레이어 패널의 모습

그레이디언트 창에서 세부 옵션을 지정합니다.

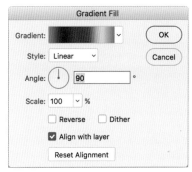 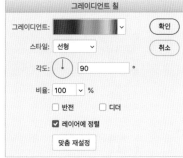

- **Pattern** [R] | 패턴으로 된 클리핑 마스크를 만듭니다.

▲ Pattern 적용   ▲ 레이어 패널의 모습

패턴 창에서 세부 옵션을 지정합니다.

New Adjustment Layer 새 조정 레이어 [J] 선택 영역을 클리핑 마스크로 만들고 레벨/곡선 등을 조정할 수 있는 조정 레이어를 만듭니다. 선택 영역이 없을 경우 작업창 전체를 영역으로 하는 클리핑 마스크가 만들어집니다.

Brightness/Contrast...	명도/대비...
Levels...	레벨...
Curves...	곡선...
Exposure...	노출...
Vibrance...	활기...
Hue/Saturation...	색조/채도...
Color Balance...	색상 균형...
Black & White...	흑백...
Photo Filter...	포토 필터...
Channel Mixer...	채널 혼합...
Color Lookup...	색상 검색...
Invert...	반전...
Posterize...	포스터화...
Threshold...	한계값...
Gradient Map...	그레이디언트 맵...
Selective Color...	선택 색상...

▲ 원본

▲ 각 조정 레이어의 레이어 아이콘 모양

■  **Brightness/Contrast** | 명도/대비 조정 레이어를 생성합니다.

▲ 효과 적용　　　　　　　　▲ 명도와 대비 조정 패널

■  **Levels** | 레벨 조정 레이어를 생성합니다.

▲ 효과 적용　　　　　　　　▲ 레벨 조정 패널

■  **Curves** | 곡선 조정 레이어를 생성합니다.

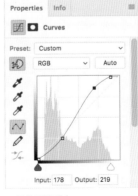
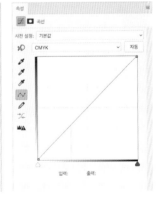

▲ 효과 적용　　　　　　　　▲ 곡선 조정 패널

File

Edit

Image

Layer

Type

Select

Filter

View

Windows

Help

■  **Exposure** | 노출 조정 레이어를 생성합니다. CMYK 모드에서는 활성화되지 않습니다.

▲ 효과 적용   ▲ 노출 조정 패널

■  **Vibrance** | 활기 조정 레이어를 생성합니다. CMYK 모드에서는 활성화되지 않습니다.

▲ 효과 적용   ▲ 활기 / 채도 조정 패널

■  **Hue/Saturation** | 색조/채도 조정 레이어를 생성합니다.

▲ 효과 적용   ▲ 색조 / 채도 조정 패널

-  **Color Balance** | 색상 균형 조정 레이어를 생성합니다.

▲ 효과 적용　　　　　　　　▲ 색상 균형 조정 패널

- ◨ **Black & White** | 흑백 조정 레이어를 생성합니다. CMYK 모드에서는 활성화되지 않습니다.

▲ 효과 적용　　　　　　　　▲ 흑백 조정 패널

- 📷 **Photo Filter** | 포토 필터 조정 레이어를 생성합니다.

▲ 효과 적용　　　　　　　　▲ 포토 필터 조정 패널

- 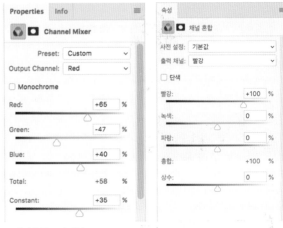 **Channel Mixer** | 채널 혼합 조정 레이어를 생성합니다.

▲ 효과 적용

▲ 채널 혼합 조정 패널

- **Color Lookup** | 색상 검색 조정 레이어를 생성합니다.

▲ 효과 적용

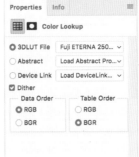

▲ 색상 검색 조정 패널

- **Invert** | 반전 조정 레이어를 생성합니다.

▲ 효과 적용

▲ 반전 조정 패널

-  **Posterize** | 포스터화 조정 레이어를 생성합니다.

▲ 효과 적용

▲ 포스터화 조정 패널

- 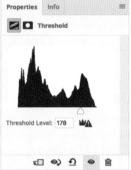 **Threshold** | 한계값 조정 레이어를 생성합니다.

▲ 효과 적용

▲ 한계값 조정 패널

-  **Gradient Map** | 그레이디언트 맵 조정 레이어를 생성합니다.

▲ 효과 적용

▲ 그레이디언트 맵 조정 패널

File
Edit
Image
Layer
Type
Select
Filter
View
Windows
Help

- ▪ Selective Color | 선택 색상 조정 레이어를 생성합니다.

▲ 효과 적용　　　　　　　　▲ 선택 색상 조정 패널

Layer Content Options 레이어 내용 옵션 ⓞ 해당 칠 레이어 세부 옵션 창을 엽니다. New Fill Layer가 있는 경우 활성화됩니다.

Menu 마스크 & 고급 활용에 대한 메뉴

Layer Mask 레이어 마스크 Ⓜ 마스크 레이어를 만듭니다.

- **Reveal All** [R] | 전체 영역이 보이는 마스크 레이어를 만듭니다.

▲ 작업창

▲ 레이어 패널

- **Hide All** [H] | 전체 영역을 숨기는 마스크를 만듭니다.

▲ 작업창

▲ 레이어 패널

- **Reveal Selection** [V] | 선택 영역만 보이는 마스크를 만듭니다. 선택 영역이 지정되어야 활성화됩니다.
- **Hide Selection** [D] | 선택 영역을 숨기는 마스크를 만듭니다. 선택 영역이 지정되어야 활성화됩니다.

▲ 토마토를 따라 선택 영역 지정

▲ Reveal Selection 적용

▲ Hide Selection 적용

- **From Transparency** [T] | 투명한 영역만 인식하여 마스크 레이어를 만듭니다.
- **Delete/Apply/Disable/Unlink** | 마스크가 있는 경우 활성화됩니다.

▲ 레이어 패널 원본

- **Delete** `E` | 선택된 레이어의 마스크를 삭제합니다.
- **Apply** `A` | 선택된 레이어의 마스크를 레이어에 병합합니다.
- **Disable** `B` | 선택된 레이어 마스크를 사용하지 않습니다. X 표시 아이콘을 클릭하여 언제든 다시 사용 가능(Enable) 상태로 변경할 수 있습니다. 해당 기능은 마스크를 삭제하는 것이 아닌, 레이어 눈을 켰다 끄는 것처럼 마스크를 켜고 끌 수 있습니다.
- **Unlink** `L` | 선택된 레이어와 마스크 연결을 끊습니다. 마스크와 레이어를 단독으로 움직일 수 있게 됩니다. 연결 고리 아이콘을 클릭하여 언제든 다시 연결할 수 있습니다.

▲ 삭제　　　　　　▲ 병합　　　　　　▲ 사용 안 함　　　　　　▲ 연결 끊기

Vector Mask 벡터 마스크 [V] | 벡터 방식의 마스크를 만듭니다.

- **Reveal All** [R] | 전체 영역이 보이는 벡터 마스크를 만듭니다.

▲ 작업창   ▲ 레이어 패널

- **Hide All** [H] | 전체 영역을 숨기는 벡터 마스크를 만듭니다.

▲ 작업창   ▲ 레이어 패널

- **Current Path** [U] | 현재 패스 영역만 보이는 벡터 마스크 레이어를 만듭니다.

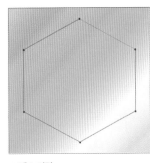

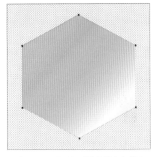

▲ 패스 지정   ▲ Current Path 적용 / 레이어 패널

- **Delete** [E] | 선택된 레이어의 벡터 마스크를 삭제합니다.
- **Disable** [B] | 선택된 레이어 마스크를 사용하지 않습니다. X 표시 아이콘을 클릭하여 언제든 다시 사용 가능(Enable)상태로 변경할 수 있습니다. 해당 기능은 마스크를 삭제하는 것이 아닌 레이어 눈을 켰다 끄는 것처럼 마스크를 켜고 끌 수 있습니다.

- **link** `L` | 선택된 레이어와 벡터 마스크 연결을 끊습니다. 벡터 마스크와 레이어를 단독으로 움직일 수 있게 됩니다. 연결 고리 아이콘을 클릭하여 언제든 다시 연결할 수 있습니다.

▲ 벡터 마스크가 있는 레이어　　▲ 삭제　　　　　　　　▲ 사용 안 함　　　　　　　▲ 연결 끊기

Create Clipping Mask 클리핑 마스크 만들기 `C` / `Alt`+`Ctrl`+`G` 선택한 레이어를 클리핑 마스크로 만듭니다. 일반 레이어가 2개 이상일 때 활성화됩니다. 클리핑 마스크는 마스크 맨 밑에 있는 레이어의 모양에 따라 보여지는 부분이 결정됩니다.

▲ 원본　　　　　　　　　　　▲ 클리핑 마스크 적용

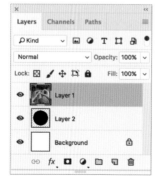

▲ 레이어 선택　　　　　　　　▲ 클리핑 마스크 적용

- **단축키** | `Alt`+레이어 사이를 클릭하면 클리핑 마스크를 만들 수 있습니다.

Smart Objects 고급 개체 선택된 레이어를 고급 개체로 만듭니다.

Convert to Smart Object New Smart Object via Copy	고급 개체로 변환 복사를 통해 새 고급 개체 만들기
Reveal in Explorer	Finder에 나타내기
Update Modified Content **Update All Modified Content**	수정된 내용 업데이트 **모든 수정된 내용 업데이트**
Edit Contents Relink to File... Relink to Library Graphic... Replace Contents... Export Contents...	내용 편집 파일에 재연결... 라이브러리 그래픽에 재연결... 내용 대체... 내용 내보내기...
Embed Linked **Embed All Linked** Convert to Linked...	포함된 연결 **포함된 모든 연결 개체** 연결됨으로 변환...
Stack Mode ▶ Rasterize	스택 모드 ▶ 래스터화

- **Convert to Smart Object** ⓢ | 선택된 레이어를 고급 개체로 만듭니다.
- **New Smart Object via Copy** ⓒ | 선택된 고급 개체를 복제합니다. 고급 개체가 있는 경우 활성화됩니다.

▲ 레이어 선택　　　　　▲ 고급 개체로 변경　　　　　▲ 고급 개체 복사

- **Reveal in Explorer** | 탐색기 나타내기(복사하기가 아닌 폴더에 연결됨으로 가져온 고급 개체가 있을 경우 활성화됨).
- **Updata Modified Content** ⓤ | 수정된 내용을 업데이트합니다.
- **Updata All Modified Content** ⓐ | 모든 수정된 내용을 업데이트합니다.
- **Edit Contents** ⓔ | 고급 개체의 내용을 편집합니다. 고급 개체의 내용이 새 작업창에 표시됩니다.
- **Relink to File** ⓕ | 파일에 재연결합니다.
- **Relink to Library Graphic** ⓛ | 라이브러리 그래픽에 재연결합니다.

- **Replace Contents** ⌐R⌐ | 고급 개체의 내용을 대체합니다.
- **Export Contents** ⌐X⌐ | 고급 개체의 내용을 PSD로 저장합니다.
- **Embed Linked** | 고급 개체의 연결이 포함됩니다.
- **Embed All Linked** | 모든 고급 개체의 연결이 포함됩니다.
- **Convert to Linked** | 연결됨으로 변환합니다.
- **Stack Mode** | 스택 모드를 선택합니다.

> **TIP** 스택모드란?
>
> 여러 사진 간의 차이를 인식하여 특정 옵션을 기준으로 한 장을 사진을 만들어 내는 기능입니다. 쉽게 설명하면 사진을 찍을 때 마침 코끼리가 지나가서 한 장에는 코끼리 코가, 다른 한 장에는 코끼리 다리가 나왔다면 이 두 장(혹은 여러 장)을 합쳐 코끼리가 나오지 않는 사진을 만들어 주는 기능이라고 이해하면 쉽습니다. 두 개 이상의 레이어가 포함된 고급 개체가 있어야 합니다. 시점이 고정된 촬영 사진일수록, 또한 사진의 수가 많을수록 더 좋은 결과 값을 얻을 수 있습니다.

▲ 스택모드−중간값 적용

■ **Rasterize** T | 고급 개체를 일반 레이어로 변환합니다.

▲ 고급 개체 선택

▲ 일반 레이어로 변환

Video Layers 비디오 레이어 비디오 레이어를 만듭니다.

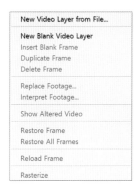

■ **New Video Layer From File** N | 현재 작업창에서 비디오 레이어 형식으로 파일을 엽니다.

■ **New Blank Video Layer** B | 새 빈 비디오 레이어를 만듭니다.

■ **Insert Blank Frame** S | 빈 프레임을 삽입합니다.

■ **Duplicate Frame** P | 프레임을 복제합니다.

■ **Delete Frame** D | 프레임을 삭제합니다.

■ **Replace Footage** O | 푸티지를 바꿉니다.

■ **Interpret Footage** I | 푸티지를 해석합니다.

■ **Show Altered Video** A | 변경된 비디오를 표시합니다.

■ **Restore Frame** F | 프레임을 복원합니다.

■ **Restore All Frames** L | 모든 프레임을 복원합니다.

■ **Reload Frame** S | 프레임을 다시 불러옵니다.

■ **Rasterize** Z | 프레임 레이어를 일반 레이어로 변환합니다.

Rasterize 래스터화 [Z] 선택한 레이어를 일반 레이어로 변환합니다.

- **Type** | 문자 레이어를 일반 레이어로 변환합니다.
- **Shape** | 모양 레이어를 일반 레이어로 변환합니다.
- **Fill Content** | 칠 레이어를 일반 레이어로 변환합니다.
- **Vector Mask** | 벡터 마스크 레이어를 일반 레이어로 변환합니다.
- **Smart Object** | 고급 개체 레이어를 일반 레이어로 변환합니다.
- **Video** | 비디오 레이어를 일반레이어로 변환 합니다.
- **3D** | 3D 레이어를 일반 레이어로 변환합니다.
- **Layer Style** | 레이어 스타일 레이어를 일반 레이어로 변환합니다.
- **Layer** | 선택한 레이어를 일반 레이어로 변환합니다.
- **All Layer** | 모든 레이어를 일반 레이어로 변환합니다.

Menu ── **레이어를 정리정돈하는 메뉴**

New Layer Based Slice 레이어 기반 새 분할 영역 [B] 선택한 레이어를 기반으로 분할 영역을 만듭니다.

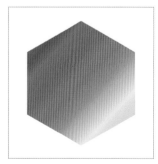

▲ 원본

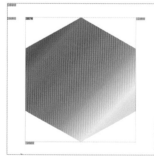

▲ New Layer Based Slice 적용

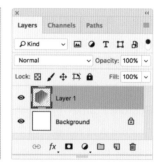

▲ 레이어 패널

Group Layers 레이어 그룹화 G / Ctrl + G 선택한 레이어를 그룹화합니다. 레이어가 선택되어야 활성화됩니다.

Ungroup Layers 레이어 그룹 해제 U / Shift + Ctrl + G 선택한 레이어의 그룹을 해제합니다.

Hide Layers 레이어 숨기기 R / Ctrl + , 선택한 그룹 레이어를 숨깁니다.

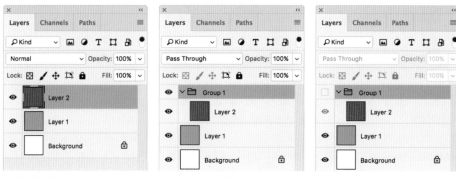

▲ 레이어 선택   ▲ 레이어 그룹화 적용   ▲ 레이어 그룹 숨기기

Arrange 정돈 A 선택한 레이어의 순서를 변경합니다.

- **Bring to Front** Shift + Ctrl +] | 선택한 레이어를 맨 앞으로 가져옵니다.
- **Bring Forward** Ctrl +] | 선택한 레이어를 한 칸 앞으로 가져옵니다.
- **Send Backward** Ctrl + [| 선택한 레이어를 한 칸 뒤로 내립니다.
- **Send to Back** Shift + Ctrl + [| 선택한 레이어를 맨 뒤로 내립니다.

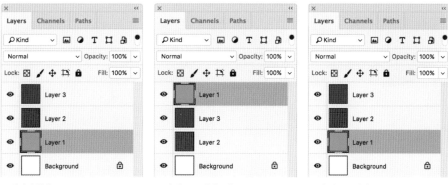

▲ 레이어 선택   ▲ 맨 앞으로 가져오기   ▲ 맨 뒤로 보내기

■ **Reverse** ｜ 선택한 레이어의 위치를 반전시킵니다. 두 개 이상의 레이어가 선택되어야 활성화됩니다.

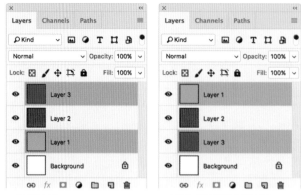

▲ 레이어 선택　　　　　　　▲ 선택된 레이어 위치 반전 적용

Combine Shapes 모양 결합 ⌂ 선택된 모양을 결합하여 하나로 만듭니다. 결합 후 모양의 색상
은 가장 위에 있는 모양 색을 따릅니다. 모양 레이어가 두 개 이상 선택된 경우에 활성화됩니다.

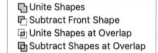
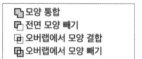

■ **Unite Shapes** ｜ 모양을 통합합니다.

■ **Subtract Front Shape** ｜ 하단 모양에서 전면 모양을 빼냅니다.

■ **Unite Shapes at Overlap** ｜ 겹치는 부분을 모양으로 만듭니다.

■ **Subtract Shapes at Overlap** ｜ 겹치는 부분을 제외한 영역을 모양으로 만듭니다.

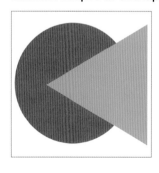

▲ 원본　　　　　　　▲ 레이어 패널

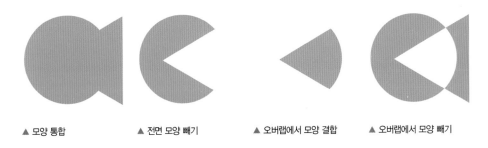

| ▲ 모양 통합 | ▲ 전면 모양 빼기 | ▲ 오버랩에서 모양 결합 | ▲ 오버랩에서 모양 빼기 |

Align 정렬 ⌞I⌟ 선택된 레이어를 정렬합니다. 선택 영역이 있을 경우 선택 영역에 맞춰 레이어를 정렬(Align Layer to Selection)합니다. 2개 이상의 레이어가 선택되어 있어야 활성화됩니다.

Distribute 분포 ⌞Q⌟ 선택된 레이어를 분포합니다. 3개 이상의 레이어가 선택되어 있어야 활성화됩니다.

 잠그고 연결하고 병합하는 메뉴

Lock Layers 레이어 잠그기 ⌞L⌟ / ⌞Ctrl⌟+⌞/⌟ 선택한 레이어를 잠급니다. 옵션 창을 통해 레이어의 어떤 속성을 잠글지 결정합니다. 레이어가 선택된 경우 활성화됩니다.

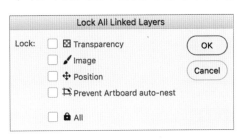

- ⊠ **Transparency** ┃ 투명도를 변경할 수 없습니다.
- ✎ **Image** ┃ 이미지에 어떠한 변형도 줄 수 없습니다. 이동은 가능합니다.
- ✛ **Position** ┃ 이미지 위치를 이동할 수 없습니다.
- ⛶ **Prevent Artboard auto-nest** ┃ 대지 내부 및 외부의 자동 중첩을 방지합니다.
- 🔒 **All** ┃ 모든 옵션 값을 잠급니다.
- `Lock: ⊠ ✎ ✛ ⛶ 🔒  Fill: 100% ⌄` ┃ 레이어 패널의 아이콘을 클릭해도 잠금이 가능합니다.

Link Layers 레이어 연결 K 선택한 레이어를 연결합니다. 두 개 이상의 레이어 선택 시 활성화됩니다. 이미 연결되었다면 레이어 연결 해제(Unlink Layers) 기능이 활성화됩니다.

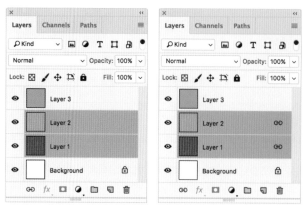

▲ 2개의 레이어 선택　　　　▲ Link Layers 적용

Select Linked Layers 연결된 레이어 선택 S 선택한 레이어와 연결된 레이어를 모두 선택합니다. 연결된 레이어 중 하나를 선택해야만 활성화됩니다.

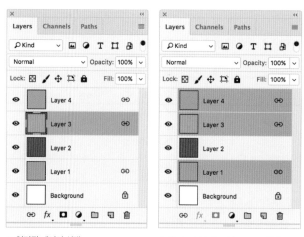

▲ 연결된 레이어 선택　　　　▲ Select Linked Layers 적용

Merge Layers 레이어 병합 ⌴E⌴ / ⌴Ctrl⌴+⌴E⌴ 선택된 복수의 레이어 중 최상단에 있는 하나의 레이어로 병합합니다. 2개 이상의 레이어가 선택되었을 때 활성화됩니다. 1개의 레이어만 선택된 경우 아래 레이어와 병합 기능이 활성화됩니다.

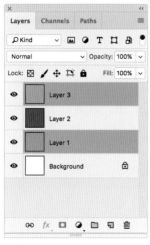

▲ 레이어 선택

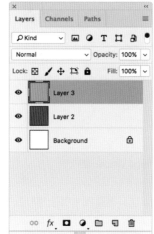

▲ Merge Layers 적용

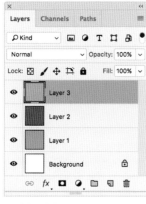

▲ 레이어 선택

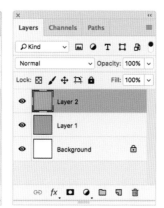

▲ 아래 레이어와 병합

Merge Visible 보이는 레이어 병합 [Shift]+[Ctrl]+[E] 보이는 모든 레이어를 병합하여 하나의 배경 레이어로 만듭니다. 가려진 레이어는 병합되지 않습니다.

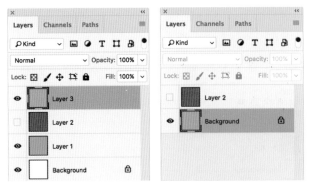

▲ 레이어 선택   ▲ Merge Visible 적용

Flatten Image 배경으로 이미지 병합 [F] 전체 레이어를 병합하여 배경 레이어로 만듭니다.

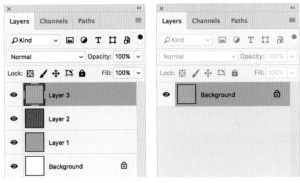

▲ 레이어 선택   ▲ Flatten Image 적용

Matting 매트 지저분한 이미지의 가장자리 처리를 자연스럽게 해줍니다. 마술봉 툴을 사용하거나 가장자리가 복잡한 이미지를 잘라낼 경우 발생하는 가장자리의 흰색/검은색/바탕색과 같은 픽셀을 보다 깔끔하고 자연스럽게 처리합니다.

- **Color Decontaminate 색상 정화** [C] ㅣ 가장 자리의 색상을 안쪽 색상과 유사하게 바꿔줍니다.
- **Defringe 언저리 제거** [D] ㅣ 굴곡이 있는 가장자리를 제거하여 보다 부드럽게 만듭니다.

- **Remove Black Matte** 검정 매트 제거 B | 가장자리의 검은색 픽셀을 제거합니다.
- **Remove White Matte** 흰색 매트 제거 W | 가장자리의 흰색 픽셀을 제거합니다.

레이어 메뉴 사용 중 발생하는 알림, 경고 메시지

- **내용:** 숨겨진 레이어를 버리시겠습니까?
- **이유:** Flatten Image(배경으로 이미지 병합) 적용 시 레이어 패널에 숨겨진 레이어가 있을 경우 발생하는 경고창입니다.

- **해결 방법:** 숨겨진 레이어를 버리거나(OK) 또는 작업을 취소(Cancel)합니다.

File
Edit
Image
Layer
Type
Select
Filter
View
Windows
Help

LESSON 05

Type 문자

Type	
Add Fonts from Typekit...	
Panels	▶
Anti-Alias	▶
Orientation	▶
OpenType	▶
Extrude to 3D	
Create Work Path	
Convert to Shape	
Rasterize Type Layer	
Convert to Paragraph Text	
Warp Text...	
Match Font...	
Font Preview Size	▶
Language Options	▶
Update All Text Layers	
Replace All Missing Fonts	
Resolve Missing Fonts...	
Paste Lorem Ipsum	
Load Default Type Styles	
Save Default Type Styles	

문자	
Typekit에서 글꼴 추가...	
패널	▶
앤티 앨리어스	▶
방향	▶
OpenType	▶
3D로 돌출	
작업 패스 만들기	
모양으로 변환	
문자 레이어 래스터화	
텍스트 모양 유형 변환	
텍스트 뒤틀기...	
일치하는 글꼴...	
글꼴 미리 보기 크기	▶
언어 옵션	▶
모든 텍스트 레이어 업데이트	
찾을 수 없는 글꼴 모두 대체	
찾을 수 없는 글꼴 대체...	
Lorem Ipsum 붙여넣기	
기본 유형 스타일 불러오기	
기본 유형 스타일 저장	

Add Fonts from Typekit... Typekit 사이트로 이동한 뒤 포토샵에서 사용할 글꼴을 추가하거나 관리할 수 있습니다. 🆃🅺 Typekit은 𝑓 Adobe Fonts로 이름이 변경되었습니다.

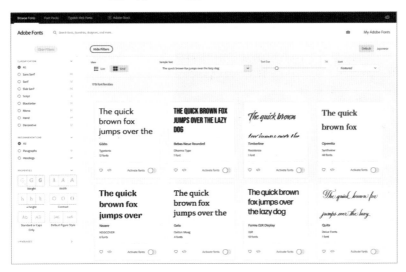

Panels 패널   선택한 패널을 열거나 닫습니다.

- **Character Panel** ｜ 문자의 크기/자간/행간 등을 조정합니다. 알아보기 473.p
- **Paragraph Panel** ｜ 단락의 정렬/들여쓰기 등을 조정합니다. 알아보기 485.p
- **Glyphs Panel** ｜ 문장 부호, 위/아래 첨자 등의 특수 문자를 사용할 수 있습니다. 알아보기 479.p
- **Character Styles Panel** ｜ 문자 스타일을 만들거나 관리합니다. 알아보기 477.p
- **Paragraph Styles Panel** ｜ 단락 스타일을 만들거나 관리합니다. 문자/단락 스타일을 이용하면 현재 문자 또는 단락 특성을 저장하여 사용할 수 있습니다. 알아보기 486.p

Anti-Alias 앤티 앨리어스 문자의 외곽 라인 처리 방식을 선택합니다.

None	없음
✔ Sharp	선명하게
Crisp	✔ 뚜렷하게
Strong	강하게
Smooth	매끄럽게
Windows LCD	Mac LCD
Windows	Mac

- None/Anti-Alias 적용(None 이외에는 적용 후 모습의 차이가 크지 않으므로 하나씩 선택해 보며 상황에 맞는 효과를 찾는 것이 좋습니다.)

Orientation 방향 문자의 쓰기 방향을 선택합니다.

| ✔ Horizontal | ✔ 가로 |
| Vertical | 세로 |

▲ 가로쓰기　　　　　　　▲ 세로쓰기

OpenType 오픈타입 글꼴에서 사용 가능한 합자/스와시/장식/서수 등의 다양한 옵션을 사용할 수 있습니다. 오픈타입 글꼴 선택 시 활성화됩니다.

TIP 알아두기

오픈타입 글꼴은 윈도우와 맥OS에서 모두 사용 가능한 글꼴의 한 형태입니다. 문자 패널의 아이콘을 이용해서도 같은 기능을 사용할 수 있습니다. 아이콘 모양으로 𝑂 오픈타입과 𝑻𝒓 트루타입 글꼴을 구분할 수도 있습니다.

> 𝑂 Apple SD Gothic Neo
> 𝑻𝒓 AppleGothic

- **Standard Ligatures 표준 합자** | fi, fl, ff, ffi, ffl과 같은 연속된 특정 문자를 입력할 경우 하나의 합자로 표시합니다.
- **Contextual Alternates 상황에 맞는 대체물 사용** | 상황에 따라 서체에 포함된 문자를 이용해 글자와 글자 사이를 매끄럽게 연결하여 표시합니다.
- **Discretionary Ligatures 임의 합자** | ct, st, ft, Th, Ph와 같은 연속된 특정 문자를 입력할 경우 하나의 합자로 표시합니다.
- **Swash 스와시** | 특정 문자를 화려하고 과장된 형태로 표시합니다.
- **Oldstyle 고전 스타일** | 옛날 방식으로 숫자를 표시합니다.

TIP 표준 합자와 임의 합자의 차이

같은 문자가 쌍으로 나오는 것을 표준 합자, 그렇지 않은 경우의 합자를 임의 합자라 합니다.

- **Stylistic Alternates** 스타일 대체 | 특정 문자의 장식 효과를 대체하여 표시합니다.
- **Titling Alternates** 제목 대체 | 제목 대체를 사용합니다.
- **Ornaments** 장식 | 장식을 사용합니다.
- **Ordinals** 서수 | 위첨자 문자를 사용하여 1st 및 2nd처럼 서수를 자동 표시합니다.
- **Fractions** 분할 | 숫자 사이에 슬러시(/)를 입력하여 분수 등을 표시합니다.
- **Justification Alternates** 양쪽 정렬 대체 | 양쪽 정렬 대체를 사용합니다.
- **Japanese 78** 일본어 78 | 일본어의 표준 글리프를 일본어 78 글리프로 대체합니다.
- **Japanese Expert** 일본어 전문가 | 표준 글리프를 일본어 전문가 글리프로 대체합니다.
- **Japanese Traditional** 전통 일본어 | 표준 글리프를 전통 일본어 글리프로 대체합니다.
- **Proportional Metrics** 메트릭(비례) | 반폭 및 전체 폭 글리프를 비례 글리프로 대체합니다.
- **Kana** 가나 | 표준 가나 글리프를 가로 레이아웃용 글리프로 대체합니다.
- **Roman Italics** 로마자 이탤릭체 | 표준 비례 글리프를 이탤릭 글리프로 대체합니다.

  * 글리프란 스타일이 지정된 문자 양식을 의미합니다.

Menu 텍스트를 변형하는 메뉴

Extrude to 3D 3D로 돌출 문자에 3D 효과를 적용합니다.

Create Work Path 작업 패스 만들기 문자 레이어를 작업 패스로 변환합니다.

Convert to Shape 모양으로 변환 문자 레이어를 모양 레이어로 변환합니다. 화면의 변화는 없지만 레이어 패널의 문자 레이어 속성이 모양 레이어로 변했음을 확인할 수 있습니다.

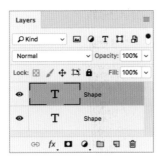 

Rasterize Type Layer 문자 레이어 래스터화 문자 레이어를 일반 레이어로 변환합니다. 화면의 변화는 없지만 레이어 패널의 문자 레이어 속성이 일반 레이어로 변했음을 확인할 수 있습니다.

RASTERIZE RASTERIZE

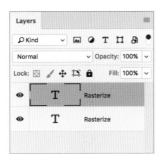 

Convert to Paragraph Text 텍스트 모양 유형 변환 단락 텍스트로 변환합니다. 이미 단락 텍스트인 경우 Convert to Point Text로 표시되며 이 기능을 이용해 단락 텍스트를 일반 텍스트로 만들 수도 있습니다. Convert to Paragraph Text 적용 후 Paragraph 패널의 ▦▦▦ ▦ 단락 정렬 기능이 활성화됩니다.

CONVERT TO PARAGRAPH CONVERT TO PARAGRAPH

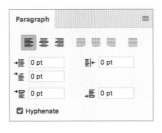 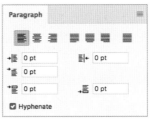

File
Edit
Image
Layer
Type
Select
Filter
View
Windows
Help

Warp Text 텍스트 뒤틀기 텍스트를 뒤틀어 왜곡을 만듭니다.

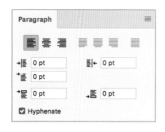 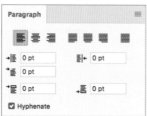

문자의 글꼴을 조정하는 메뉴

Match Font 일치하는 글꼴 이미지를 분석하여 모양이 일치하는 글꼴을 찾습니다.

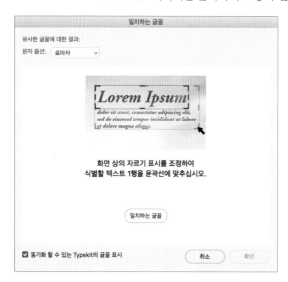

Font Preview Size 글꼴 미리 보기 크기 글꼴 미리 보기 창의 옵션을 설정합니다.

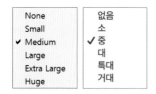

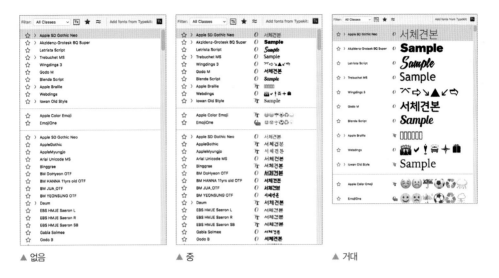

▲ 없음　　　　　　　　　▲ 중　　　　　　　　　▲ 거대

Language Options 언어 옵션 각 언어별 옵션을 변경할 수 있습니다.

Update All Text Layers 모든 텍스트 레이어를 업데이트합니다.

Replace All Missing Fonts 모든 찾을 수 없는 글꼴을 시스템 기본 글꼴로 대체합니다.

Resolve Missing Fonts 찾을 수 없는 글꼴을 시스템 기본 글꼴로 대체합니다.

Paste Lorem Ipsum Lorem Ipsum를 붙여넣습니다. 알아보기 23.p

Load Default Type Styles 저장된 기본 문자 스타일을 불러옵니다.

Save Default Type Styles 현재 문자 옵션을 기본 문자 스타일로 저장합니다.

LESSON 06

Select 선택

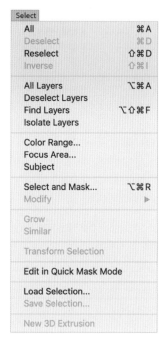

Select	
All	⌘ A
Deselect	⌘ D
Reselect	⇧ ⌘ D
Inverse	⇧ ⌘ I
All Layers	⌥ ⌘ A
Deselect Layers	
Find Layers	⌥ ⇧ ⌘ F
Isolate Layers	
Color Range...	
Focus Area...	
Subject	
Select and Mask...	⌥ ⌘ R
Modify	▶
Grow	
Similar	
Transform Selection	
Edit in Quick Mask Mode	
Load Selection...	
Save Selection...	
New 3D Extrusion	

선택	
모두	⌘ A
선택 해제	⌘ D
다시 선택	⇧ ⌘ D
반전	⇧ ⌘ I
모든 레이어	⌥ ⌘ A
레이어 선택 해제	
레이어 찾기	⌥ ⇧ ⌘ F
레이어 격리	
색상 범위...	
초점 영역...	
피사체	
선택 및 마스크...	⌥ ⌘ R
수정	▶
선택 영역 확장	
유사 영역 선택	
선택 영역 변형	
빠른 마스크 모드로 편집	
선택 영역 불러오기...	
선택 영역 저장...	
새 3D 돌출	

작업 영역과 레이어를 선택하는 메뉴

All 모두 Ctrl+A 작업창 전체를 선택 영역으로 지정합니다.

Deselect 선택 해제 Ctrl+D 지정된 선택 영역을 해제합니다.

Reselect 다시 선택 Shift+Ctrl+D 해제된 선택 영역을 다시 지정합니다.

▲ 모두   ▲ 선택 해제   ▲ 다시 선택

Inverse 반전 Shift+Ctrl+I 지정된 선택 영역을 반전합니다.

▲ 핸드폰 화면을 선택 영역 지정   ▲ 반전 적용

All Layers 모든 레이어 Alt+Ctrl+A 레이어 패널의 모든 레이어를 선택합니다.

Deselect Layers 레이어 선택 해제 선택된 레이어가 모두 선택 해제됩니다.

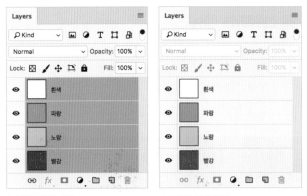

▲ 모든 레이어 선택 　　　　▲ 레이어 선택 해제

Find Layers 레이어 찾기 [Alt]+[Shift]+[Ctrl]+[F] 레이어 검색 창을 활성화합니다.

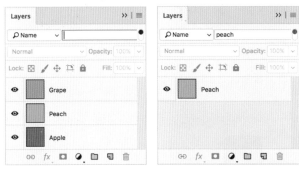

▲ 레이어 찾기 　　　　▲ 검색어 입력 후 해당되는 레이어만 표시

Isolate Layers 레이어 격리 선택된 레이어만 따로 분리해서 볼 수 있습니다.

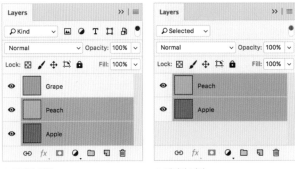

▲ 레이어 선택 　　　　▲ 레이어 격리

Menu 색상과 피사체를 지정하는 메뉴

Color Range 색상 범위 색상을 기준으로 선택 영역의 범위를 정합니다.

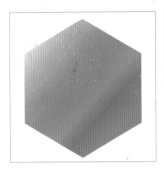 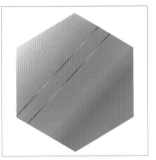

▲ 원본 이미지　　　　　　　▲ 색상 범위 적용

- **Select 선택** | 어떤 색상을 기준으로 색상 범위를 지정할지 선택합니다.
- **Detect Faces 표면 감지** | 더 정확한 피부 톤을 선택합니다. [Localized Color Clusters] 선택 시 활성화됩니다.
- **Localized Color Clusters 지역화된 색상 집합** | 여러 색상 범위를 지정할 때 더 섬세하게 색상 영역 을 선택할 수 있습니다.

File　Edit　Image　Layer　Type　Select　Filter　View　Windows　Help

- **Fuzziness 허용량** | 값이 커질수록 색상 범위 또한 커집니다.

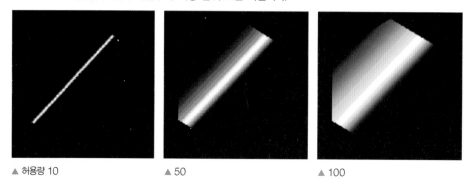

▲ 허용량 10   ▲ 50   ▲ 100

- **Range 범위** | [Localized Color Clusters] 선택 시 활성화됩니다. 허용량과 범위를 조절하여 더 섬세한 선택 범위 지정이 가능합니다.

▲ 범위 5   ▲ 15   ▲ 50

- **Selection 선택** | 지정된 선택 영역이 '흰색'으로 표시됩니다.
- **Image 이미지** | 원본 이미지가 표시됩니다. 선택 사용 중 Ctrl 또는 Command 키를 이용해 일시적으로 원본 이미지를 확인할 수도 있습니다.

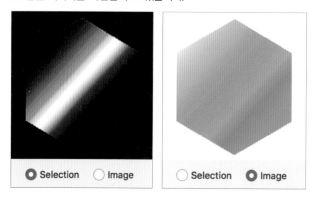

■ **Selection Preview 선택 영역 미리 보기** | 선택된 영역을 4가지(회색 음영/검은색 매트/흰색 매트/빠른 마스크) 방식으로 작업창에서 미리 볼 수 있습니다.

 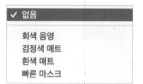

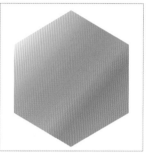

▲ None 없음

 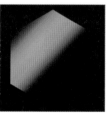  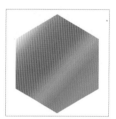

▲ 회색 음영　　　　　▲ 검은색 매트　　　　　▲ 흰색 매트　　　　　▲ 빠른 마스크

■ 🖋 **Eyedropper Tool 스포이트 도구** | 클릭한 지점을 기준으로 색상 범위를 정합니다.

■ 🖋 **Add to Sample 샘플에 추가** | 기존 색상 범위에 클릭 또는 드래그한 지점의 색상 범위를 추가합니다.

■ 🖋 **Subtract from Sample 샘플에서 빼기** | 기존 색상 범위에 클릭 또는 드래그한 지점의 색상 범위를 제외합니다.

■ **Invert 반전** | 선택된 영역을 반전합니다.

 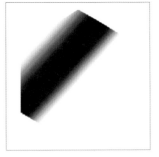

▲ 선택 영역 지정　　　　　▲ 반전 적용

Focus Area 초점 영역　초점 영역을 기준으로 선택 영역을 지정합니다. 심도가 낮은 이미지일수록 선택 영역 지정이 용이합니다.

▲ 원본 이미지　　　　　▲ 초점 영역 적용

■ **View Mode** 보기 모드

• View : 미리 보기 방식을 선택합니다. F를 누를 때마다 다른 미리 보기 옵션이 선택되며 X를 누르면 미리 보기를 일시적으로 끌 수 있습니다.

• Preview : 작업창에서도 효과를 미리 볼 수 있습니다.

■ **Parameters** 매개 변수

• In-Focus Range : 값이 클수록 선택되는 초점 영역이 넓어집니다.

• Auto : 초점 영역을 자동으로 계산하여 선택 영역을 지정합니다.

■ **Advanced** 고급

• Image Noise Level : 노이즈가 있는 이미지에서 너무 많은 배경이 선택되는 경우 사용합니다. 수치가 높을수록 배경이 적게 선택됩니다.

• Auto : 이미지 노이즈 수준을 자동 계산하여 선택 영역을 지정합니다.

■ **Output** 출력

• Output To : 지정된 선택 영역을 어떤 방식으로 내보낼지 결정합니다.

■ **Soften Edge** 가장자리 부드럽게 ｜ 선택된 영역의 외곽 라인을 부드럽게 합니다.

▲ 가장자리 부드럽게 미체크   ▲ 체크

■ **Subject** 피사체 ｜ 이미지에서 피사체로 인식되는 부분을 선택 영역으로 자동 지정합니다.

빠르면서 섬세한 고급 선택 메뉴

Select and Mask 선택 및 마스크 [Alt]+[Ctrl]+[R] 선택 및 마스크 기능을 이용해 더 섬세한 영역 선택이 가능합니다.

- [🔍] **Zoom Tool** ┃ 돋보기 도구를 사용합니다.
- [✋] **Hand Tool** ┃ 손 도구를 사용합니다.
- [✏️] **Focus Area add Tool** ┃ 초점 영역을 추가합니다.
- [✏️] **Focus Area Subtract Tool** ┃ 초점 영역을 제거합니다.
- [Select and Mask...] ┃ 선택 및 마스크를 엽니다. [ESC] 키를 이용해 작업을 취소하고 원래 작업 화면으로 돌아올 수도 있습니다.

- **Properties** 보기 모드

- **View** | 보기 방식을 선택합니다.

  - Show Edge (J) : 다듬기 영역을 표시합니다.

  - Show Original (P) : 원래 선택 영역을 표시합니다.

  - High Quality Preview : 고화질의 미리 보기 기능을 활성화합니다. 효과에 따라 적용에 시간이 걸릴
    수 있습니다.

- **Transparency** | 지정된 선택 영역 이외 부분의 투명도를 설정합니다.

- **Edge Detection** 가장자리 감지

  - Radius : 가장자리 다듬기 영역의 크기를 설정합니다.

  - Smart Radius : 이미지 가장자리에 자동으로 반경을 지정합니다.

- **Global Refinements** 전역 다듬기

  - Smooth : 선택 영역 가장자리를 매끄럽게 합니다.

  - Feather : 선택 영역 가장자리를 부드럽게 합니다.

  - Contrast : 선택 영역 가장자리의 대비를 높입니다.

  - Shift Edge : 선택 영역 가장자리를 축소하거나 확대합니다.

  - Clear Selection : 선택을 취소합니다.

  - Invert : 선택 영역을 반전합니다.

- **Output Settings** 출력 설정

  - Decontaminate Colors : 이미지에서 색상 언저리를 제거합니다.

  - Output To : 지정된 선택 영역을 어떤 방식으로 내보낼지 선택합니다.

  - Remember Settings : 현재 설정을 저장하며 다시 [선택 및 마스크] 적용 시 저장해 두었던 설정값이
    기본값으로 나타납니다.

- ↻ **Reset the Workspace** 작업 영역 재설정 | 작업 영역을 재설정합니다.

Modify 수정 선택된 선택 영역을 수정할 수 있습니다. 선택 영역을 지정해야 활성화됩니다.

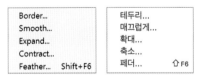

- **Border** 테두리 | 선택 영역 가장자리를 따라 테두리를 만듭니다. 입력 값이 클수록 테두리 폭이 커집니다.

- **Smooth** 매끄럽게 | 선택 영역의 모서리를 매끄럽게 합니다. 선택 영역이 캔버스의 테두리에 맞닿아 있
  는 경우 효과가 적용되지 않습니다.

File

Edit

Image

Layer

Type

Select

Filter

View

Windows

Help

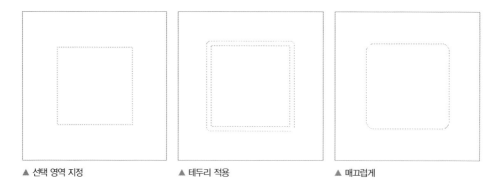

▲ 선택 영역 지정 ▲ 테두리 적용 ▲ 매끄럽게

- **Expand 확대** | 선택 영역을 사방으로 균일하게 확대합니다. 선택 영역이 캔버스의 테두리에 맞닿아 있는 경우 효과가 적용되지 않습니다.

- **Contract 축소** | 선택 영역을 사방으로 균일하게 축소합니다. 선택 영역이 캔버스의 테두리에 맞닿아 있는 경우 효과가 적용되지 않습니다.

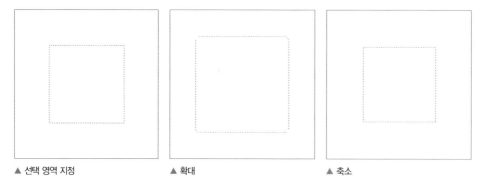

▲ 선택 영역 지정 ▲ 확대 ▲ 축소

- **Feather 페더** Shift+F6 | 선택 영역에 페더를 적용합니다. 선택 영역이 캔버스의 테두리에 맞닿아 있는 경우 효과가 적용되지 않습니다.

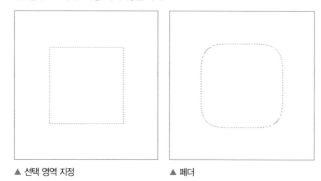

▲ 선택 영역 지정 ▲ 페더

차이점: 선택 영역을 지정할 때의 모양은 비슷하지만 실제로는 아래 그림처럼 전혀 다른 기능을 합니다.

▲ 선택 영역 지정　▲ 매끄럽게 적용 후 복사한 이미지　▲ 페더 적용 후 복사한 이미지

공통 사항: (캔버스 테두리에 효과 적용)에 체크하면 선택 영역이 작업창의 테두리에 맞닿아 있는 경우에도 효과를 적용합니다.

▲ 선택 영역 지정　▲ 캔버스 테두리에 효과 적용 미체크　▲ 체크 시

여기서 잠깐 | Modify 사용 시 발생하는 알림 창

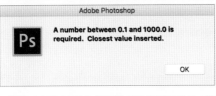 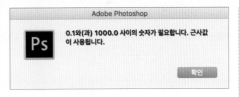

- **알림:** 0.1과 1000.0 사이의 값만 입력되며 그 이외의 값은 입력한 값의 근삿값으로 대체됩니다.

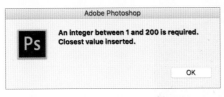 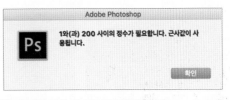

- **알림:** 1과 200 사이의 정수만 입력되며 그 이외의 값은 입력한 값의 근삿값으로 대체됩니다.

Grow 선택 영역 확장 인접된 곳에서 선택 영역과 비슷한 색상 영역을 추가로 선택합니다.

Similar 유사 영역 선택 이미지 전체에서 선택 영역과 비슷한 색상 영역을 추가로 선택합니다.

▲ 선택 영역 지정   ▲ 선택 영역 확장   ▲ 유사 영역 선택

TIP 선택 영역 확장과 유사 영역 선택은 마술봉 도구 옵션의 Tolerance(허용치) 값의 영향을 받습니다. 수치가 높으면 추가 선택되는 영역이 커집니다.

Transform Selection 선택 영역 변형 자유롭게 선택 영역의 모양을 변형합니다. [Edit-Free Transform]과 사용법이 동일합니다.

▲ 선택 영역 지정   ▲ 선택 영역 변형 적용 후 자유롭게 변형할 수 있는 핸드 바가 생긴 모습

TIP Edit-Free Transform와의 차이점

Edit-Free Transform은 이미지에 직접적인 영향을 주지만 Transform Selection은 선택 영역에만 영향을 주며 이미지에는 직접적인 영향을 주지 않습니다.

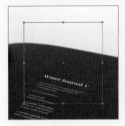

▲ 선택 영역 지정

▲ Transform Selection으로 변형

▲ Edit-Free Transform으로 변형

Edit in Quick Mask Mode 빠른 마스크 모드로 편집 지정된 선택 영역을 빠른 마스크 모드에서 편집합니다. 선택 영역이 지정되어 있지 않아도 사용이 가능합니다.

▲ 선택 영역 지정

▲ 빠른 마스크 모드로 편집 적용

Load Selection 선택 영역 불러오기 저장된 선택 영역을 불러옵니다.

▲ 원본

▲ 선택 영역 불러오기 적용

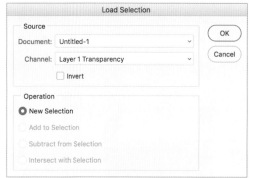

- **Source** 소스
  - Document 문서: 가져올 선택 영역이 있는 문서를 선택합니다.
  - Channel 채널: 가져올 문서의 채널을 선택합니다.
  - Invert 반전: 가져온 선택 영역을 반전합니다.

- **Operation** 선택 범위
  - New Selection 새 선택 영역: 새 선택 영역으로 가져옵니다.
  - Add to Selection 선택 영역에 추가: 기존 선택 영역에 추가합니다.
  - Subtract Selection 선택 영역에서 빼기: 기존 선택 영역에서 가져온 선택 영역을 뺍니다.
  - Intersect with Selection 선택 영역과 교차: 기존 선택 영역에서 가져온 선택 영역과 교차되는 영역만 남깁니다.

  (Add to Selection, Subtract Selection, Intersect with Selection은 선택 영역이 지정되어 있고 Load Selection을 사용하는 경우 활성화됩니다.)

Save Selection 선택 영역 저장 현재 선택 영역을 저장합니다.

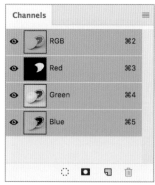

▲ 선택 영역 지정   ▲ 저장 전 Channels   ▲ 저장 후 Channels

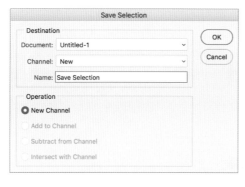

- **Destination** 대상
  - Document 문서: 선택 영역이 저장될 문서를 선택합니다.
  - Channel 채널: 새로운 채널을 만들거나 기존 채널을 선택할 수 있습니다.
  - Name 이름: 저장될 선택 영역의 이름을 지정합니다.

- **Operation** 선택 범위
  - New Channel: 새로운 채널을 만듭니다.
  - Add to Channel: 현재 채널에 선택 영역을 추가합니다.
  - Subtract from Channel: 현재 채널에서 선택 영역을 뺍니다.
  - Intersect with Channel: 현재 채널과 선택 영역의 교차 부분만 남깁니다.

  (Add to Channel, Subtract from Channel, Intersect with Channel은 저장된 Channel을 선택할 경우 활성화됩니다.)

New 3D Extrusion 새 3D 돌출 선택 영역에 3D 효과를 적용합니다.

▲ 선택 영역 지정

▲ 새 3D 돌출 적용

LESSON 07

Filter 필터

메뉴-필터는 영문과 한글의 정렬 순서가 다릅니다. 영문판은 ABC/한글판은 ㄱㄴㄷ 순으로 정렬되어 서로의 위치가 다릅니다.

필터의 기본과 속성을 조정하는 메뉴

Last Filter 마지막 필터 Alt + Ctrl + F 마지막으로 사용한 필터 효과를 다시 한번 적용합니다. 이전에 필터를 사용했다면 Last Filter가 아닌 해당 필터명이 표시됩니다.

▲ 직전에 Blur More 적용

▲ 직전에 Add Noise 적용

Convert for Smart Filters 고급 필터용으로 변환 선택한 레이어를 고급 필터를 적용할 수 있는 고급 개체로 변환합니다.

▲ 일반 레이어

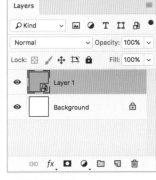
▲ 고급 개체로 변환

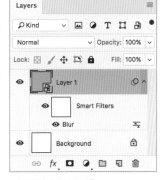
▲ 고급 개체에 필터 적용

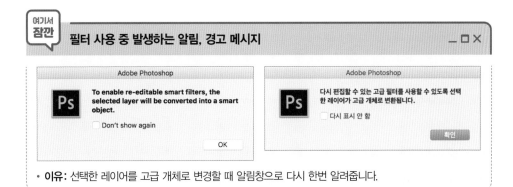

여기서 잠깐 | 필터 사용 중 발생하는 알림, 경고 메시지

- **이유:** 선택한 레이어를 고급 개체로 변경할 때 알림창으로 다시 한번 알려줍니다.

Filter Gallery 필터 갤러리 전체 필터 효과 중 회화적인 효과들만 묶어서 갤러리 형태로 제공하며 6개(Artistic 예술 효과, Brush Strokes 브러시 획, Distort 왜곡, Sketch 스케치 효과, Stylize 스타일화, Texture 텍스처)의 대분류와 67가지의 세부 필터로 나눠져 있습니다. 또한 여러 개의 필터 효과를 중복해서 적용하거나 각 필터 세부 옵션 값을 변경할 수도 있습니다.

- **미리 보기** | 효과가 적용된 이미지를 미리 봅니다.
- **폴더** | 필터가 6개의 대분류로 구분되어 있습니다.
- **아이콘** | 적용할 필터를 선택합니다. 바를 이용해서도 필터를 선택할 수 있습니다.
- **⊼ ⊻** | 필터 갤러리를 닫거나 엽니다.
- **옵션 조절** | 선택된 필터의 옵션을 조정합니다.
- **적용된 필터 목록** | 적용된 필터 목록이 표시됩니다.
- **⊙** | 적용된 필터 효과를 켜거나 끕니다.
- **⬚** | 새로운 필터 레이어를 추가합니다. 필터 레이어를 이용해 필터 갤러리 효과를 중복 적용할 수도 있습니다.
- **🗑** | 선택된 필터 레이어를 삭제합니다.

Accented Edges	가장자리 광선 효과
Angled Strokes	가장자리 찢기
Bas Relief	✓ 각진 획
Chalk & Charcoal	강조된 가장자리
Charcoal	거친 파스텔 효과
Chrome	광선 확산
Colored Pencil	균열
Conté Crayon	그래픽 펜
Craquelure	그레인
Crosshatch	그물눈
Cutout	네온광
Dark Strokes	도장
Diffuse Glow	드라이 브러시
Dry Brush	망사 효과
Film Grain	메모지
Fresco	모자이크 타일
Glass	목탄
Glowing Edges	문지르기 효과
Grain	물 종이
Graphic Pen	바다 물결
Halftone Pattern	복사
Ink Outlines	분필과 목탄
Mosaic Tiles	비닐랩
Neon Glow	뿌리기
Note Paper	색연필
Ocean Ripple	석고
Paint Daubs	수묵화
Palette Knife	수채화 효과
Patchwork	스폰지
Photocopy	스프레이 획
Plaster	어두운 획
Plastic Wrap	언더페인팅 효과
Poster Edges	오려내기
Reticulation	유리
Rough Pastels	이어붙이기
Smudge Stick	잉크 윤곽선
Spatter	저부조
Sponge	채색 유리
Sprayed Strokes	크레용
Stained Glass	크롬
Stamp	텍스처화
Sumi-e	팔레트 나이프
Texturizer	페인트 바르기
Torn Edges	포스터 가장자리
Underpainting	프레스코
Water Paper	필름 그레인
Watercolor	하프톤 패턴

▲ 47가지의 필터 갤러리 효과

- **Artistic 예술 효과** | 15개의 하위 필터로 구성되어 있으며 이를 이용해서 회화적이고 예술적인 효과를 적용할 수 있습니다.
  - Colored Pencil 색연필: 색연필을 사용하여 그린 듯한 효과를 줍니다.
  - Cutout 오려내기: 오려낸 색종이로 이미지를 만든 것 같은 효과를 줍니다.

▲ 원본

▲ 색연필

▲ 오려내기

- Dry Brush 드라이 브러시: 유화와 수채화 중간의 효과를 가진 드라이 브러시 효과를 줍니다.
- Film Grain 필름 그레인: 필름 카메라로 촬영한 듯한 필름 그레인 효과를 줍니다.
- Fresco 프레스코: 이미지를 거칠게 합니다.

▲ 드라이 브러시

▲ 필름 그레인

▲ 프레스코

- Neon Glow 네온광: 이미지에 다양한 종류의 광선을 추가합니다. 컬러 피커를 이용해 다양한 색상의 광선을 적용할 수 있습니다.

▲ 네온광

- Paint Daubs 페인트 바르기: 다양한 브러시 크기와 유형으로 변화를 주어 회화적 효과를 줍니다.
- Palette Knife 팔레트 나이프: 세부 묘사를 줄이고 캔버스에 페인팅한 듯한 효과를 줍니다.
- Plastic Wrap 비닐랩: 반짝거리는 비닐로 이미지를 코팅한 듯한 효과를 줍니다.

▲ 페인트 바르기

▲ 팔레트 나이프

▲ 비닐 랩

- Poster Edges 포스터 가장자리: 색상 수를 줄이고 이미지의 가장자리를 따라 검은 선을 그려 포스터 같은 효과를 줍니다.
- Rough Pastels 거친 파스텔: 파스텔로 그린 것 같은 효과를 줍니다.
- Smudge Stick 문지르기: 어두운 영역에 문지르거나 번진 듯한 효과를 줍니다.

▲ 포스터 가장자리

▲ 거친 파스텔

▲ 문지르기

- Sponge 스폰지: 스폰지로 페인팅한 것 같은 효과를 줍니다.
- Underpainting 언더페인팅: 언더페인팅 효과를 줍니다.
- Watercolor 수채화: 디테일을 단순화하고 수채화로 그린 듯한 효과를 줍니다.

▲ 스펀지

▲ 언더페인팅

▲ 수채화

■ **Brush Strokes 브러시 획** | 8개의 하위 필터로 구성되며 브러시로 그린 듯한 효과를 줍니다.

• Accented Edges 강조된 가장자리: 가장자리를 강조하는 효과를 줍니다.

• Angled Strokes 각진 획: 대각선 획을 사용하여 페인팅한 효과를 줍니다.

　　▲ 원본　　　　　　　　　　▲ 강조된 가장자리　　　　　　　▲ 각진 획

• Crosshatch 그물눈: 세부 묘사와 원본의 특징을 유지하면서 가장자리를 거칠게 표현합니다.

• Dark Strokes 어두운 획: 어두운 영역을 짧고 촘촘한 어두운 획으로/밝은 영역은 길고 흰 획으로 페인팅한 효과를 줍니다.

• Ink Outlines 잉크 윤곽선: 잉크와 펜 스타일을 사용해 정밀한 선을 다시 그립니다.

　　▲ 그물눈　　　　　　　　　　▲ 어두운 획　　　　　　　　　▲ 잉크 윤곽선

• Spatter 뿌리기: 에어브러시로 뿌린 듯한 효과를 줍니다.

• Spray Strokes 스프레이 획: 이미지의 두드러진 색상을 사용하여 스프레이 효과를 줍니다.

• Sumi-e 수묵화: 한지 위에 물에 젖은 브러시로 그린 듯한 효과를 줍니다.

　　▲ 뿌리기　　　　　　　　　　▲ 스프레이 획　　　　　　　　▲ 수묵화

- **Distort 왜곡** ┃ 3개의 하위 필터로 구성되며 이미지에 기하학적 왜곡을 줄 수 있습니다.
  - Diffuse Glow 광선 확산: 서서히 희미해지는 광선 빛 효과를 줍니다.

▲ 원본　　　　　　　　　　▲ 광선 확산

  - Glass 유리: 유리를 통해 이미지를 보는 것 같은 효과를 줍니다.
  - Ocean Ripple 바다 물결: 잔물결 효과를 주어 수면 아래 있는 듯한 효과를 줍니다.

▲ 유리　　　　　　　　　　▲ 바다 물결

- **Sketch 스케치 효과** ┃ 14개의 하위 필터로 구성되어 있으며 이를 이용해서 미술 효과나 손으로 그린 것 과 같은 효과를 줍니다. 대부분의 스케치 효과 필터는 전경색과 배경색을 이용하여 효과를 적용합니다.
  - Ras Relief 저부조: 반입체 조각인 저부조 모양의 효과를 줍니다. 어두운 영역은 전경색, 밝은 영역은 배경색을 사용합니다.
  - Chalk & Charcoal 분필과 목탄: 거친 분필 느낌으로 밝은 영역과 중간 영역을 다시 그리며, 어두운 영 역은 대각선의 검은 목탄 선으로 표현합니다. 목탄은 전경색, 분필은 배경색을 사용합니다.

▲ 원본　　　　　　　　▲ 저부조　　　　　　　　▲ 분필과 목탄

- Charcoal 목탄: 포스터화와 문지르기 효과가 함께 적용되어 목탄으로 그린 듯한 효과를 줍니다. 목탄은 전경색, 용지 색상은 배경색이 사용됩니다.
- Chrome 크롬: 광택이 있는 크롬 표면과 같은 효과를 줍니다.

▲ 원본 　　　　　　　　▲ 목탄 　　　　　　　　▲ 크롬

- Conte Crayon 크레용: 크레용으로 그린 것과 같은 효과를 줍니다.
- Graphic Pen 그래픽 펜: 가는 잉크 획을 사용해 펜으로 그린 것 같은 효과를 줍니다. 잉크색은 전경색, 용지 색상은 배경색을 사용합니다.
- Halftone Pattern 하프톤 패턴: 하프톤 효과를 줍니다.

▲ 크레용 　　　　　　　　▲ 그래픽 펜 　　　　　　　　▲ 하프톤 패턴

- Note Paper 메모지: 이미지를 단순화하여 종이에 구성한 것 같은 효과를 줍니다.
- Photocopy 복사: 이미지를 복사한 듯한 효과를 줍니다.

▲ 원본 　　　　　　　　▲ 메모지 　　　　　　　　▲ 복사

- Plaster 석고: 어두운 영역은 양각으로 밝은 영역은 음각으로 표현됩니다. 전경색과 배경색을 이용하여 결과물을 채색합니다.
- Reticulation 망사 효과: 어두운 영역은 촘촘하게, 밝은 영역은 우둘투둘하게 표현됩니다.
- Stamp 도장: 이미지를 단순화하여 고무 또는 나무 도장으로 찍은 듯한 효과를 줍니다.

▲ 석고   ▲ 망사 효과   ▲ 도장

- Torn Edges 가장자리 찢기: 너덜너덜한 찢어진 종잇조각으로 표현된 이미지를 전경색과 배경색을 사용하여 채색합니다.
- Water Paper 물 종이: 축축한 종이 위에 물감이 흐르고 섞인 것 같은 효과를 줍니다.

▲ 원본   ▲ 가장자리 찢기   ▲ 물 종이

- **Stylize 스타일화** | 1개의 하위 필터로 구성되어 있습니다.
  - Glowing Edges 가장자리 광선: 가장자리의 라인을 따라 네온광선을 효과를 추가합니다.

▲ 원본   ▲ 스타일화

File
Edit
Image
Layer
Type
Select
Filter
View
Windows
Help

■ **Texture 텍스처** | 6개의 하위 필터로 구성되어 있으며 이를 이용해서 실재감과 깊이감을 주는 텍스쳐 효과를 적용할 수 있습니다.

• Craquelure 균열: 석고 표면 같은 균열 효과를 줍니다.

• Grain 그레인: 다양한 형태의 그레인 효과를 줍니다.

• Mosaic Tiles 모자이크 타일: 모자이크 타일과 같은 모양의 효과를 줍니다.

▲ 균열　　　　　　　　▲ 그레인　　　　　　　　▲ 모자이크 타일

• Patchwork 이어붙이기: 이미지의 해당 영역에서 주된 색상이 칠해진 사각형으로 이미지를 분할하는 효과를 줍니다.

• Stained Glass 채색 유리: 스테인드글라스와 같은 효과를 줍니다. 단색 윤곽선은 전경색을 사용합니다.

• Texturizer 텍스처화: 텍스처 효과를 줍니다.

▲ 이어붙이기　　　　　　▲ 채색 유리　　　　　　▲ 텍스처화

Adaptive Wide Angle 응용 광각 [Alt]+[Shift]+[Ctrl]+[A] 광각렌즈 사용 시 발생하는 렌즈의 왜곡을 수정합니다. CS6에서 새롭게 생긴 기능이며 이전 버전에서는 사용할 수 없습니다.

- ■  | 이미지를 클릭하거나 끝점을 드래그하여 제한을 추가하거나 편집합니다.
  - 수평/수직 제한: [Shift]를 누른 채 클릭합니다.
  - 제한 삭제: [Alt]를 누른 채 제한을 클릭합니다.

- ■ | 이미지를 클릭하거나 끝점을 드래그하여 다각형 제한을 추가하거나 편집합니다.
  - 다각형 제한 완료: 초기 시작점을 클릭하여 종료합니다.
  - 제한 삭제: [Alt]를 누른 채 제한을 클릭합니다.

- ■ | 캔버스에서 내용을 드래그하여 이동합니다.

- ■ | 창에서 이미지를 드래그하여 이동합니다. 화면에 전체 이미지가 보이지 않을 경우 사용합니다.
  - 스페이스바: 다른 도구 사용 중 언제든 이동 도구를 사용할 수 있습니다.

- ■ | 돋보기 도구를 사용합니다.
  - 확대: 창에서 원하는 영역을 클릭하거나 드래그하여 확대합니다.
  - 축소: [Alt]를 누른 채 원하는 영역을 클릭하거나 드래그합니다.

- ■ 33.3% | 설정된 값으로 화면을 확대/축소할 수 있습니다.

- ■ | Camera Model: ILCE-7M2 (SONY)   Camera Model: -- (--)
  Lens Model: FE 35mm F2.8 ZA   Lens Model: --
  - Camera Model: 사진에 사용된 카메라 모델을 표시합니다.

- Lens Model: 사진에 사용된 렌즈 모델을 표시합니다. 카메라/렌즈 모델을 알 수 없는 경우 "――"로 표시됩니다.

■

- Preview: 원본 이미지 또는 수정된 이미지를 표시합니다.
- Show Constraints: 제한을 표시하거나 숨깁니다.
- Show Mesh: 메시를 표시하거나 숨깁니다.

▲ Preview 체크

▲ Show Constraints 체크

▲ Show Mesh 체크

■

[OK] 버튼을 클릭해 설정을 실행합니다. [cancel]로 취소하거나 Alt 를 누른 뒤 [Reset]으로 재설정할 수도 있습니다.

■ **Correction** 교정 | 투영 모델을 선택합니다(Fisheye 어안, Perspective 원근, Auto 자동, Full Spherical 전체 구형).

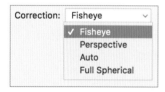

- Fisheye 어안: 어안 렌즈 사용 시 발생하는 왜곡을 교정합니다.
- Perspective 원근: 기울어진 이미지나 왜곡된 원근 등을 교정합니다.

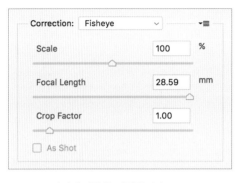 

- Scale: 이미지 비율을 지정합니다.
- Focal Length: 렌즈의 초점 거리를 지정합니다. 사진에서 렌즈 정보가 감지되면 이 값이 자동으로 채워집니다.
- Crop Factor: 자르기 계수 값을 지정하여 최종 이미지를 자르는 방법을 결정합니다. 이 값을 이용하여 필터 적용 시 생기는 빈 영역을 보완합니다.
- As Shot 원본 값: 렌즈 프로필에 정의된 값을 사용합니다. 렌즈 정보를 찾지 못할 경우 비활성화됩니다.

■ **Auto** 자동 │ 적절한 교정을 자동으로 감지합니다.

- Scale: 이미지 비율을 지정합니다.

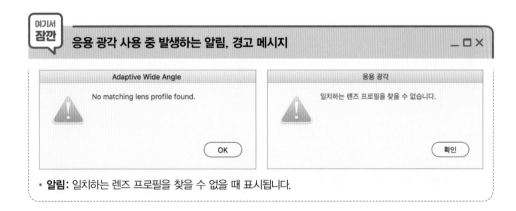

여기서
잠깐

응용 광각 사용 중 발생하는 알림, 경고 메시지 ─ □ ✕

- **알림:** 일치하는 렌즈 프로필을 찾을 수 없을 때 표시됩니다.

- **Full Spherical** 전체 구형 | 360도 파노라마를 교정합니다.

- Scale: 이미지 비율을 지정합니다.

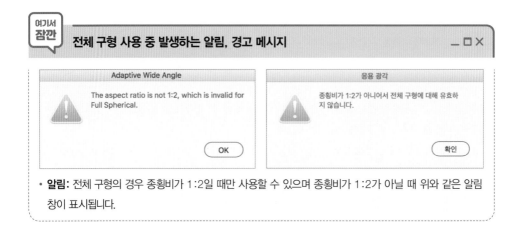

전체 구형 사용 중 발생하는 알림, 경고 메시지 _ □ ×

- **알림:** 전체 구형의 경우 종횡비가 1:2일 때만 사용할 수 있으며 종횡비가 1:2가 아닐 때 위와 같은 알림 창이 표시됩니다.

- **Detail** | 세부 이미지를 미리 보기합니다.

Camera Raw Filter [Shift]+[Ctrl]+[A] Camera Raw 기능의 일부를 사용할 수 있습니다. 이 기능을 사용하면 원본 파일을 훼손하지 않고 이미지의 채도와 대비 등을 조절할 수 있습니다.

TIP Adobe Camera Raw와 Camera Raw 필터 간의 차이점은?

Adobe Camera Raw에는 Camera Raw 필터보다 더 많은 기능이 있습니다. Camera Raw 필터는 단일 레이어를 수정하기 때문에 문서 속성을 수정할 수 없으며 일부 다른 도구들 또한 사용할 수 없습니다.

File
Edit
Image
Layer
Type
Select
Filter
View
Windows
Help

Lens Correction 렌즈 교정 [Shift]+[Ctrl]+[R] 카메라 렌즈로 발생하는 수평, 수직의 기울어짐 등의 왜곡을 교정합니다.

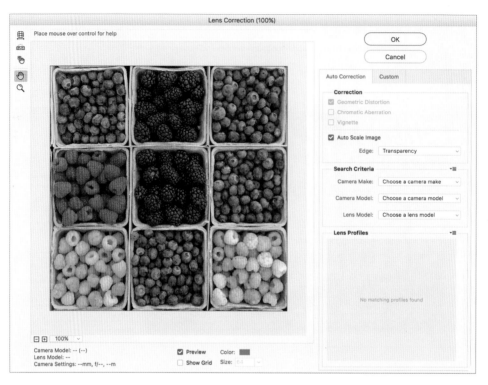

- | 중앙을 향해 또는 그 반대 방향으로 드래그하여 왜곡을 교정합니다.

- | 드래그한 선을 기준으로 이미지를 가로/세로 축에 맞춰 똑바르게 합니다.

- | 드래그로 정렬 격자를 이동합니다(하단의 Show Grid를 체크해 격자를 활성화할 수 있습니다).

- | 창에서 이미지를 드래그하여 이동합니다. 화면에 전체 이미지가 보이지 않을 경우 사용합니다.

  • 스페이스바: 다른 도구 사용 중 언제든 이동 도구를 사용할 수 있습니다.

- | 돋보기 도구를 사용합니다.

  • 확대: 창에서 원하는 영역을 클릭하거나 드래그하여 확대합니다.

  • 축소: [Alt]를 누른 채 원하는 영역을 클릭하거나 드래그합니다.

- 33.3% | 설정된 값으로 화면을 확대/축소할 수 있습니다.

-
Camera Model: ILCE-7M2 (SONY)	Camera Model: -- (--)
Lens Model: FE 35mm F2.8 ZA	Lens Model: --
Camera Settings: 35mm, f/3.2, --m	Camera Settings: --mm, f/--, --m

  • Camera Model: 카메라 모델을 표시합니다.

- Lens Model: 렌즈 모델을 표시합니다.
- Camera Settings: 카메라 설정값을 표시합니다. 카메라/렌즈 모델을 알 수 없는 경우 "--"로 표시됩니다.

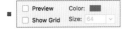

- Preview: 원본 이미지 또는 수정된 이미지를 표시합니다.
- Color: 격자 색상을 지정합니다.
- Show Grid: 격자를 표시합니다.
- Size: 격자 크기를 지정합니다.

[OK] 버튼을 클릭해 설정을 실행합니다. [cancel]로 취소하거나 Alt 를 누른 뒤 [Reset]으로 재설정할 수도 있습니다.

- **Reset** | Alt 를 눌러 재설정 기능을 사용할 수 있습니다.
- **Auto Correction 자동 교정** | 촬영에 사용된 카메라와 렌즈 값을 이용해 자동으로 교정합니다.

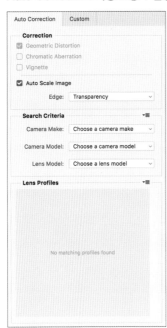

- **Correction 교정** | 선택한 렌즈 프로필에 따라 활성화 또는 비활성화되는 메뉴가 있습니다.
  - Geometric Distortion: 자동 기하학적 왜곡 교정을 사용합니다.
  - Chromatic Aberration: 자동 색수차 교정을 사용합니다.
  - Vignette: 자동 비네팅 제거를 사용합니다.
  - Auto Scale Image: 왜곡을 교정할 때 이미지 자동 비율을 사용합니다.

- **Search Criteria 검색 기준**
  - Camera Make: 카메라 제조사를 선택합니다.
  - Camera Model: 카메라 모델을 선택합니다.
  - Lens Model: 렌즈 모델을 선택합니다.
  - Lens Profiles: 검색 기준에 맞는 렌즈 프로필이 표시됩니다. 선택한 렌즈 프로필에 따라 Correction 메뉴가 활성화/비활성화됩니다.

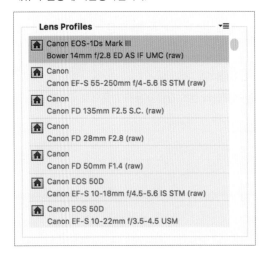

■ **Custom 사용자 정의**

- Settings 설정: 컨트롤 설정을 선택합니다.

■ **Geometric Distortion** 기하학적 왜곡

- Remove Distortion: 왜곡 교정을 설정하여 왜곡을 제거합니다.

■ **Chromatic Aberration** 색수차

- Fix Red/Cyan Fringe: 빨강/녹청 언저리를 수정합니다.
- Fix Green/Magenta Fringe: 녹색/마젠타 언저리를 수정합니다.
- Fix Blue/Yellow Fringe: 파랑/노랑 언저리를 수정합니다.

■ **Vignette** 비네팅 ┃ 이미지의 가장자리 부분을 어둡게/밝게 합니다.

- Amount: 비네팅 양을 설정합니다.
- Midpoint: 비네팅 중간점을 선택합니다.

■ **Transform** 변형

- Vertical Perspective: 수직 원근의 정도를 설정합니다.
- Horizontal Perspective: 수평 원근의 정도를 설정합니다.
- Angle: 이미지의 각도를 설정합니다.
- Scale: 이미지의 비율을 설정합니다.

Liquify 픽셀 유동화 [Shift]+[Ctrl]+[X] 이미지 영역에 밀기, 당기기, 회전, 반사, 오목, 볼록 등의 효과를 주어 왜곡할 수 있습니다.

-  **Forward Warp 뒤틀기 도구 (W)** ┃ 드래그한 픽셀을 손가락으로 민 것처럼 왜곡합니다.
- **Reconstruct 재구성 도구 (R)** ┃ 왜곡된 픽셀을 왜곡되기 전으로 재구성합니다. 여러 왜곡 효과가 중복되어 있더라도 원본의 모습으로 재구성됩니다.

▲ 원본   ▲ Forward Warp 적용   ▲ Reconstruct 적용

- **Smooth 매끄럽게 도구 (E)** ┃ 과도한 왜곡을 부드럽게 변경합니다.
  Reconstruct 도구가 원본으로의 재구성이라면 Smooth 도구는 왜곡 효과의 일부를 덜어낸다고 생각하면 됩니다.

- **Twirl Clockwise** 시계 방향 돌리기 도구 (C) | 클릭하거나 드래그할 때 시계 방향으로 픽셀을 회전합니다(Alt: 시계 반대 방향으로 회전합니다).

▲ 원본   ▲ Twirl Clockwise 적용   ▲ Twirl Clockwise + Alt 적용

- **Pucker** 오목 도구 (S) | 클릭하거나 드래그할 때 브러시 영역의 중심으로 픽셀을 이동하여 오목하게 합니다.

- **Bloat** 볼록 도구 (B) | 클릭하거나 드래그할 때 브러시 영역의 중심으로부터 멀리 픽셀을 이동하여 볼록하게 합니다.

▲ 원본   ▲ Pucker 적용   ▲ Bloat 적용

- **Push Left** 왼쪽 밀기 도구 (O) | 드래그한 방향의 왼쪽으로 픽셀을 밀어 이동시킵니다(Alt: 오른쪽으로 밉니다).

▲ 원본   ▲ Push Left 적용   ▲ Push Left + Alt 적용

- ☑ **Freeze Mask 마스크 고정 도구 (F)** ┃ 마스크 영역을 고정합니다. 마스크 고정된 영역은 왜곡 효과를 적용받지 않습니다.

▲ 원본

▲ Freeze Mask 적용

▲ 마스크 고정된 부분에 왜곡 효과가 적용되지 않는 모습

- ☞ **Thaw Mask 마스크 고정 해제 도구 (D)** ┃ 마스크 고정된 영역을 해제합니다. Freeze Mask 지우개라고 할 수 있습니다.

▲ Freeze Mask 적용

▲ Thaw Mask로 마스크 영역 일부를 지운 모습

- 👤 **Face 얼굴 도구 (A)** ┃ 자동으로 사람의 얼굴을 인식하며 선택과 드래그를 이용해 눈, 코, 입, 얼굴형을 손쉽게 교정할 수 있습니다(포토샵 CC 2015.5버전부터 사용 가능합니다).

▲ Face 선택 시 자동으로 얼굴을 인식한 모습

▲ 변형 가능한 곳을 임의로 모두 표시한 모습

-  **Hand** 손 도구 (H) | 손 도구를 사용합니다.

  - 창에서 이미지를 드래그하여 이동합니다.

  - 화면에 전체 이미지가 보이지 않을 경우 사용합니다.

  - 스페이스바: 다른 도구 사용 중 언제든 이동 도구를 사용할 수 있습니다.

- **Zoom** 돋보기 도구 (Z) | 창에서 원하는 영역을 클릭하거나 드래그하여 확대합니다.

  - 축소: `Alt` 를 누른 채 원하는 영역을 클릭하거나 드래그합니다.

- **Brush Tool Options** 브러시 도구 옵션 | 이미지 왜곡에 사용할 브러시의 옵션을 조절합니다.

  - Size: 브러시의 폭을 설정합니다.

  - Density: 브러시의 농도를 조절합니다.

  - Pressure: 브러시의 압력을 설정합니다.

  - Rate: 브러시 속도를 조절합니다.

  - Stylus Pressure: 스타일러스 압력을 조절합니다(타블렛 사용 시 활성화됩니다).

  - Pin Edges: 왜곡 효과를 사용하더라도 이미지의 사방 끝부분이 모서리에 고정됩니다.

  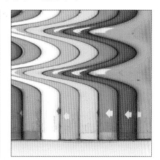

▲ 원본   ▲ 왜곡 효과 적용   ▲ Pin Edges 체크 후 왜곡 효과 적용

- **Face-Aware Liquify** 얼굴 인식 픽셀 유동화 | 사람의 얼굴을 인식하여 특정 부분을 확대/축소하거나 변형할 수 있습니다.

  - Select Face: 한번에 여러 얼굴이 인식될 경우 효과가 적용될 얼굴을 선택합니다. 화면의 얼굴을 클릭하여 선택할 수도 있습니다. 따로 얼굴을 선택하지 않는 경우 인식된 모든 얼굴에 효과가 적용됩니다.

- Reset : 얼굴 선택을 재설정합니다.
- All : 인식되는 모든 얼굴을 선택합니다.

■ **Eyes** | 눈 모양을 조정합니다.

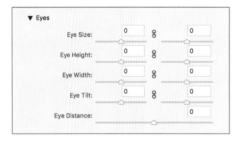

- Eye Size : 눈 크기 늘이기/줄이기
- Eye Height : 눈높이 늘이기/줄이기
- Eye Width : 눈 너비 늘이기/줄이기
- Eye Tilt : 눈 기울기를 조정합니다.
- Eye Distance : 두 눈 사이의 간격을 조정합니다.
- ⛓ 미체크 : 각각의 눈에 효과가 따로 적용됩니다.
- ⛓ 체크 : 양쪽 눈에 동시에 효과가 적용됩니다.

■ **Nose** | 코 모양을 조정합니다.

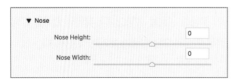

- Nose Height: 코 높이 올리기/내리기
- Nose Width: 코 너비 늘이기/줄이기

■ **Mouth** | 입 모양을 조정합니다.

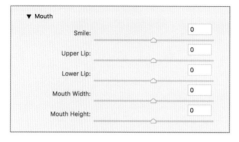 

- Smile: 입의 곡선을 위/아래로 조정합니다.
- upper Lip: 윗입술의 두께 늘이기/줄이기
- Lower Lip: 아랫입술의 두께 늘이기/줄이기
- Mouth Width: 입을 수평으로 늘이기/줄이기
- Mouth Height: 입을 수직으로 늘이기/줄이기

■ **Face Shape** | 얼굴 모양을 조정합니다.

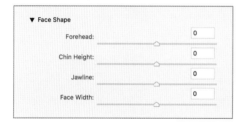 

- Forehead: 이마를 수직으로 늘이기/줄이기
- Chin Height: 턱 올리기/내리기
- Jawline: 턱선 늘이기/줄이기
- Face Width: 얼굴을 수평으로 늘이기/줄이기

■ **Load Mesh Options** | 메시 불러오기 옵션

- Load Mesh: 저장된 메시를 불러옵니다.
- Load Last Mesh: 마지막으로 사용한 메시를 불러옵니다.
- Save Mesh: 현재 메시를 저장합니다.

■ **Mask Options** | 마스크 옵션

• None: 고정된 모든 영역을 제거합니다.

• Mask All: 전체 이미지를 고정합니다.

• Invert All: 모든 영역 고정을 반전합니다.

■ **View Options** | 보기 옵션

• Show Guides: 미리 보기에 안내선을 표시합니다.

• Show Face Overlay: 미리 보기에 얼굴 인식을 표시합니다.

• Show Image: 미리 보기에 이미지를 표시합니다.

• Show Mesh: 미리 보기에 메시를 표시합니다.

 - Mesh Size: 메시 크기를 변경합니다.

– Mesh Color: 메시 색상을 변경합니다.

▲ 메시 표시 / 메시 크기 변경 / 메시 색상 변경

- Show Mask: 미리 보기에 고정 마스크를 표시합니다.

  – Mask Color: 고정 마스크 색상을 선택합니다.

▲ 고정 마스크 표시 　　　　▲ 고정 마스크 색상 변경

- Show Backdrop: 배경 이미지를 혼합합니다.

  – Use: 배경 레이어를 선택합니다.

  – Mode: 배경 혼합을 선택합니다.

  – Opacity: 배경 불투명도를 선택합니다.

■ **Brush Reconstruct Options** ｜ 브러시 재구성 옵션

- Reconstruct: 적용된 모든 왜곡의 양을 다시 설정합니다.
- Restore All: 적용된 모든 왜곡을 제거합니다.

▲ Reconstruct 100   ▲ Reconstruct 50 적용   ▲ 모두 복구 적용

- Amount : 재설정할 왜곡의 양을 정합니다. 수치가 작을수록 원본에 가까워집니다.

■  **Preview** | 적용된 왜곡을 미리 보기합니다.

■ **Cancel** | 취소 / **OK** | 확인

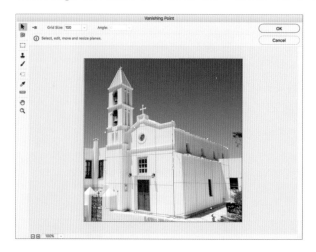

■ **Default** | 왜곡이 적용된 이미지와 변경된 옵션 모두를 기본 값으로 되돌립니다(Ctrl 을 누르면 [Cancel]→[Default]로 바뀝니다).

■ **Reset** | 왜곡된 이미지는 그대로 두고 옵션만 기본 값으로 되돌립니다(Alt 를 누르면 [Cancel]→ [Reset]으로 바뀝니다).

Vanishing Point 소실점 Alt + Ctrl + V 소실점을 이용해 이미지를 편집할 때 사용합니다.

■ ▶ **Edit Plane (V)** | 평면 편집 도구를 사용합니다. 평면을 선택, 편집 또는 이동하거나 크기를 조정합니다.

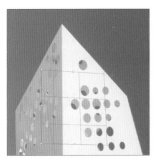
▲ 모양이 맞지 않은 편집 면

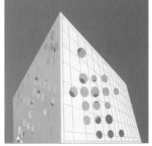
▲ Edit Plane으로 평면을 맞춘 모습

■

• Grid Size: 평면의 격자 크기를 조절합니다. 격자 크기가 작을수록 섬세한 효과 적용이 가능합니다.

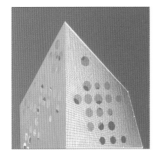
▲ Grid Size 10

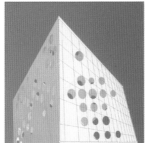
▲ Grid Size100

• Angle: 선택한 평면과 그 상위 평면 사이의 각도를 조정합니다. 선택한 평면이 움직이며 상위 평면은 변하지 않습니다.

▲ Angle 270

▲ Angle 200

▲ Angle 120

File
Edit
Image
Layer
Type
Select
Filter
View
Windows
Help

- ▦ **Create Plane (C)** | 이미지의 원근감 있는 평면이나 개체의 네 모퉁이를 클릭하여 편집 면을 만들 수 있는 평면 만들기 도구를 사용합니다.

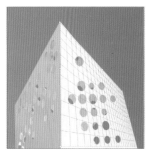

▲ Create Plane 적용

기존 면의 스트레치 노드에서 수직면을 떼어낼 수 있습니다(Edit Plane 도구 사용 중에도 Ctrl 을 이용해 스트레치 노드에서 수직면을 떼어낼 수 있습니다).

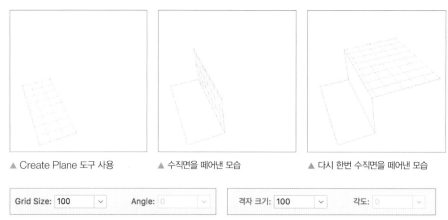

▲ Create Plane 도구 사용   ▲ 수직면을 떼어낸 모습   ▲ 다시 한번 수직면을 떼어낸 모습

Grid Size:	100	∨	Angle:	0	∨	격자 크기:	100	∨	각도:	0	∨

- Grid Size: 평면의 격자 크기를 조절합니다.
- Angle: 선택한 평면과 그 상위 평면 사이의 각도를 조정합니다.

- ▦ **Marquee (M)** | 선택 윤곽 도구를 사용합니다. 평면을 클릭-드래그하여 평면의 한 영역을 선택할 수 있습니다. 선택 영역을 Alt 를 누른 채 드래그하여 새 위치에 복사하거나, Ctrl 을 누른 채 드래그하여 영역을 소스 이미지로 채울 수 있습니다.

- Feather: 가장자리의 페더 값을 설정합니다.
- Opacity: 사본의 불투명도를 설정합니다.

- Heal : 사본에 혼합 이후 프로세스를 설정합니다.
- Move Mode : 선택 윤곽의 이동 모드를 설정합니다.

■ ▲ **Stamp (S)** | 도장 도구를 사용합니다.

- Diameter : 브러시 직경을 설정합니다.
- Hardness : 브러시 경도를 설정합니다.
- Opacity : 브러시 불투명도를 설정합니다.
- Heal : 사본에 혼합 이후 프로세스를 설정합니다.
- Aligned : 브러시 소스와 대상을 동기화 상태로 유지합니다.

■ ✏ **Brush (B)** | 브러시 도구를 사용합니다.

- Diameter : 브러시 직경을 설정합니다.
- Hardness : 브러시 경도를 설정합니다.
- Opacity : 브러시 불투명도를 설정합니다.
- Heal : 사본에 혼합 이후 프로세스를 설정합니다.
- Brush Color : 브러시 색상을 설정합니다.

■ ▣ **Transform (T)** | 클릭-드래그하여 선택한 유동 영역을 회전할 수 있는 변형 도구를 사용합니다.

- Flip : 사본을 뒤집습니다.
- Flop : 사본을 좌우로 뒤집습니다.

■ ✎ **Eyedropper (I)** | 클릭하여 페인팅 색상을 선택할 수 있는 스포이드 도구를 사용합니다.

- Brush Color : 색상 피커를 엽니다.

File

Edit

Image

Layer

Type

Select

Filter

View

Windows

Help

■  Measure (R) ｜ 클릭–드래그하여 거리를 재는 측정 도구를 사용합니다.

- Length: 선택한 측정 길이를 설정합니다.
- Link Measurements Grid: 측정 단위를 격자와 연결합니다.

■ 🖐 Hand (H) ｜ 손 도구를 사용합니다.

- 창에서 이미지를 드래그하여 이동합니다.
- 화면에 전체 이미지가 보이지 않을 경우 사용합니다.
- 스페이스바: 다른 도구 사용 중 언제든 이동 도구를 사용할 수 있습니다.

■ 🔍 Zoom (Z) ｜ 돋보기 도구를 사용합니다.

- 확대: 창에서 원하는 영역을 클릭하거나 드래그하여 확대합니다.
- 축소: Alt 를 누른 채 원하는 영역을 클릭하거나 드래그합니다.

■ 🔲 33.3% ⌄ ｜ 설정된 값으로 화면을 확대/축소할 수 있습니다.

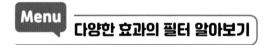

- **Default** ｜ 효과가 적용된 이미지와 변경된 옵션 모두를 기본 값으로 되돌립니다(Ctrl 을 누르면 Cancel→Default로 바뀝니다).
- **Reset** ｜ 효과가 적용된 이미지는 그대로 두고 옵션만 기본 값으로 되돌립니다(Alt 를 누르면 Cancel→Reset으로 바뀝니다).

Menu 다양한 효과의 필터 알아보기

3D 3D 효과를 만들 때 사용하는 맵을 만들 수 있습니다.

```
Generate Bump Map...        범프 맵 생성...
Generate Normal Map...      표준 맵 생성...
```

- **Generate Bump Map** ｜ 범프 맵을 생성합니다. 범프 맵은 3D 효과를 만들 때 사용하는 회색 음영 파일입니다.
- **Generate Normal Map** ｜ 표준 맵을 생성합니다. 표준 맵은 3D 효과를 만들 때 사용하는 RGB 음영 파일입니다.

Blur 흐림 효과

Average Blur Blur More Box Blur... Gaussian Blur... Lens Blur... Motion Blur... Radial Blur... Shape Blur... Smart Blur... Surface Blur...	가우시안 흐림 효과... 고급 흐림 효과... 더 흐리게 동작 흐림 효과... 렌즈 흐림 효과... 모양 흐림 효과... 방사형 흐림 효과... 상자 흐림 효과... 평균 표면 흐림 효과... 흐리게

- **Average** 평균 ┃ 선택된 영역의 평균 색상으로 선택 영역을 채웁니다. 선택 영역이 없을 경우 전체가 평균 색으로 채워집니다.

▲ 선택 영역 지정   ▲ Average 적용   ▲ 선택 영역 없이 Average 적용

- **Blur** 흐리게 ┃ 선택 영역 또는 이미지 전체를 흐리게 합니다.
- **Blur More** 더 흐리게 ┃ 선택 영역 또는 이미지 전체를 더 흐리게 합니다. Blur보다 3~4배 효과가 강합니다.

▲ 원본   ▲ Blur 적용   ▲ Blur More 적용

- **Box Blur** 상자 흐림 | 주변 색상값을 기반으로 이미지에 흐림 효과를 적용합니다. 값이 커질수록 흐림 효과가 커집니다.

- **Gaussian Blur** 가우시안 블러 | 조정할 수 있는 양만큼 빠르게 선택 영역에 흐림 효과를 줍니다.

▲ Box Blur 30 ▲ Box Blur 200 ▲ Gaussian Blur 적용

- **Lens Blur** 렌즈 흐림 | 흐림 효과의 깊이를 조정하여 이미지의 일부 개체에만 초점이 맞게 하고 다른 영역은 흐리게 표시합니다.

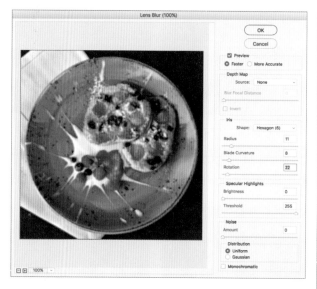 

▲ Preview 미리보기

- Faster: 더 빠르게 미리 보기 합니다.
- More Accurate: 더 정확하게 미리 보기 합니다.

- Depth Map 깊이 맵
  - Source: 깊이 맵 정보와 함께 채널을 선택합니다.
  - Blur Focal Distance: 흐림 효과 초점 거리(깊이)를 선택합니다.
  - Invert: 맵에서 가까운 깊이와 면 깊이를 뒤집습니다.
- Iris 조리개
  - Shape: 조리개 모양을 선택합니다.
  - Radius: 흐림 효과의 최대 값 양(반경)을 설정합니다.
  - Blade Curvature: 조리개의 원형률을 설정합니다.
  - Rotation: 조리개의 회전량을 설정합니다.
- Specular Highlights 반사 밝은 영역
  - Brightness: 밝은 영역의 명도 증가량을 설정합니다.
  - Threshold: 밝게 만들 픽셀의 한계값을 설정합니다.
- Noise 노이즈
  - Amount: 각 픽셀에 추가할 노이즈 양을 설정합니다.
  - Distribution 분포
  - Uniform: 평면 노이즈 분포
  - Gaussian: 가우시안 노이즈 분포
- Monochromatic: 추가되는 노이즈를 회색 처리합니다.

- **Motion Blur 동작 흐림** | 동작 흐림 효과 필터를 적용합니다.

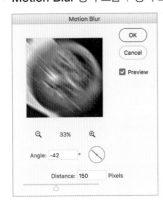
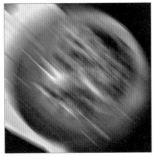

- Angle: 각도를 설정합니다.
- Distance: 거리를 설정합니다.
- Preview 미리 보기

■ **Radial Blur** 방사형 흐림 | 확대/축소 또는 회전 시 발생하는 이미지가 흐림을 표현합니다.

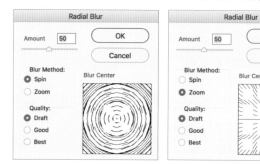

- Amount: 효과의 강도를 설정합니다.
- Blur Method: 흐림 효과의 방법을 설정합니다.
  - Spin: 회전
  - Zoom: 돋보기

▲ Spin   ▲ Zoom 적용

- Quality: 품질을 선택합니다.
  - Draft: 기본
  - Good: 양호
  - Best: 최적
- Blur Center: 흐림 효과의 중심을 표시하며 드래그하여 중심을 이동할 수 있습니다.

▪ **Shape Blur 모양 흐림** ┃ 지정된 모양을 사용하여 흐림 효과를 적용합니다. 반경에 값이 커질수록 모양의 크기와 흐림 효과가 커집니다.

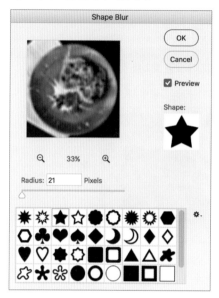

• Radius: 반경을 설정합니다.
• Preview: 미리 보기
• Shape: 현재 선택된 모양을 보여줍니다.

▪ **Smart Blur 고급 흐림** ┃ 정밀하게 이미지에 흐림 효과를 적용할 수 있습니다.

- Radius: 반경을 설정합니다.

- Threshold: 한계값을 설정합니다.

- Quality: 품질을 설정합니다.

- Mode: 모드를 설정합니다.

■ **Surface Blur 표면 흐림** ┃ 가장자리를 유지하면서 이미지에 흐림 효과를 적용합니다.

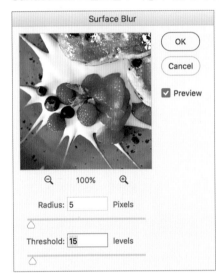 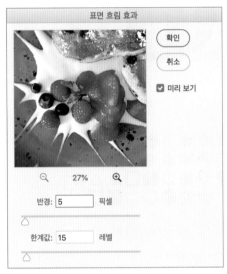

- Radius: 흐림 효과 적용 시 샘플링할 영역의 크기(반경)를 정합니다.

- Threshold: 효과가 적용될 픽셀과 그렇지 않은 픽셀과의 한계값을 정합니다.

Blur Gallery 흐림 효과 갤러리 흐림 효과 갤러리를 엽니다.

Field Blur...	필드 흐림 효과...
Iris Blur...	조리개 흐림 효과...
Tilt-Shift...	기울기-이동...
Path Blur...	경로 흐림 효과...
Spin Blur...	회전 흐림 효과...

- **Selection Bleed** | 선택한 영역을 필터링하는 흐림 효과의 양을 제어합니다.
- **Focus** | 핀의 보호된 영역에서 흐림 효과의 양을 제어합니다.
- **Save Mask to Channels** | 흐림 효과 마스크 사본을 저장합니다.
- **High Quality** | 고품질(더 정확한 흐림 효과)을 활성화합니다.
- **Preview** | 미리 보기
- ↺ **Remove all Pins** | 모든 핀을 제거합니다.
- **Cancel** | 취소 / **OK** | 확인
- **Field Blur** 필드 흐림 효과 | 점차 흐려지는 효과를 이용해 흐림 그레이디언트를 만들 수 있습니다.

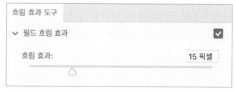

- Blur: 흐림 효과의 양을 제어하여 이미지를 선명하게/부드럽게 만듭니다.

▲ 원본   ▲ Field Blur 적용

- 초점을 맞추려는 영역에 핀을 놓고 흐림 정도를 조정합니다.
- 핀을 추가하여 초점을 늘릴 수 있으며 각각의 초점마다 흐림 효과의 정도를 다르게 하여 흐림 효과로 된 그레이디언트를 만들 수 있습니다.
- 중앙 휠을 이용해 빠르게 Blur 값을 변경할 수 있습니다.

■ **Iris Blur** 조리개 흐림 │ 조리개 심도를 조정하여 다중 초점 사진을 만들 수 있습니다.

• Blur : 흐림 효과의 양을 제어하여 이미지를 선명하게/부드럽게 만듭니다.

▲ 원본   ▲ Iris Blur 적용

- 초점을 맞추려는 영역에 핀을 놓고 조절점을 사용하여 흐림 효과의 시작과 종료 지점을 조절할 수 있습니다. 핀을 추가해 초점을 늘릴 수도 있습니다.
- Alt 를 클릭해 조절점을 개별적으로 이동할 수 있습니다.
- 중앙 휠을 이용해 빠르게 Blur 값을 변경할 수 있습니다.
- 윤곽 모양을 변경할 수도 있습니다.

▲ 윤곽 모양 변경

■ **Tilt-Shift** 기울기-이동 | 기울기-이동 등 특수 흐림 효과를 이용해 미니어처 사진을 만들 수 있습니다.

• Blur : 흐림 효과의 양을 제어합니다.

• Distortion : 흐림 효과의 왜곡 모양을 제어합니다.

• Symmetric Distortion : 양 방향에서 왜곡을 적용하는 대칭 왜곡을 활성화합니다.

– 초점을 맞추려는 영역에 핀을 놓고 조절점을 사용하여 흐림 효과의 시작과 종료 지점을 조절할 수 있습니다. 핀을 추가하여 초점을 늘릴 수 있습니다.

– 중앙 휠을 이용해 빠르게 Blur 값을 변경할 수 있습니다.

– 각도를 변경할 수 있습니다.

▲ 각도 변경

- **Path Blur 경로 흐림** | 경로 흐림 효과를 적용하여 역동적인 사진을 만들 수 있습니다.

- Speed: 모든 패스에 대한 전체 흐림 효과의 속도 양을 제어합니다.
- Taper: 흐림 효과의 가장자리 페이드를 조정합니다.
- Centered Blur: 체크 시 픽셀의 양쪽에서 샘플링합니다. 해제 시 픽셀의 한쪽을 샘플링합니다.
- End Point Speed: 선택한 끝점에 대한 흐림 효과의 양을 제어합니다.
- Edit Blur Shapes: 각 끝점에서 편집 가능한 흐림 효과 모양을 표시 및 제어합니다.

▲ 원본   ▲ Path Blur 적용

▲ 사람만 선택 영역 지정 후 Path Blur 적용

- **Spin Blur** 회전 흐림 | 회전 흐림 효과를 적용하여 회전하는 사진을 만들 수 있습니다.

• Blur Angle: 흐림 효과의 각도 양을 제어합니다.

▲ 원본　　　　　　　　▲ Spin Blur 적용

- **Effects** 효과 색상 또는 조명 범위를 변경하고 세밀하게 조정할 수 있습니다.

Effects	Motion Effect	Noise		효과	동작 효과	노이즈
Bokeh		☑		**뿌연 효과**		☑
Light Bokeh:		0%		뿌연 조명:		0%
Bokeh Color:		0%		뿌연 색상:		0%
Light Range:				조명 범위:		
191		255		191		255

- Bokeh 뿌연(보케-빛망울) 효과

  - Light Bokeh: 뿌연 효과의 밝은 영역 양을 제어합니다.

  - Bokeh Color: 뿌연 효과의 화려한 색상을 제어합니다.

  - Light Range: 뿌연 효과가 나타나는 조명 범위를 제어합니다.

■ **Motion Effects 동작 효과**

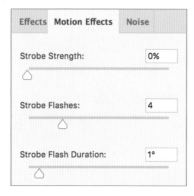 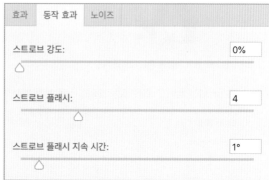

- Strobe Strength: 스트로브 라이트에 대한 주변광의 비율을 제어합니다.
- Strobe Flashes: 스트로브 플래시 인스턴트의 수를 제어합니다.
- Strobe Flash Duration: 스트로브 플래시의 지속 시간을 설정합니다.

■ **Noise 노이즈**

- Amount: 흐림이 적용된 영역에 추가할 노이즈 양을 제어합니다.
- Size: 노이즈 그레인 크기를 제어합니다.
- Roughness: 그레인 텍스처의 거친 정도를 제어합니다.

- Color : 흐림이 적용된 영역에 추가된 노이즈의 색상 변형 양을 제어합니다.
- Highlights : 이미지의 밝은 영역에 적용할 노이즈 양을 제어합니다.

Distort 왜곡 이미지를 기하학적으로 왜곡하여 모양을 재구성하는 필터들이 모여 있습니다.

Displace...	구형화...
Pinch...	극좌표...
Polar Coordinates...	기울임...
Ripple...	돌리기...
Shear...	변위...
Spherize...	잔물결...
Twirl...	지그재그...
Wave...	파형...
ZigZag...	핀치...

■ **Displace 변위** | 변위 맵 이미지를 이용하여 선택 영역을 왜곡합니다.

▲ 원본

▲ Displace 적용

Displace		변위	
Horizontal Scale 10	OK	가로 비율 10	확인
Vertical Scale 10	Cancel	세로 비율 10	취소
Displacement Map:		변위 맵:	
● Stretch To Fit		● 동일 크기로 맞추기	
○ Tile		○ 나란히 놓기	
Undefined Areas:		비정의 영역:	
○ Wrap Around		○ 감싸기	
● Repeat Edge Pixels		● 가장자리 픽셀 반복	

- Horizontal Scale : 가로 비율을 설정합니다.
- Vertical Scale : 세로 비율을 설정합니다.
- Displacement map : 변위 맵과 이미지의 크기를 어떻게 적용할지 결정합니다.
  - Stretch To Fit : 변위 맵과 이미지의 크기를 동일하게 맞추기
  - Tlile : 변위 맵과 이미지를 나란히 놓기

- Undefined Areas : 왜곡 후 원본 이외의 부분을 채우는 방식을 결정합니다.
  - Wrap Around : 잘려 나가는 부분으로 영역을 채웁니다.
  - Repeat Edge Pixels : 가장자리 픽셀을 늘려 영역을 채웁니다.

■ **Pinch** 핀치 | 선택 영역을 누른 듯한 이미지를 만들 수 있습니다. 비슷한 기능으로는 좀더 다양한 옵션 값을 조정하는 Liquify가 있습니다.

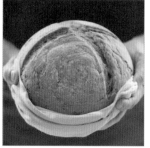

▲ 원본   ▲ Amount -100%   ▲ Amount +100%

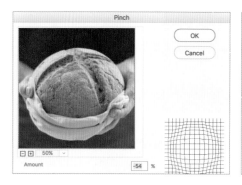
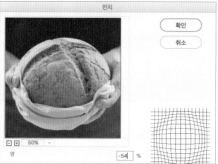

- Amount : 핀치의 양을 설정합니다.

■ **Polar Coordinates** 극좌표 | 원통형 거울에 비춰진 모습을 만들 수 있습니다.

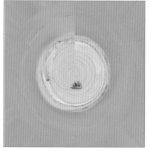
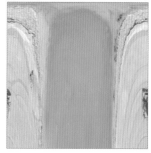

▲ 원본   ▲ Rectangular to Polar 적용   ▲ Polar to Rectangular 적용

- Rectangular to Polar: 직교 좌표를 극좌표로 변경합니다.
- Polar to Rectangular: 극좌표를 직교 좌표로 변경합니다.

■ **Ripple 잔물결** | 선택 영역에 잔물결이 치는 듯한 모양을 만들 수 있습니다. 비슷한 기능으로는 좀더 다양한 옵션 값을 조정하는 Wave 필터가 있습니다.

▲ 원본

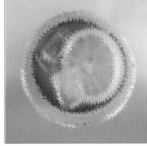

▲ Ripple 적용

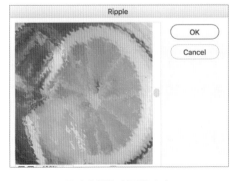

- Amount: 물결의 양을 설정합니다.
- Size: 물결의 크기를 설정합니다.

■ **Shear** 기울임 ｜ 곡선을 따라 이미지를 왜곡합니다.

▲ 원본

▲ Shear 적용

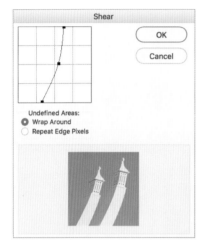

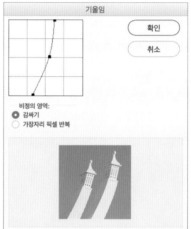

• Undefined Areas : 왜곡되지 않은 영역을 처리하는 방법을 선택합니다.

  – Wrap Around : 원본 이미지로 빈 영역을 채웁니다.

  – Repeat Edge Pixels : 가장자리 픽셀로 빈 영역을 채웁니다.

■ **Spherize** 구형화 ｜ 선택한 모드에 맞도록 이미지를 왜곡하거나 잡아당겨 입체감을 줍니다.

▲ 원본

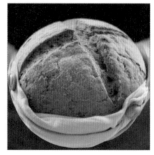
▲ Amount 100%

▲ Amount −100%

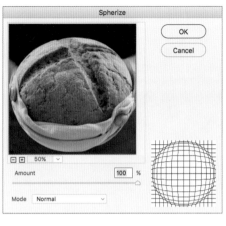
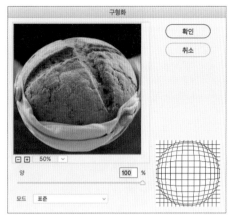

- Amount: 효과의 강도를 설정합니다.
- Mode: 모드를 선택합니다.
- Nomal: 표준-이미지를 오목/볼록 효과를 적용합니다.
  - Horizontal Only: 수평 방향으로만 효과를 적용합니다.
  - Vertical Only: 수직 방향으로만 효과를 적용합니다.

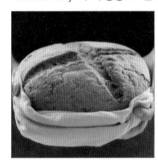

▲ Horizontal Only 100%   ▲ Vertical Only 100%

  - Pinch와 비슷한 효과를 주지만 디테일에서는 확연한 차이를 보입니다.

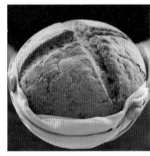

▲ Spherize 적용   ▲ Pinch 적용

■ **Twirl 돌리기** ┊ 소용돌이 모양이 생기도록 선택 영역을 회전시킵니다.

▲ 원본

▲ Twirl 적용

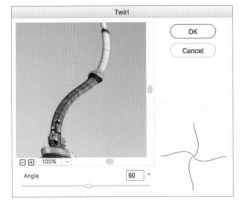

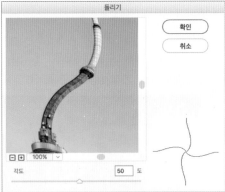

・ Angle : 각도를 조절합니다.

■ **Wave 파형** ┊ 선택 영역에 물결이 치는 듯한 파형을 만들 수 있습니다. Ripple과 비슷하지만 좀더 다양한 모양을 만들 수 있습니다.

▲ 원본

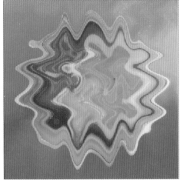
▲ Wave 적용

- Number of Generators: 제너레이터 수를 설정합니다.
- Wavelength: 파장을 설정합니다.
- Amplitude: 진폭을 설정합니다.
- Scale: 비율을 설정합니다.
- Type: 유형을 선택합니다(Sine 사인파, Triangle 삼각파, Square 사각파).
- Undefined Areas: 왜곡되지 않은 영역을 처리하는 방법을 선택합니다.
  - Wrap Around: 원본 이미지로 빈 영역을 채웁니다.
  - Repeat Edge Pixels: 가장자리 픽셀로 빈 영역을 채웁니다.

■ **ZigZag 지그재그** | 선택 영역의 픽셀 반경에 따라 방사형으로 선택 영역을 왜곡합니다.

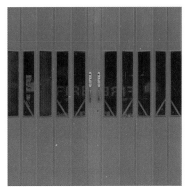 

▲ 원본　　　　　　　▲ ZigZag 적용

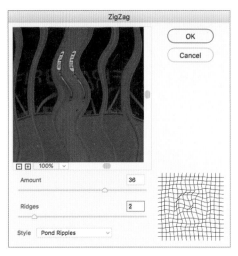
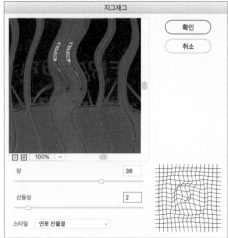

- Amount: 효과의 양을 설정합니다.
- Ridges: 동심원의 개수를 설정합니다.
- Style: 유형을 선택합니다(Around Center 중심 둘레, Out From Center 중심부터, Pond Ripples 연못 잔물결).

▲ Around Center　　　　　▲ Out From Center　　　　　▲ Pond Ripples

Noise 노이즈 노이즈를 추가/감소하는 등의 효과를 줍니다.

Add Noise...	노이즈 감소...
Despeckle	노이즈 추가...
Dust & Scratches...	먼지와 스크래치...
Median...	반점 제거
Reduce Noise...	중간값...

■ **Add Noise** 노이즈 추가 | 노이즈를 추가하여 필름 카메라로 찍은 듯한 효과를 줄 수도 있습니다.

▲ 원본

▲ Add Noise 적용

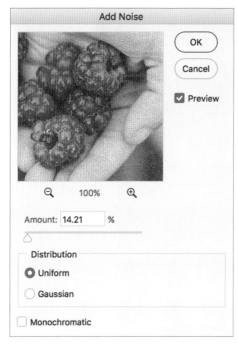

- Amount: 노이즈의 양을 설정합니다.
- Distribution: 노이즈의 분포 방식을 선택합니다.
  - Uniform: 입자가 균일하고 고릅니다.
  - Gaussian: 입자가 불규칙하고 거칩니다.

▲ Uniform 적용   ▲ Gaussian 적용

• Monochromatic: 미체크 시 색상 노이즈/체크 시 흑백 노이즈가 추가됩니다.

▲ Monochromatic 미체크   ▲ Monochromatic 체크

- **Despeckle 반점 제거** | 이미지의 세부 묘사가 보존된 상태에서 반점 노이즈를 제거합니다. 이미지에서 뚜렷한 색상 변화가 일어나는 가장자리를 감지하고 이 가장자리를 제외한 모든 선택 영역을 흐리게 합니다. 옵션 창이 없으며 클릭 시 바로 효과가 이미지에 적용됩니다.

- **Dust & Scratches 먼지와 스크래치** | 색상 차이가 나는 픽셀의 색상을 근처의 유사 색상으로 변경하여 노이즈를 줄입니다.

▲ 원본   ▲ Dust & Scratches 적용

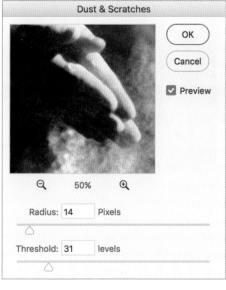
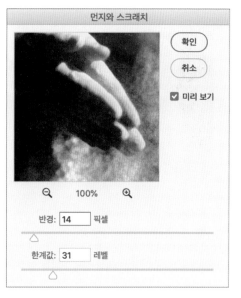

- Radius: 픽셀의 반경을 설정하며 값이 커질수록 이미지가 흐려집니다.
- Threshold: 비슷한 색상의 한계값을 설정합니다.

■ **Median 중간값** | 픽셀들의 명도를 혼합하여 이미지의 노이즈를 감소시킵니다.

▲ 원본

▲ Median 적용

File

Edit

Image

Layer

Type

Select

Filter

View

Windows

Help

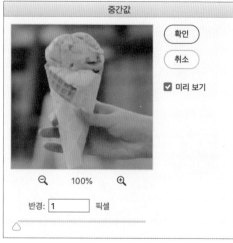

- Radius : 기준이 되는 픽셀 선택 반경을 설정하며 값이 커질수록 이미지가 흐려집니다.

■ **Reduce Noise 노이즈 감소** | 이미지에 노이즈를 감소시킵니다.

▲ 원본   ▲ Reduce Noise 적용

- Basic 기본/Advanced 고급(각 채널별 효과의 정도를 설정할 수 있습니다).
- Setting: 세부 설정 값을 저장하거나 삭제할 수 있습니다.
  - Strength: 노이즈 감소 효과 강도를 설정합니다.
  - Preserve Details: 세부 묘사 유지 정도를 설정합니다.
  - Reduce Color Noise: 색상 노이즈 감소 정도를 설정합니다.
  - Sharpen Details: 세부 묘사 선명도를 설정합니다.
  - Remove JPEG Artifact: 체크하면 JPEG 저장 시 생기는 블록 가공물을 제거합니다.

Pixelate 픽셀화 비슷한 색상값의 픽셀을 묶어 선택 영역에 효과를 적용합니다.

Color Halftone...	단면화
Crystallize...	메조틴트...
Facet	모자이크...
Fragment	분열
Mezzotint...	색상 하프톤...
Mosaic...	수정화...
Pointillize...	점묘화...

- **Color Halftone 색상 하프톤** | 이미지의 각 채널에 확대된 망점(하프톤 스크린)을 사용한 듯한 효과를 줍니다.

▲ 원본

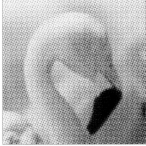
▲ Color Halftone 적용

Color Halftone		
Max. Radius: 8 (Pixels)		OK
Screen Angles (Degrees):		Cancel
Channel 1: 108		
Channel 2: 162		
Channel 3: 90		
Channel 4: 45		

색상 하프톤		
최대 반경: 8 (픽셀)		확인
스크린 각도(도):		취소
채널 1: 108		
채널 2: 162		
채널 3: 90		
채널 4: 45		

- Max. Radius : 망점의 크기를 설정합니다.

- Screen Angles (Degrees) : 각 채널의 각도를 설정합니다.

■ **Crystallize 수정화** ㅣ 픽셀을 수정(단색의 다각형) 모양으로 변경합니다.

▲ 원본

▲ Crystallize 적용

- Cell Size : 셀(수정)의 크기를 설정합니다.

■ **Facet 단면화** ㅣ 단색이나 유사한 색상의 픽셀을 같은 색의 블록으로 만듭니다. 단면화를 이용해 사진을 손으로 그린 듯한 이미지를 만들 수 있습니다.

▲ 원본

▲ Facet 적용

■ **Fragment 분열** | 선택 영역에서 픽셀의 사본 네 개를 만들고 그 평균을 내어 투명 유리에 비치는 듯한 효과를 줍니다.

▲ 원본

▲ Fragment 적용

■ **Mezzotint 메조틴트** | 이미지를 흑백 영역 패턴 또는 색상 이미지에서는 완전한 채도를 가진 색상 패턴으로 변환합니다.

▲ 원본

▲ Mezzotint 적용

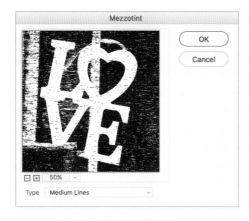

• Type : 메조틴트 유형을 선택합니다.

File

Edit

Image

Layer

Type

Select

Filter

View

Windows

Help

■ **Mosaic 모자이크** | 픽셀을 사각형 블록으로 묶어 모자이크 모양으로 만듭니다.

▲ 원본

▲ Mosaic 적용

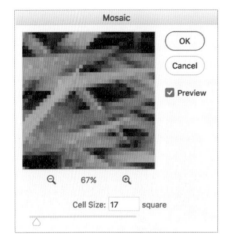

• Cell Size: 모자이크를 이루는 셀의 크기를 설정합니다.

■ **Pointillize 점묘화** | 이미지를 점묘화처럼 만듭니다. 이미지 색상을 임의의 퍼진 점으로 나누고, 점들 사이의 여백을 배경색으로 채웁니다.

▲ 원본

▲ Pointillize 적용(배경색 흰색)

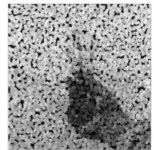
▲ Pointillize 적용(배경색 검정)

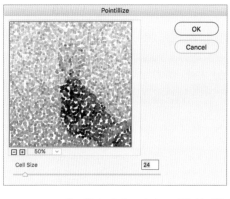

• Cell Size: 점묘화를 이루는 점의 크기를 설정합니다.

Render 렌더 3D 모양, 구름 패턴, 굴절 패턴 및 이미지에서 시뮬레이션된 빛의 반사 패턴을 만듭니다.

Flame...	불꽃...
Picture Frame...	사진 프레임...
Tree...	나무...
Clouds	구름 효과 1
Difference Clouds	구름 효과 2
Fibers...	렌즈 플레어...
Lens Flare...	섬유...
Lighting Effects...	조명 효과...

■ **Flame 불꽃** ｜ 선택된 패스에 불꽃 효과를 적용합니다.

▲ 원본

▲ Flame 적용

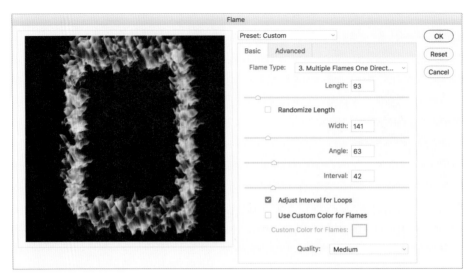

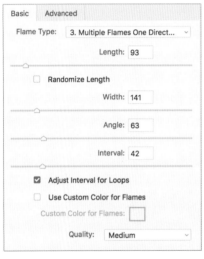

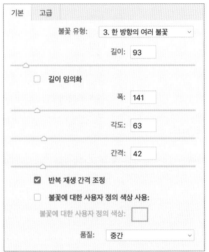

- Flame Type : 불꽃 유형을 선택합니다.

- Length : 길이를 설정합니다.

- Randomize Length : 길이를 임의로 설정합니다.

- Width : 폭을 설정합니다.

- Angle : 각도를 설정합니다.

- Interval : 간격을 설정합니다.

- Adjust Interval for Loops : 반복 재생 간격 조정을 설정합니다.

- Use Custom Color for Flames : 불꽃의 사용자 색상 사용을 활성화합니다.

- Custom Color for Flames : Use Custom Color for Flames 체크 시 활성화되며 불꽃의 색상을 지정할 수 있습니다.
- Quality : 불꽃의 품질을 설정합니다.

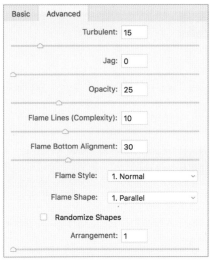 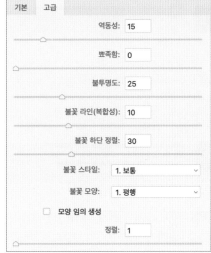

- Turbulent : 역동성을 설정합니다.
- Jag : 뾰족한 정도를 설정합니다.
- Opacity : 불투명도를 설정합니다.
- Flame Lines(Complexity) : 불꽃 라인의 복합성을 설정합니다.
- Flame Bottom Alignment : 불꽃의 하단 정렬 부분을 설정합니다.
- Flame Style : 불꽃 스타일을 선택합니다.
- Flame Shape : 불꽃 모양을 선택합니다.
- Randomize Shape : 모양을 임의로 생성합니다.
- Arrangement : 정렬을 설정합니다.

File

Edit

Image

Layer

Type

Select

Filter

View

Windows

Help

렌더 사용 중 발생하는 알림, 경고 메시지   — □ ×

• **해결 방법:** 이 필터를 사용하기 위해서는 선택된 패스가 필요합니다. 먼저 패스를 선택한 다음 필터를 적용합니다.

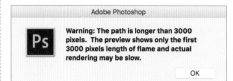

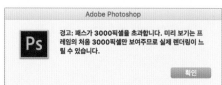

• **해결 방법:** 패스가 3000픽셀을 초과할 경우 발생하며 초과하는 부분은 미리 보기 창에서 보이지 않습니다. 패스의 크기가 클수록 렌더링에 걸리는 시간도 함께 늘어납니다.

TIP 알아두기

Progress	
Flame	
▬▬▬▬▬▬▬▬▬	Cancel

불꽃이 크고 복잡할수록 적용까지 오랜 시간이 걸립니다.

■ **Picture Frame 사진 프레임** | 선택된 영역에 사진 프레임 필터를 적용합니다.

▲ 원본

▲ Picture Frame 적용

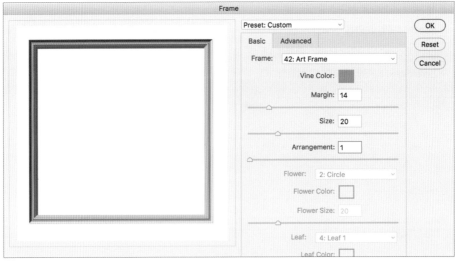

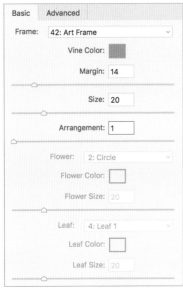

- Frame: 액자 모양을 선택합니다.
- Vine Color: 덩굴/액자 기본 색상을 선택합니다.
- Margin: 여백 값을 설정합니다.
- Size: 액자 사이즈를 설정합니다.
- Arrangement: 정렬 값을 설정합니다.
- Flower: 꽃 모양을 선택합니다.
- Flower Color: 꽃 색상을 설정합니다.

- Flower Size: 꽃 사이즈를 설정합니다.

- Leaf: 나뭇잎 모양을 선택합니다.

- Leaf Color: 나뭇잎 색상을 설정합니다.

- Leaf Size: 나뭇잎 사이즈를 설정합니다.

- Number of Lines: 줄 수를 설정합니다.

- Thickness: 두께를 설정합니다.

- Angle: 각도를 설정합니다.

- Fade: 페이드를 설정합니다.

- Invert: 반전합니다.

■ **Tree** 나무 | 이미지에 나무를 추가합니다. 패스가 있을 경우 패스에 따라 나무 모양이 변합니다.

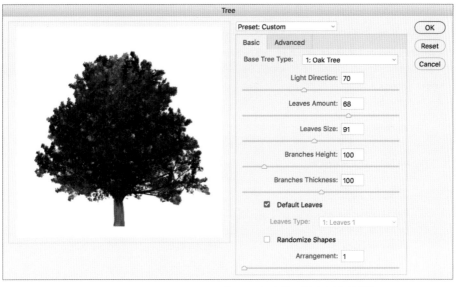

- Base Tree Type: 기본 나무의 품종을 선택합니다.

- Light Direction: 조명 방향을 설정합니다.

- Leaves Amount: 나뭇잎의 양을 설정합니다.

- Leaves Size: 나뭇잎의 크기를 설정합니다.

- Branches Height: 가지 높이를 설정합니다.

- Branches Thickness: 가지의 두께를 설정합니다.

- Default Leaves : 기본 나뭇잎을 사용합니다. 미체크 시 Leaves Type이 활성화됩니다.

- Leaves Type : 나뭇잎의 종류를 선택합니다.

- Randomize Shapes : 모양을 임의로 생성합니다.

- Arrangement : 정렬을 설정합니다.

 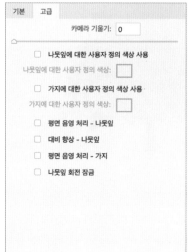

- Camera Tilt : 카메라 기울기를 설정합니다.

- Use Custom Color for Leaves : 나뭇잎 색상을 사용자가 지정합니다.

- Custom Color for Leaves : 나뭇잎에 사용할 색상을 선택합니다.

- Use Custom Color for Branches : 가지 색상을 사용자가 지정합니다.

- Custom Color for Leaves : 가지에 사용할 색상을 선택합니다.

- Flat Shading-Leaves : 나뭇잎을 평면 음영 처리합니다.

- Enhance Contrast-Leaves : 나뭇잎의 대비 값을 향상합니다.

- Flat Shading Branches : 가지를 평면 음영 처리합니다.

- Leaves Rotation Lock : 나뭇잎을 회전시키지 않습니다.

- **Clouds 구름 효과 1** | 구름 효과 필터를 적용합니다. 전경색과 배경색 사이의 임의 값을 사용하여 부드러운 모양의 구름 이미지를 생성합니다. [Alt]를 누른 채 효과를 적용하면 좀더 딱딱한 구름 이미지를 만들 수 있습니다.

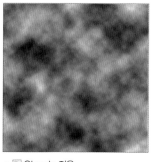
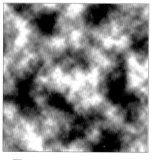

▲ ■ Clouds 적용　　　　▲ ■ Alt+Clouds 적용　　　　▲ ■ 전경색 배경색 변경 후 Clouds 적용

- **Difference Clouds 구름 효과 2** | 원본과 혼합된 구름 이미지를 만듭니다.

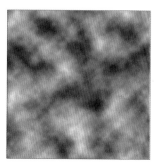

▲ 원본　　　　▲ Difference Clouds 적용　　　　▲ 원본이 흰색일 경우

 여기서 잠깐 **구름 효과 사용 중 발생하는 알림, 경고 메시지** ＿□×

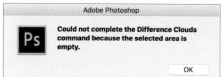
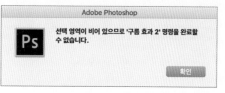

- **해결 방법:** 선택 영역이 비어 있을 경우 Difference Clouds 필터를 적용할 수 없습니다. 투명 영역이 아닌 곳에 효과를 적용합니다.

■ **Fibers 섬유** | 전경색과 배경색을 사용하여 직물 느낌의 효과를 만듭니다.

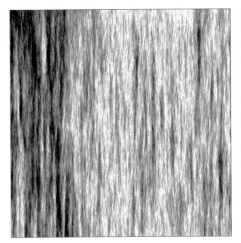 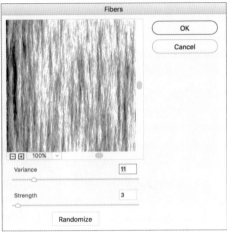

- Variance: 분산의 정도를 설정합니다.
- Strength: 효과의 강도를 설정합니다.
- Randomize: 자동으로 임의 값을 생성합니다.

■ **Lens Flare 렌즈 플레어** | 렌즈 플레어 효과를 만듭니다. 플레어란 카메라 렌즈로 밝은 빛을 비출 때 생기는 굴절 효과를 말합니다.

▲ 원본　　　　　　　　　　　　　　▲ Lens Flare 적용

- Brightness: 명도를 설정합니다.
- Lens Type: 효과에 적용할 렌즈를 선택합니다.
- Alt +클릭 시 정밀한 광원 위치를 입력할 수 있는 창이 열립니다.

- **Lighting Effects 조명 효과** ┃ 여러 가지 조명 효과를 만듭니다.

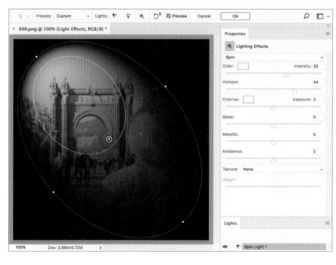

File

Edit

Image

Layer

Type

Select

Filter

View

Windows

Help

- ⬑ Add New Spot Light: 새 스폿 광원을 추가합니다.
- ⚲ Add New Point Light: 새 점광원을 추가합니다.
- ✳ Add New Infinite Light: 새 무한 광원을 추가합니다.
- ↻ Reset Current Light: 현재 조명을 재설정합니다.
- Point 점: 전구처럼 이미지 바로 위에서 빛을 비춥니다.
- Spot 스팟: 조명의 방향과 각도를 조절할 수 있는 타원형의 광선을 만듭니다.
- Infinite 무한: 태양과 같이 전체 평면에 빛을 비춥니다.

  (공통 사항: 드래그하여 광원을 이동하며 조명의 강도를 설정하고 핸들을 이용해 가장자리를 변경할
  수 있습니다.)

▲ 점

▲ 스팟

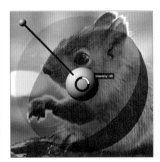

▲ 무한

- Color: 빛의 색상을 설정합니다.
- Hotspot: 핫스폿의 각도를 설정합니다.
- Colorize: 조명의 강도를 설정합니다.
- Gloss: 재질의 광택을 설정합니다.
- Metallic: 재질의 금속 품질을 설정합니다.
- Ambience: 재질의 주변 조명을 설정합니다.
- Texture: 텍스처를 선택합니다.
- Height: 텍스처 맵의 높이를 설정합니다.
- Lights: 각 조명 효과를 켜거나 끌 수 있습니다.

Shapen 선명 효과 가까운 픽셀 간의 대비 값을 증가시켜 흐린 이미지를 보다 선명하게 만듭니다.

Shake Reduction...	가장자리 선명하게
Sharpen	고급 선명 효과...
Sharpen Edges	더 선명하게
Sharpen More	선명하게
Smart Sharpen...	언샵 마스크...
Unsharp Mask...	흔들기 감소...

- **Shake Reduction 흔들기 감소** | 이미지의 흔들림을 감소시켜 보다 선명한 이미지를 만듭니다.

▲ 원본

▲ Shake Reduction 적용

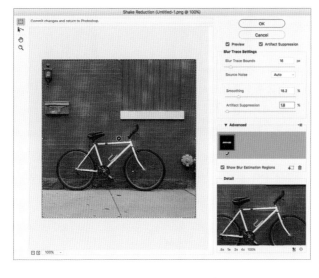

- Preview: 미리 보기 / Artifact Suppression: 가공물 무시
- Blur Trace Settings 흐림 효과 추적 설정
  - Blur Trace Bounds: 흐림 효과 추적 경계선을 지정합니다.
  - Source Noise: 소스 이미지의 노이즈를 설정합니다.
  - Smoothing: 매끄럽게 보정합니다.
  - Artifact Suppression: 가공물 무시는 이미지를 선명하게 하는 과정에 발생하는 노이즈 가공물을 억제해 줍니다.
- Advanced 고급
  - Show Blur Estimation Regions: 미리 보기에서 테두리 상자를 표시하거나 숨깁니다.

■ **Sharpen 선명하게** | 이미지를 선명하게 합니다.

■ **Sharpen Edges 가장자리 선명하게** | 이미지를 전반적으로 매끄럽게 유지하면서 가장자리만 선명하게 합니다.

■ **Sharpen More 더 선명하게** | Sharpen보다 강한 선명 효과를 적용합니다. 선명 효과를 과하게 사용할 경우 노이즈가 발생하며 픽셀이 도드라져 보이는 단점이 있습니다.

▲ 원본   ▲ Sharpen 적용   ▲ Sharpen More 적용

■ **Smart Sharpen 고급 선명 효과** | 고급 선명 효과는 선명 효과의 알고리즘을 설정하거나 어두운 영역/밝을 영역을 선명하게 하는 양을 조정하여 이미지를 선명하게 합니다.

▲ 원본   ▲ Smart Sharpen

- Preview 미리보기

  - Preset: 사전 설정된 설정 값을 사용할 수 있습니다.

  - Amount: 선명 효과의 강도를 설정합니다.

  - Radius: 선명 효과의 폭을 설정합니다.

  - Reduce Noise: 노이즈 감소량을 설정합니다.

  - Remove: 이미지에서 제거할 흐림 효과의 유형을 선택합니다.

- Shadows 어두운 영역

  - Fade Amount: 원하는 교정 양을 입력합니다.

  - Tonal Width: 색조 범위를 입력합니다.

  - Radius: 교정 비율 크기를 설정하기 위한 반경 값을 입력합니다.

- Highlights 밝은 영역

  - Fade Amount: 원하는 교정 양을 입력합니다.

  - Tonal Width: 색조 범위를 입력합니다.

  - Radius: 교정 비율 크기를 설정하기 위한 반경 값을 입력합니다.

▪ **Unsharp Mask 언샵 마스크** | 색상 변화가 뚜렷하게 일어나는 영역을 찾아 선명하게 합니다. 사용자가 설정한 한계값을 색상 변화의 기준으로 삼습니다.

▲ 원본

▲ Unsharp Mask 적용

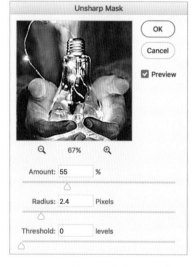

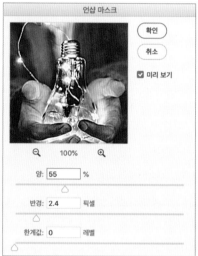

- Amount: 선명 효과의 강도를 설정합니다.
- Radius: 반경을 설정합니다.
- Threshold: 가장자리의 기준이 되는 한계값을 설정합니다.

Stylize 스타일화 이미지에서 픽셀을 변위시키고 대비를 찾아 강조하여 선택 영역에 페인팅 또는 인상주의 효과를 만듭니다.

Diffuse...	가장자리 찾기
Emboss...	과대 노출
Extrude...	돌출...
Find Edges	바람...
Oil Paint...	엠보스...
Solarize	유화...
Tiles...	윤곽선 추적...
Trace Contour...	타일...
Wind...	확산...

■ **Diffuse 확산** | 선택한 옵션에 따라 선택 영역의 픽셀을 뒤섞어서 초점을 흐리게 만듭니다.

▲ 원본

▲ Diffuse-Nomal 적용

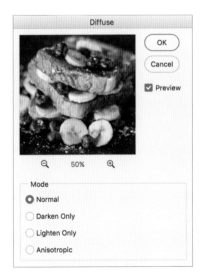

• Normal : 색상 값을 무시하고 픽셀을 임의로 이동합니다.

• Darken Only : 밝은 픽셀을 더 어둡게 합니다.

• Lighten Only : 어두운 픽셀을 더 밝게 합니다.

• Anisotropic : 색상 변경을 최소화하며 픽셀을 뒤섞습니다.

▲ Darken Only

▲ Lighten Only

▲ Anisotropic

■ **Emboss 엠보스** | 원래 색상 값을 토대로 회색의 음각과 양각이 있는 엠보스 이미지를 만듭니다.

▲ 원본

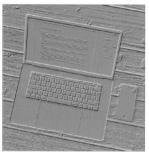
▲ Emboss 적용

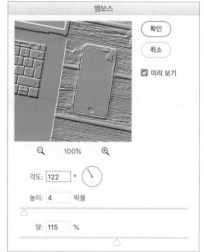

- Angle : 엠보싱 각도를 설정합니다.
- Height : 엠보싱 높이를 설정합니다.
- Amount : 엠보싱 양을 설정합니다. 수치가 높을수록 이미지의 색상 양이 늘어납니다.

- **Extrude 돌출** ㅣ 돌출되는 듯한 3D 효과를 줍니다. 선택 영역이 지정된 경우 활성화되지 않습니다.

- Type: 돌출 유형을 선택합니다(Blocks 블럭/Pyramids 피라미드).

▲ 원본　　　　　　　　▲ Blocks 적용　　　　　　▲ Pyramids 적용

- Size: 돌출 사이즈를 설정합니다.

▲ 50 적용　　　　　　　▲ 100 적용　　　　　　　▲ 200 적용

- Depth: 돌출되는 깊이를 설정합니다(Random 돌출되는 깊이가 랜덤합니다. / Level-based 밝은 부분을 어두운 부분보다 더 돌출시킵니다).

▲ Random 적용　　　　　▲ Level-based 적용

- Solid Front Faces: 전면을 단일 색으로 칠합니다.
- Mask Incomplete Blocks: 선택 영역 바깥으로 벗어난 개체를 모두 숨깁니다.

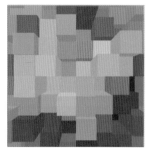  

▲ Solid Front Faces 체크   ▲ Mask Incomplete Blocks 체크   ▲ Solid Front Faces와 Mask
　　　　　　　　　　　　　　　　　　　　　　　　　　　　　　　　　　　Incomplete Blocks 모두 체크

■ **Find Edges** 가장자리 찾기 | 이미지에서 뚜렷한 변환이 일어난 영역을 식별하고 가장 자리를 강조합니다.

▲ 원본   ▲ Find Edges 적용

■ **Oil Paint** 유화 | 유화로 그린 듯한 효과를 줍니다.

▲ 원본   ▲ Oil Paint 적용

- Brush: 브러시 세부 설정을 조절합니다.
  - Stylization: 스타일화를 설정합니다.
  - Cleanliness: 정확성을 설정합니다.
  - Scale: 비율을 설정합니다.
  - Bristle Detail: 강모 상세 정보를 설정합니다.
- Lighting: 조명의 세부 설정을 조절합니다.
  - Angle: 각도를 설정합니다.
  - Shine: 빛의 양을 설정합니다.

■ **Solarize** 과대 노출 ┃ 사진을 현상하는 동안 빛에 약간 노출시키는 것과 비슷하게 네거티브 및 포지티브 이미지를 혼합합니다.

▲ 원본

▲ Solarize 적용

■ **Tiles** 타일 ┃ 이미지를 타일 형식으로 분할합니다.

▲ 원본

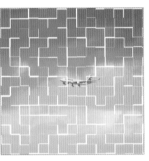
▲ Tiles 적용

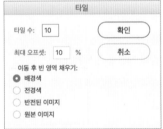

- Number Of Tiles : 타일 수를 설정합니다.
- Maximum Offset : 최대 오프셋을 설정합니다.
- Fill Empty Area With : 타일과 타일 사이를 채우는 방식을 선택합니다.
  - Background Color : 배경색
  - Foreground Color : 전경색
  - Inverse Image : 반전된 이미지
  - Unaltered Image : 원본 이미지

■ **Trace Contour** 윤곽선 추적 | 각 채널마다 주요 명도를 추적하여 가는 선을 그립니다.

▲ 원본

▲ Trace Contour 적용

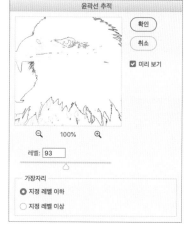

• Level: 색상 레벨을 설정합니다.

• Edge: 가장자리 처리 방식을 선택합니다.

　– Lower: 지정 레벨 이하는 픽셀의 색상 값이 지정된 레벨보다 낮은 영역의 윤곽선을 그립니다.

　– Upper: 지정 레벨 이상은 픽셀의 색상 값이 지정된 레벨보다 높은 영역의 윤곽선을 그립니다.

■ **Wind** 바람 | 이미지에 가는 가로선을 주어 바람에 날리는 효과를 만듭니다.

▲ 원본

▲ Wind 적용

- Method: 바람의 방법을 선택합니다.
  - Wind: 바람
  - Blast: 강풍
  - Stagger: 돌풍

▲ Wind   ▲ Blast   ▲ Stagger 적용

- Direction: 바람의 방향을 선택합니다.
  - From the Right: 오른쪽에서
  - From the Left: 왼쪽에서

▲ From the Right   ▲ From the Left 적용

Video 비디오 필터

- **De-Interlace 인터레이스 제거** | 비디오 이미지에서 홀수 또는 짝수 번째의 인터레이스 선을 제거하여 비디오에서 캡처한 이미지를 매끄럽게 합니다.

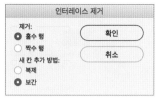

- Eliminate: 제거할 행을 선택합니다.
  - Odd Lines: 홀수 행
  - Even Lines: 짝수 행
- Create New Fields by: 제거한 선을 대체할 방법을 선택합니다.
  - Duplication: 복제
  - Interpolation: 보간

- **NTSC Colors NTSC 색상** | 채도가 너무 높은 색상을 텔레비전에서 재현할 수 있는 영역으로 제한합니다.

Other 기타 자신만의 필터를 만들고 마스크를 수정하거나 선택 영역에 오프셋 효과를 주거나 신속하게 색상을 조정할 수 있습니다.

- **Custom 사용자 정의** | 사용자가 필터 효과를 디자인합니다.
- **High Pass 하이 패스** | 선명한 색상 변환이 일어나는 곳에서 가장자리를 남기고 나머지 이미지를 삭제합니다.
- **HSB/HSL** | 매개 변수를 변경합니다.
- **Maximum 최대값** | 흰색 영역을 확장하고 검은 영역을 줄여 팽창 효과를 냅니다.
- **Minimum 최소값** | 흰색 영역을 줄이고 검정 영역을 확장하여 경계 감소 효과를 냅니다.
- **Offset 오프셋** | 지정된 수평 방향과 수직 방향의 양만큼 선택 영역을 이동합니다.

File · Edit · Image · Layer · Type · Select · Filter · View · Windows · Help

View 보기

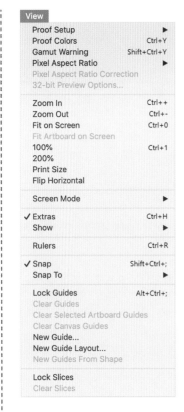

인쇄와 미리 보기를 설정하는 메뉴

Proof Setup 저해상도 인쇄 설정 | 출력 조건을 설정해 인쇄될 모습을 미리 확인할 수 있습니다.

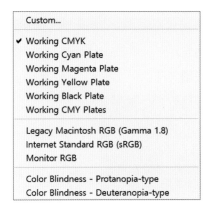

- **Custom 사용자 정의** | 색상 값 또는 출력될 장치를 사용자가 선택하여 출력될 이미지를 미리 보기 합니다.

- **Working CMYK** | 작업 중인 화면을 인쇄용(CMYK) 화면으로 미리 보기 합니다.

▲ 원본　　　　　　　　　　▲ Working CMYK 적용

- **Working Cyan Plate** | 작업 중인 화면을 C(청록) 플레이트로 미리 보기 합니다.
- **Working Magenta Plate** | 작업 중인 화면을 M(자홍) 플레이트로 미리 보기 합니다.
- **Working Yellow Plate** | 작업 중인 화면을 Y(노랑) 플레이트로 미리 보기 합니다.

- **Working Black Plate** ｜ 작업 중인 화면을 K(검정) 플레이트로 미리 보기 합니다.
- **Working CMY Plates** ｜ 작업 중인 화면을 CMY 플레이트로 미리 보기 합니다.
- **Legacy Macintosh RGB (Gamma 1.8)** ｜ 레거시 Macintosh RGB (감마 1.8) 보기
- **Internet Standard RGB (sRGB)** ｜ 인터넷 표준 RGB(sRGB) 보기
- **Monitor RGB** ｜ 모니터 RGB 보기
- **Color Blindness–Protanopia–type** ｜ 색맹–적색맹 유형 보기
- **Color Blindness–Deuteranopia–type** ｜ 색맹–녹색맹 유형 보기

▲ Color Blindness–Protanopia–type　　▲ Color Blindness 적용

Proof Colors 저해상도 인쇄 색상 `Ctrl`+`Y` 설정된 저해상도 인쇄 색상을 미리보기 합니다.

Gamut Warning 색상 영역 경고 `Shift`+`Ctrl`+`Y` 인쇄 시 표현할 수 없는 부분을 회색으로 표시합니다. 색상 영역 경고에 사용되는 색상은 [Preference > Transparency & Gamut]에서 변경 가능합니다.

▲ 원본　　　　　　　　　　　▲ Gamut Warning 적용

▲ Transparency & Gamut

▲ 표시되는 색상을 변경한 모습

Pixel Aspect Ratio 픽셀 종횡비 가로와 세로의 비율을 교정할 때 사용합니다. 미리 보기 화면만 변하며 실제 이미지의 사이즈는 변하지 않습니다.

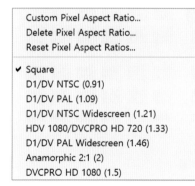

▪ **Custom Pixel Aspect Ratio** ┃ 사용자 정의 픽셀 종횡비를 설정합니다.

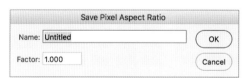

▪ **Delete Pixel Aspect Ratio** ┃ 선택한 픽셀 종횡비를 삭제합니다.

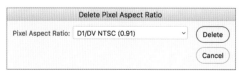

▪ **Reset Pixel Aspect Ratio** ┃ 픽셀 종횡비 재설정합니다.

여기서
잠깐

픽셀 종횡비 사용 중 발생하는 알림, 경고 메시지 _ □ ✕

Adobe Photoshop

Replace current pixel aspect ratios with the default values?

Append　　　　Cancel　　　　OK

Adobe Photoshop

현재 픽셀 종횡비를 기본값으로 바꾸시겠습니까?

첨부　　　　취소　　　　확인

- **알림:** 현재 픽셀 종횡비를 기본 값으로 바꿀지를 묻는 알림창입니다.

- **Square** ㅣ 정사각형으로 설정합니다.
- **D1/DV NTSC (0.91)** ㅣ 0.91:1로 픽셀 종횡비를 설정합니다.
- **D1/DV PAL (1.09)** ㅣ 1.09:1로 픽셀 종횡비를 설정합니다.

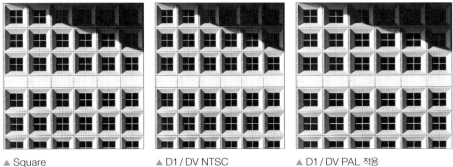

▲ Square　　　　　▲ D1 / DV NTSC　　　　　▲ D1 / DV PAL 적용

- **D1/DVNTSC Widescreen (1.21)** ㅣ 1.12:1로 픽셀 종횡비를 설정합니다.
- **HDV 1080/DVCPRO HD 720 (1.33)** ㅣ 1.33:1로 픽셀 종횡비를 설정합니다.
- **D1/DV PAL Widescreen (1.46)** ㅣ 1.46:1로 픽셀 종횡비를 설정합니다.

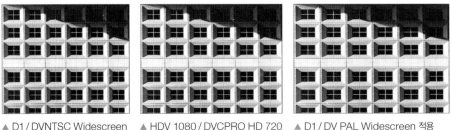

▲ D1 / DVNTSC Widescreen　　▲ HDV 1080 / DVCPRO HD 720　　▲ D1 / DV PAL Widescreen 적용

- **Anamorphic 2:1 (2)** ㅣ 2:1로 픽셀 종횡비를 설정합니다.
- **DVCPRO HD 1080 (1.5)** ㅣ 1.5:1로 픽셀 종횡비를 설정합니다.

▲ Anamorphic

▲ DVCPRO HD 1080 적용

Pixel Aspect Ratio Correction 픽셀 종횡비 교정 체크 시 픽셀 종횡비를 Custom Pixel Aspect Ratio에서 설정한 픽셀 교정비로 교정하여 보여줍니다. 미리 보기 화면만 변하며 실제 이미지의 사이즈는 변하지 않습니다. 픽셀 종횡비를 설정한 경우 활성화됩니다.

여기서 잠깐 **픽셀 종횡비 교정 사용 중 발생하는 알림, 경고 메시지**   _ □ ×

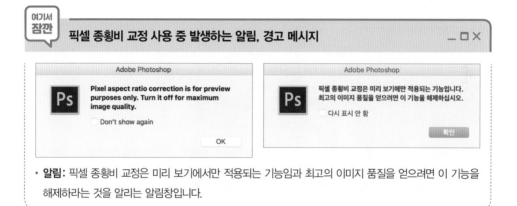

• **알림:** 픽셀 종횡비 교정은 미리 보기에서만 적용되는 기능임과 최고의 이미지 품질을 얻으려면 이 기능을 해제하라는 것을 알리는 알림창입니다.

32-bit Preview Options 32비트 미리 보기 옵션을 설정합니다. 이미지의 채널이 32비트일 때 활성화되며 [Image > Mode > 32bits/channel]을 이용해 32비트 이미지를 만들 수 있습니다.

Zoom in [Ctrl]+[+] 화면을 확대합니다.

Zoom Out [Ctrl]+[-] 화면을 축소합니다.

▲ Zoom Out 적용　　　　　▲ 원본　　　　　　　▲ Zoom in 적용

Fit on Screen [Ctrl]+[0] 화면 크기에 맞게 조정합니다.

▲ 원본　　　　　　　　　▲ Fit on Screen

Fit Artboard on Screen 화면 크기에 대지를 맞춥니다.

100% [Ctrl]+[1] 100%로 표시합니다.

200% 200%로 표시합니다.

Print Size 인쇄 시 크기를 표시합니다.

▲ 100% ▲ 200% ▲ Print Size

Flip Horizontal 가로로 뒤집기 화면을 가로로 뒤집습니다. 보이는 화면이 뒤집어진 것으로 실제 파일은 변하지 않습니다.

Screen Mode 화면 모드 화면 모드를 변경합니다.

✔ Standard Screen Mode	✔ 표준 화면 모드
Full Screen Mode With Menu Bar	메뉴 막대가 있는 전체 화면 모드
Full Screen Mode	전체 화면 모드

- **Standard Screen Mode** | 표준 화면 모드로 변경합니다.
- **Full Screen Mode With Menu Bar** | 메뉴 막대가 있는 전체 화면 모드로 변경합니다.
- **Full Screen Mode** | 전체 화면 모드로 변경합니다.

▲ 표준 화면 모드 ▲ 메뉴 막대가 있는 전체 화면 모드

File
Edit
Image
Layer
Type
Select
Filter
View
Windows
Help

▲ 전체 화면 모드

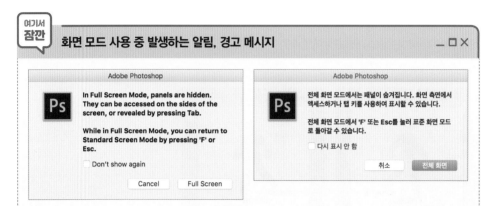
Menu 편의 기능을 제공하는 메뉴

Extras 표시자 [Ctrl] + [H] 표시자를 켜거나 끕니다.

▲ Extras 끄기

▲ Extras 켜기

Show 표시 다양한 형태의 표시자를 켜거나 끌 수 있습니다.

Ruler 눈금자 눈금자 기능을 활성화합니다. 눈금자를 드래그해 안내선을 꺼내거나 눈금자 쪽으로 안내선을 드래드하여 지울 수 있습니다.

Snap 스냅 `Shift`+`Ctrl`+`;` 스냅 기능을 활성화합니다. 스냅은 선택한 개체나 영역을 이동할 때 다른 개체와 가까워지면 자석처럼 당겨서 서로 붙는 기능입니다. 스냅 기능을 이용하면 정확한 배치가 가능합니다.

Snap To 스냅 옵션 사용할 스냅 옵션을 선택할 수 있습니다.

Lock Guides `Alt`+`Ctrl`+`;` 안내선 잠급니다.

Clear Guides 안내선을 지웁니다.

Clear Selected Artboard Guides 선택한 대지에서 안내선을 지웁니다.

Clear Canvas Guides 캔버스 안내선을 지웁니다.

New Guides 새 안내선을 만듭니다.

New Guides Layout 새 안내선 레이아웃을 만듭니다.

New Guides From Shape 모양에서 새 안내선을 만듭니다.

Lock Slices 분할 영역을 잠급니다.

Clear Slices 분할 영역을 지웁니다.

LESSON
09

File
Edit
Image
Layer
Type
Select
Filter
View
Windows
Help

Windows 창

Window	
Arrange	▶
Workspace	▶
Find Extensions on Exchange...	
Extensions	▶
3D	
Actions	Alt+F9
Adjustments	
Brush Settings	F5
Brushes	
Channels	
Character	
Character Styles	
Clone Source	
Color	F6
Glyphs	
Histogram	
History	
Info	F8
Layer Comps	
✓ Layers	F7
Learn	
✓ Libraries	
Measurement Log	
✓ Navigator	
Notes	
Paragraph	
Paragraph Styles	
Paths	
✓ Properties	
Styles	
Swatches	
Timeline	
Tool Presets	
✓ Application Frame	
✓ Options	
✓ Tools	

창	
정돈	▶
작업 영역	▶
Exchange에서 확장 프로그램 찾기...	
확장	▶
3D	
글리프	
✓ 내비게이터	
단락	
단락 스타일	
도구 사전 설정	
라이브러리	
✓ 레이어	F7
레이어 구성 요소	
막대 그래프	
메모	
문자	
문자 스타일	
복제 원본	
브러시	
브러시 설정	F5
색상	F6
색상 견본	
속성	
스타일	
액션	⌥F9
작업 내역	
정보	F8
조정	
채널	
측정 로그	
타임라인	
패스	
학습	
✓ 응용 프로그램 프레임	
✓ 옵션	
✓ 도구	

TIP 포토샵 2020에서는 그레이디언트(Gradients), 모양(Shapes), 패턴(Patterns), 스타일(Styles) 패널이 추가되면서 패널을 불러올 수 있는 메뉴도 추가되었습니다. 알아보기 497.p

패널을 관리하는 기본 메뉴

Arrange 정돈 작업 창의 정돈 방식을 설정합니다.

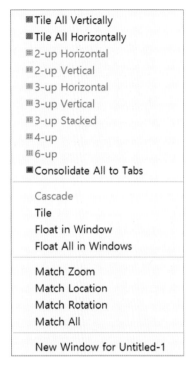

- **Tile All Vertically** ｜ 모든 창을 수직으로 나란히 놓습니다.
- **Tile All Horizontally** ｜ 모든 창을 수평으로 나란히 놓습니다.

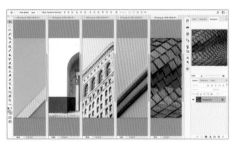 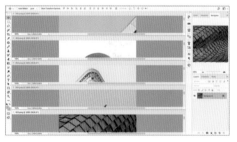

- **2-up Horizontally** ｜ 창을 수평으로 2분할합니다.
- **2-up Vertically** ｜ 창을 수직으로 2분할합니다.

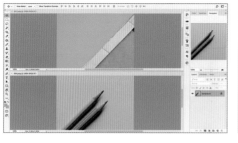
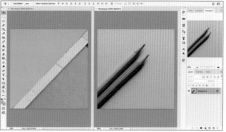

- **3-up Horizontally** | 창을 수평으로 3분할합니다.
- **3-up Vertically** | 창을 수직으로 3분할합니다.

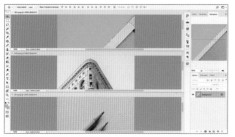
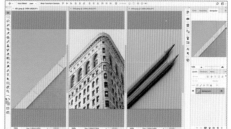

- **3-up Stacked** | 창을 3분할 스택형으로 정렬합니다.
- **4-up** | 창을 4분할합니다.

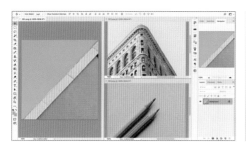
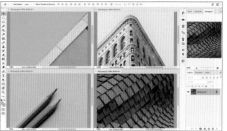

- **6-up** | 창을 6분할합니다.

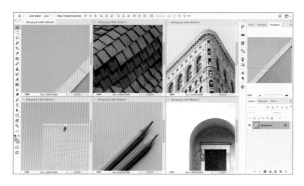

File

Edit

Image

Layer

Type

Select

Filter

View

Windows

Help

- **Consolidate All to Tabs** | 모든 창이 탭에 통합됩니다.
- **Cascade** | 창을 겹쳐 놓습니다.

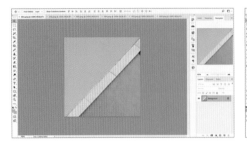 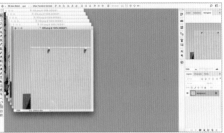

- **Tile** | 모든 창을 나란히 놓습니다.

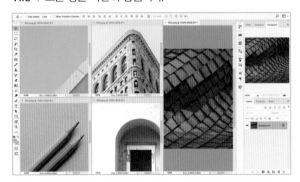

- **Float in Window** | 탭에서 창을 분리시킵니다.
- **Float All in Windows** | 탭에서 모든 창을 분리시킵니다.

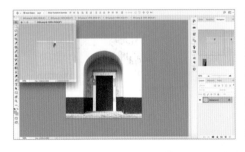 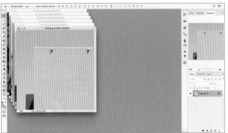

- **Match Zoom** | 모든 창의 확대/축소를 일치시킵니다.
- **Match Location** | 모든 창의 위치를 일치시킵니다.
- **Match Rotation** | 모든 창의 회전을 일치시킵니다.
- **Match All** | 모두 창의 확대/축소/위치/회전을 일치시킵니다.
- **New Window for** | 현재 작업창을 같은 탭에 복사합니다.

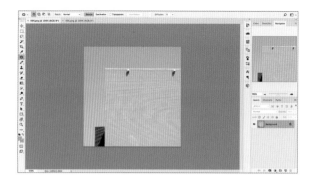

Workspace 작업 영역 설정된 값으로 작업 영역을 변경합니다.

■ **Essentials (Default)** ｜ 필수(기본값) 작업 영역으로 변경합니다.

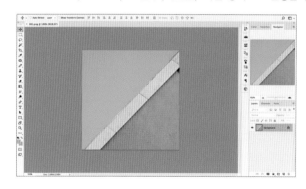

File

Edit

Image

Layer

Type

Select

Filter

View

Windows

Help

- **3D** ｜ 3D 작업에 적합한 작업 영역으로 변경합니다.

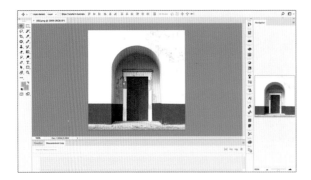

- **Graphic and Web** ｜ 그래픽 및 웹 작업에 적합한 작업 영역으로 변경합니다.

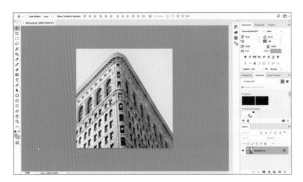

- **Motion** ｜ gif 등의 동작 작업에 적합한 작업 영역으로 변경합니다.

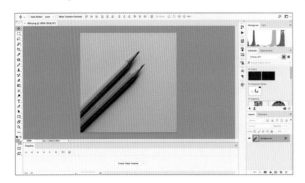

- **Painting** | 페인팅 작업에 적합한 작업 영역으로 변경합니다.

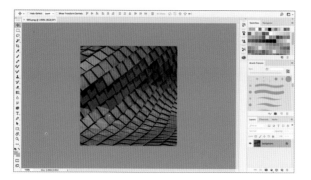

- **Photography** | 사진 작업에 적합한 작업 영역으로 변경합니다.

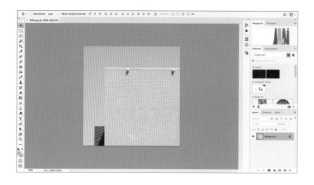

- **Reset Essentials** | 작업 영역을 재설정합니다.
- **New Workspace** | 새 작업 영역을 저장합니다.

- **Delete Workspace** | 선택한 작업 영역을 삭제합니다.

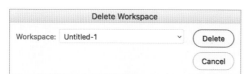

- **Keyboard Shortcuts & Menus** | 단축키 및 메뉴창을 켭니다.

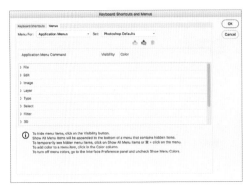 

Find Extensions On Exchange 온라인으로 확장 프로그램(플러그인)을 찾습니다.

Extensions 확장

Adobe Color Themes	Adobe Color 테마

- **Adobe Color Themes** | Adobe Color 테마 패널을 엽니다.

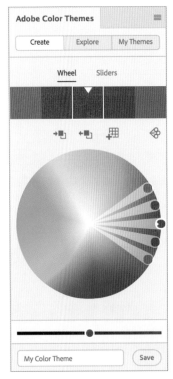 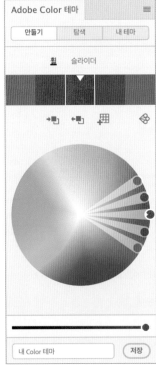

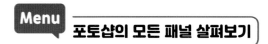

포토샵의 모든 패널 살펴보기

3D 3D 오브젝트의 옵션값을 설정할 수 있는 3D 패널을 열거나 닫습니다.

Actions [Alt]+[F9] 액션 패널을 엽니다.

 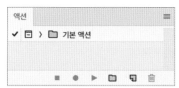

- ▪ **Stop playing / recoding** ┊ 기록을 중지합니다.
- ▪ **Begin recording** ┊ 기록을 시작합니다.
- ▪ 기록 중에는 빨간 원으로 표시됩니다.
- ▪ **Play selection** ┊ 선택한 액션/세트를 적용합니다.
- ▪ **Create new set** ┊ 새 세트/폴더를 만듭니다.
- ▪ **Create new action** ┊ 새 액션을 만듭니다.
- ▪ **Delete** ┊ 선택한 액션을 삭제합니다.

TIP 포토샵 2020에서는 Create new action과 같이 새로운 개체를 만드는 아이콘이 回으로 변경되었습니다.

Adjustments 조정 패널을 엽니다. 조정 레이어는 메뉴바의 [Image 〉 Adjustments]에 있는
효과들을 원본의 손상 없이 레이어 형태로 적용하여 이미지를 보정할 수 있습니다.

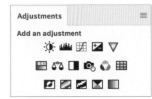 

- ⬛ ☀ **Brightness/Contrast** | 명도/대비 조정 레이어를 만듭니다.
- ⬛ ▦ **Levels** | 레벨 조정 레이어를 만듭니다.
- ⬛ ▦ **Curves** | 곡선 조정 레이어를 만듭니다.
- ⬛ ◪ **Exposure** | 노출 조정 레이어를 만듭니다.
- ⬛ ▽ **Vibrance** | 활기 조정 레이어를 만듭니다.
- ⬛ ▦ **Hue/Saturation** | 색조/채도 조정 레이어를 만듭니다.
- ⬛ ◉ **Color Balance** | 색상 균형 조정 레이어를 만듭니다.
- ⬛ ◧ **Black & White** | 흑백 조정 레이어를 만듭니다.
- ⬛ ◉ **Photo Fliter** | 포토 필터 조정 레이어를 만듭니다.
- ⬛ ◉ **Channel Mixer** | 채널 혼합 조정 레이어를 만듭니다.
- ⬛ ▦ **Color Lookup** | 색상 검색 조정 레이어를 만듭니다.
- ⬛ ◪ **Invert** | 반전 조정 레이어를 만듭니다.
- ⬛ ◪ **Posterize** | 포스터화 조정 레이어를 만듭니다.
- ⬛ ◪ **Threshold** | 한계값 조정 레이어를 만듭니다.
- ⬛ ◪ **Selective Color** | 선택 색상 조정 레이어를 만듭니다.
- ⬛ ◧ **Gradient Map** | 그레이디언트 맵 조정 레이어를 만듭니다.

Brush Setting [F5] 브러시 설정 패널을 엽니다. 브러시의 모양, 크기, 재질 등을 설정하여 다양한 모양의 브러시를 만들 수 있습니다.

TIP Brushes 패널에서 [Brush Settings] 아이콘을, Brush Settings 패널에서 [브러시] 버튼을 클릭하면 두 패널을 자유롭게 이동할 수 있습니다.

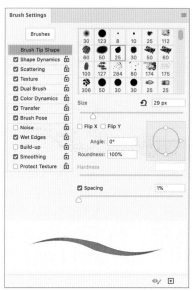

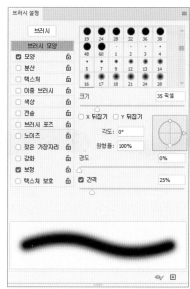

- **Brush Tip Shape** | 표준 브러시 모양 옵션을 설정합니다.
  - Size: 브러시 크기를 조절할 수 있습니다. (단축키-축소: [[ ], 확대: [ ]])
  - Flip X: 브러시를 수평으로 뒤집습니다. / Flip Y: 브러시를 수직으로 뒤집습니다.
  - Angle: 브러시 각도를 조절합니다(180~-180도 / 기본값 0도). 삼각형의 방향으로 현재 각도를 알 수 있으며 정 원형 브러시의 경우 각도에 따른 모양의 변화가 없습니다.

File　Edit　Image　Layer　Type　Select　Filter　View　Windows　Help

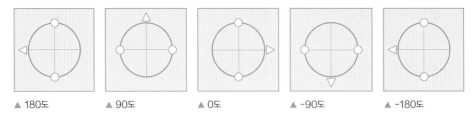

▲ 180도   ▲ 90도   ▲ 0도   ▲ -90도   ▲ -180도

- Roundness: 브러시의 원형률(폭)을 조절합니다(0~100% / 기본값 100%). 정 원형 브러시라 하더 라도 원형률과 각도를 조정한다면 다양한 느낌의 브러시를 만들 수 있습니다.

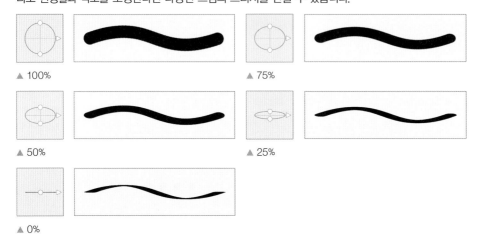

▲ 100%   ▲ 75%

▲ 50%   ▲ 25%

▲ 0%

- Hardness: 브러시의 경도를 설정합니다. 100에 가까울수록 가장자리가 명확해집니다.

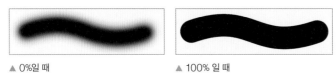

▲ 0%일 때   ▲ 100% 일 때

- Spacing: 브러시 간격을 설정합니다(1~1000% / 기본 값 25%). 선을 그을 때 매끄럽지 않고 울퉁 불퉁하다면 이 옵션을 1%로 설정하면 해결할 수 있습니다. 기본 값이 25%로 설정되어 있기 때문에 발 생하는 문제로 지우개 툴을 사용할 때에도 매끄럽게 외곽 부분을 지우기 위해서는 이 옵션을 꼭 1%로 바꿔줘야 합니다.

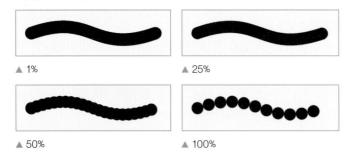

▲ 1%   ▲ 25%

▲ 50%   ▲ 100%

▲ 200%

- Shape Dynamics: 모양 변형 조정을 설정합니다.

- Size Jitter: 임의로 브러시 크기의 변화 정도를 조절합니다(0~100% / 기본값 0%).

▲ Size Jitter 적용 전   ▲ Size Jitter 적용 후

- Minimum Diameter: 최소 브러시 직경 설정(Control-Off일 때는 활성화되지 않습니다).
- Tilt Scale: 브러시 기울이기 비율 설정(Control-Pen Tilt일 때 활성화됩니다).
- Angle Jitter: 브러시 각도가 임의로 변경되는 정도를 설정합니다.

▲ Angle Jitter 적용 전   ▲ Angle Jitter 적용 후

- Roundness Jitter: 임의로 브러시 원형률의 변화 정도를 조절합니다.

▲ Roundness Jitter 적용 전   ▲ Roundness Jitter 적용 후

- Minimum Roundness: 최소 브러시 원형율을 설정합니다.

- Flip X Jitter: 수평 지터 뒤집기 사용

- Flip Y Jitter: 수직 지터 뒤집기 사용

- Brush Projection: 브러시 투영 사용

■ **Scattering 분산** ㅣ 분산 및 개수를 조정합니다.

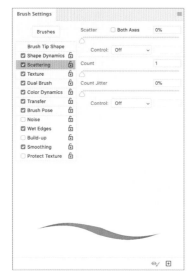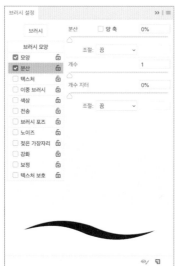

- Both Axes: 체크 시 양 방향으로 분산됩니다.

- Scatter: 브러시가 임의로 분산되는 정도를 조절합니다.

▲ Scatter 적용 전   ▲ Scatter 적용 후

- Count: 임의로 분산되는 브러시 모양의 빈도 수를 설정합니다.

- Count Jitter: 임의로 분산되는 브러시 모양의 정도를 설정합니다.

■ **Texture 텍스처** | 텍스처가 적용된 브러시를 만들 때 사용합니다.

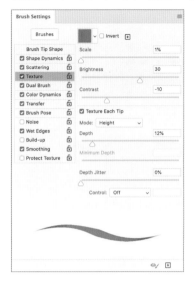

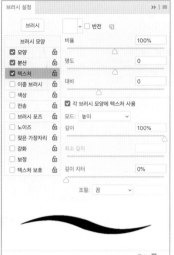

- : 텍스처를 선택합니다.

- Invert : 텍스처를 반전합니다.

- : 지금 설정으로 텍스처를 저장합니다.

- Scale : 텍스처의 크기를 설정합니다(브러시의 크기는 그대로입니다).

- Brightness : 텍스처 밝기를 설정합니다.

- Contrast : 텍스처 대비값을 설정합니다.

- Texture Each Tip : 선택된 텍스처를 각 브러시 모양에 개별적으로 적용합니다. 미체크 시 브러시 획 전체에 텍스처가 적용됩니다.

- Mode: Height : 브러시와 텍스처의 합성 모드를 선택합니다. 합성 모드는 규칙성을 가지고 있으나 색에 따라 생각지 못한 효과를 주는 경우가 많으므로 예시를 보기보다는 직접 적용해 보는 것이 좋습니다.

- Depth : 텍스처가 적용되는 깊이를 설정합니다. 100%에 가까울수록 텍스처가 잘 보입니다.

- Minimum Depth : 텍스처가 적용되는 최소 깊이를 설정합니다(Control-Off일 때는 활성화되지 않습니다).

- Depth Jitter : 불규칙적으로 텍스처가 적용되는 깊이를 설정합니다.

■ **Dual Brush** 이중 브러시 | 두 가지 브러시를 결합하여 하나의 브러시를 만듭니다.

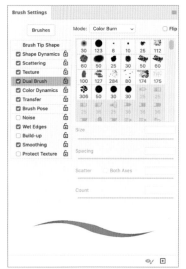 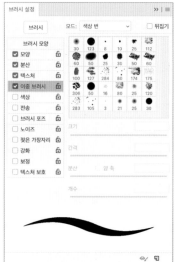

- Mode: Color Burn ∨ : 브러시와 이중 브러시 사이의 합성 모드를 선택합니다.

- ☑ Flip : 임의 브러시 뒤집기 사용

- Size : 이중 브러시 크기를 설정합니다.

- Spacing : 이중 브러시 간격을 설정합니다.

- Scatter : 간격 분산 설정 / Both Axes : 체크 시 이중 브러시가 방사형/미체크 시 브러시 획 패스의 수
  직으로 분산합니다.

- Count : 매 간격마다 적용되는 이중 브러시의 수를 설정합니다.

■ **Color Dynamics 색상** ┃ 칠할 때마다 불규칙적으로 색상이 변하는 브러시를 만듭니다. 전경색과 배경색을 기본으로 임의의 색상 값을 설정합니다.

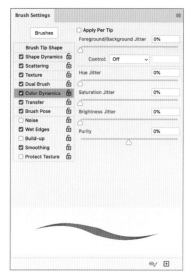 

- ☐ Apply Per Tip : 체크–첫 터치 색상으로 계속 드로잉/미체크–드로잉 중 색상이 계속해서 변화합니다.

- 🖼 : 오른쪽처럼 전경색과 배경색을 지정했을 때 옵션별 변화 값입니다.

- Foreground/Background Jitter : 수치가 높을수록 배경색이 섞이는 비율이 늘어납니다.

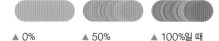

▲ 0%　　　▲ 50%　　　▲ 100%일 때

   – Control : 타블렛 사용 시 펜의 압력 및 기울기 등을 조절할 수 있습니다.

- Hue Jitter : 색상 조절–수치가 높을수록 다양한 색상이 나타납니다.

▲ 0%　　　▲ 50%　　　▲ 100%일 때

- Saturation Jitter : 채도 조절–수치가 높을수록 다양한 채도가 나타납니다.

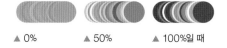

▲ 0%　　　▲ 50%　　　▲ 100%일 때

- Brightness Jitter : 명도 조절–수치가 높을수록 다양한 명도가 나타납니다.

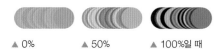

▲ 0%　　　▲ 50%　　　▲ 100%일 때

• Purity: 순도 조절−수치가 높을수록 순도가 높은 색상이 나타납니다.

▲ 0%　　　　　▲ 50%　　　　　▲ 100%일 때

■ **Transfer** ｜ 드로잉 시 불투명도가 임의로 변하는 브러시를 만듭니다.

• Opacity Jitter: 불투명도를 조절합니다. 수치가 높을수록 변화가 큽니다.

• Control: 타블렛 압력 사용 시 설정값을 사용합니다.

• Minimum: Control 사용 시 최소 브러시 불투명도를 설정합니다.

• Flow Jitter: 흐름을 임의 설정합니다.

• Control: 흐름의 동적 제어를 설정합니다.

• Minimum: Control 사용 시 최소 브러시 흐름을 설정합니다.

• Wetness Jitter: 젖은 정도를 임의 설정합니다.

• Control: 젖은 정도의 동적 제어를 설정합니다.

• Minimum: 최소 브러시의 젖은 정도를 설정합니다.

• Mix Jitter: 혼합 임의 설정(혼합 브러시 사용 시 활성화됩니다).

• Control: 혼합의 동적 제어를 설정합니다.

• Minimum: Control 사용 시 최소 브러시 혼합을 설정합니다.

- **Brush Pose** 브러시 포즈 | 브러시에 대한 포즈 조정

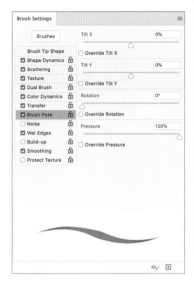 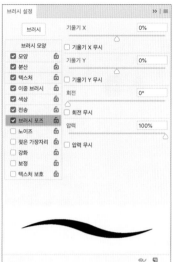

- Tilt X: 기본 브러시 스타일러스 X 포즈 설정
- Override Tilt X : 스타일러스 기울기 X 데이터 무시
- Tilt Y: 기본 브러시 스타일러스 Y 포즈 설정
- Override Tilt Y : 스타일러스 기울기 Y 데이터 무시
- Rotation: 기본 브러시 스타일러스 회전 설정
- Override Rotation : 스타일러스 회전 데이터 무시
- Pressure: 기본 브러시 스타일러스 압력 설정
- Override Pressure : 스타일러스 압력 데이터 무시

- **Noise** | 브러시 모양에 노이즈를 추가합니다.
- **Wet Edges** | 브러시 획의 가장자리를 강조합니다.
- **Build-up** | 에어브러시 스타일 강화 효과를 사용합니다.
- **Smoothing** | 마우스 패스를 매끄럽게 합니다.
- **Protect Texture** | 브러시 사전 설정을 적용할 때 텍스처 패턴을 유지합니다.

Brushes 브러시 패널을 엽니다.

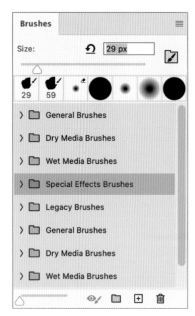 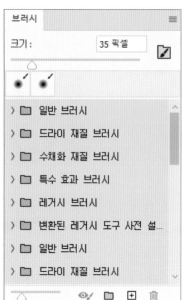

- | 브러시 설정 패널 열고 닫습니다.
- | 브러시 미리 보기 크기를 조절합니다.
- | 브러시 미리 보기 켜기/끄기
- | 새로운 브러시 그룹을 만듭니다.
- | 새로운 브러시를 만듭니다.
- | 선택한 브러시를 삭제합니다.

Channels 채널 패널을 엽니다. 색상 채널을 관리하고 알파 채널, 별색 채널을 만들 수도 있습니다.

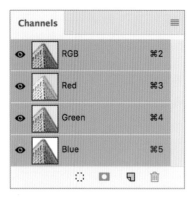 

- ⊙ | 채널을 선택 영역으로 불러옵니다.
- ▣ | 선택 영역을 채널로 저장합니다.
- ▣ | 새 채널을 만듭니다.
- 🗑 | 선택한 채널을 삭제합니다.

> **TIP** 채널이란?
>
> 채널은 색상 정보를 가지고 있는 이미지를 말하며 이미지 모드(RGB, CMYK, Lab 등)에 따라 다양한 채널이 있습니다. 각각의 채널은 흰색과 검정 사이의 회색 음영으로 표시되며 채널을 이용해 특정 색상 영역을 선택 영역으로 지정할 수도 있습니다.

Character 문자 패널을 엽니다. 글자의 모양, 크기, 색상 등의 다양한 옵션 값을 설정할 수 있습니다.

- NanumGothicOTF | 글꼴을 선택합니다.
- Bold | 글꼴 스타일을 설정합니다.
- ᵀT | 글꼴 크기를 설정합니다.
- 🔼 | 행간을 설정합니다.
- V/A | 두 문자 간의 커닝을 설정합니다. 커닝은 글자의 외형에 따라 글자 사이의 거리를 조절하는 기능으로 폰트에 커닝 설정이 있을 경우 사용이 가능합니다.

- ■ ⅦA | 선택 문자의 자간을 설정합니다.
- ■ ⅠT | 세로 비율을 설정합니다.
- ■ Ⅰ | 가로 비율을 설정합니다.
- ■ A⁴ | 기준선 이동을 설정합니다.
- ■ Color:▬ | 텍스트의 색상을 설정합니다.
- ■ Ⅰ | 볼드(굵게)를 적용합니다.

Adobe Photoshop **Adobe Photoshop**

▲ 볼드 미적용   ▲ 볼드 적용

- ■ Ⅰ | 이탤릭(기울게)을 적용합니다.

Adobe Photoshop

▲ 이탤릭 적용

- ■ TT | 대문자로 변경합니다. 소문자를 대문자로 표시합니다.

ADOBE PHOTOSHOP

▲ 대문자 적용

- ■ Tr | 작은 대문자를 적용합니다. 소문자를 작은 대문자로 표시합니다.

ADOBE PHOTOSHOP

▲ 작은 대문자 적용

- ■ T¹ | 위 첨자를 적용합니다.

Adobe Photoshop

▲ 위 첨자 적용

- ■ T₁ | 아래 첨자를 적용합니다.

Adobe Photoshop

▲ 아래 첨자 적용

- $\underline{\text{T}}$ | 밑줄을 적용합니다.

Adobe Photoshop

▲ 밑줄 적용

- $\overline{\text{T}}$ | 취소선을 적용합니다.

A̶d̶o̶b̶e̶ ̶P̶h̶o̶t̶o̶s̶h̶o̶p̶

▲ 취소선 적용

- **fi** **Standard Ligatures** 표준 합자 | fi, fl, ff, ffi, ffl과 같은 연속된 특정 문자를 입력할 경우 하나의 합자로 표시합니다. 합자는 두 개 이상의 문자가 합쳐져 하나의 글자 모양을 형성하는 것을 말합니다. 연결된 것처럼 보일뿐 각각의 문자를 편집할 수 있으며 철자 검사 시에도 오류로 표시되지 않습니다.

fi fl ff ffi ffl
fi fl ff ffi ffl

- **𝒪** **Contextual Alternates** 상황에 맞는 대체물 사용 | 상황에 따라 서체에 포함된 대체 문자를 이용해 글자와 글자 사이를 매끄럽게 연결하여 표시합니다.

- **st** **Discretionary Ligatures** 임의 합자 | ct, st, ft, Th, Ph와 같은 연속된 특정 문자를 입력할 경우 하나의 합자로 표시합니다.
- **𝒜** **Swash** 스와시 | 특정 문자를 화려하고 과장된 형태로 표시합니다.

Apple Apple

- **ad** **Stylistic Alternates** 스타일 대체 | 특정 문자의 장식 효과를 대체하여 표시합니다.

Big Big

- **T** **Titling Alternates** 제목 대체 | 제목 대체를 사용합니다.
- **1st** **Ordinals** 서수 | 위 첨자 문자를 사용하여 1st 및 2nd와 같은 서수를 자동 표시합니다.

1st 1st

File
Edit
Image
Layer
Type
Select
Filter
View
Windows
Help

- **½ Fractions 분할** | 숫자 사이에 /(슬러시)를 입력하여 분수 등을 표시합니다.

1/2 ½

- **English: USA ∨** | 사용하는 문자를 선택합니다. 이는 하이픈 넣기 및 맞춤법 검사를 위해 사용됩니다.
- **aa** | 앤티 앨리어스 방식을 선택합니다.

▲ None 적용 시   ▲ Sharp, Crisp, Strong, Smooth 적용 시

(None 이외에는 적용 후 모습의 차이가 크지 않으므로 하나씩 선택해 보며 상황에 맞는 효과를 사용합니다.)

- 글꼴의 아이콘 모양으로 **O** 오픈타입과 **Tt** 트루타입 글꼴을 구분할 수도 있습니다.

- 별표시를 클릭하여 **★** 즐겨찾기한 글꼴과 **☆** 일반 글꼴을 구분할 수도 있습니다.

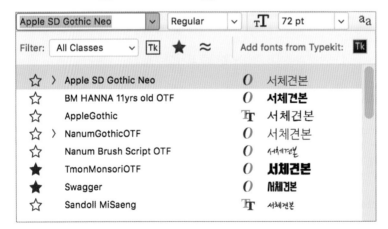

■ **Filter** | 분류별로 글꼴을 구분해 보여줍니다.

■ | Typekit에서 동기화된 글꼴을 표시합니다.

■ ★ | 즐겨찾기한 글꼴만 표시합니다.

■ ≈ | 현재 글꼴과 유사한 글꼴을 표시합니다.

> **TIP** 글꼴의 타입별 아이콘 모양
> - Tk : Typekit의 글꼴
> - O : OpenType
> - a : Type1
> - T : TrueType
> - SVG : OpenType SVG

Character Styles 문자 스타일 패널을 엽니다. 자주 사용하는 문자 스타일을 저장하여 다른 문자에 적용할 수 있습니다.

■ ↺ | 원래의 문자 스타일로 되돌립니다. 저장하지 않은 문자 스타일은 지워집니다.

■ ✔ | 변경한 문자 스타일을 현재 문자 스타일에 병합합니다.

■ ◱ | 현재 설정으로 새로운 문자 스타일을 만듭니다.

■ 🗑 | 선택된 문자 스타일을 삭제합니다.

Clone Source 복제한 이미지의 크기, 회전 등의 옵션을 설정할 수 있습니다. 알아보기 119.p

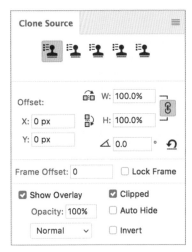

- ▪ 복제한 원본을 최대 5개까지 저장해 두고 선택해 사용할 수 있습니다.
- ▪ Offset: | 현재 마우스 커서 위치에서 복제한 이미지의 x수평/y수직 위치 값을 표시합니다.
- ▪ **WH** | 복제된 이미지의 배율을 설정합니다.
- ▪ | 가로로 뒤집어 붙여 넣습니다.
- ▪ | 세로로 뒤집어 붙여 넣습니다.
- ▪ | 복제된 이미지를 회전하여 붙여 넣습니다.
- ▪ | 회전 각도를 재설정(리셋)합니다.
- ▪ Frame Offset: | 프레임 오프셋을 설정합니다.
- ▪ Lock Frame | 소스 프레임을 잠급니다.
- ▪ Show Overlay | 마우스 커서에 복제 후 모습을 미리 표시합니다(미체크 시 Option+Shift를 이용해 일시적으로 이 기능을 사용할 수도 있습니다).
- ▪ Opacity: | 불투명도를 설정합니다.
- ▪ Clipped | 오버레이를 현재 브러시로 클립합니다.
- ▪ Auto Hide | 페인팅하는 동안 오버레이를 자동으로 숨깁니다.
- ▪ Invert | 마우스 커서의 미리보기 이미지의 색상이 반전되어 보입니다.

Color [F6] 색상 패널을 엽니다. 전경색과 배경색을 지정할 수 있습니다.

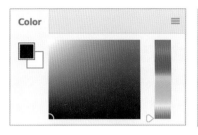 

- | 탭 아이콘을 이용해 보다 다양한 색상을 선택할 수 있습니다.

Glyphs 글리프 패널을 엽니다. 글리프란 폰트에 사용된 글자 하나하나를 의미합니다.

- ◢ ◇⎯⎯⎯◣ | 미리보기를 축소/확대합니다.
- 𝒜↓ | 글리프 크기를 축소합니다.
- 𝒜↑ | 글리프 크기를 확대합니다.

Histogram 막대그래프 패널을 엽니다. 이미지의 밝기와 색상 분포를 그래프로 표시합니다.

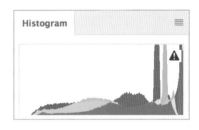 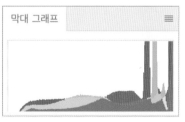

History 작업 내역 패널을 엽니다. 작업 내역을 단계별로 기록하며 이전 작업 내역으로 돌아갈 수 있습니다. 계속해서 뒤로 돌아갈 수 있는 것이 아니라 그 횟수가 정해져 있습니다.

> **TIP** [환경설정 〉 성능 〉 작업 내역 및 캐시 〉 작업 내역 상태]의 해당 수치를 변경하여 돌아갈 수 있는 횟수를 수정할 수 있습니다.

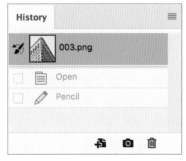

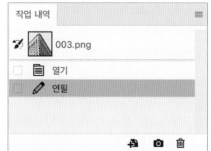

- ![] | 현재 상태에서 새로운 문서(작업창)를 만듭니다.
- ![] | 새 스냅숏을 만듭니다.
- ![] | 선택한 작업 내역/스냅숏을 삭제합니다.

Info F8 정보 패널을 엽니다. 커서의 위치와 색상 정보를 표시합니다. 도구를 선택하거나 Alt / Shift / Ctrl 을 누르면 해당 상황에 맞는 사용법(설명)이 하단에 표시됩니다. 포토샵을 처음 사용하거나 자주 사용하지 않는 기능이 필요할 때 유용합니다.

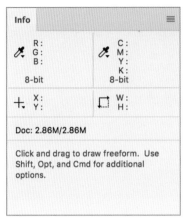 

Layer Comps 레이어 구성 요소 패널을 엽니다.

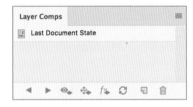 

- ◄ | 선택된 이전 레이어 구성 요소를 적용합니다.
- ► | 선택된 다음 레이어 구성 요소를 적용합니다.
- ◉ | 선택한 레이어 구성 요소 및 레이어의 가시성을 업데이트합니다.
- ✛ | 선택한 레이어 구성 요소 및 레이어의 위치를 업데이트합니다.
- ƒ | 선택한 레이어 구성 요소 및 레이어의 모양을 업데이트합니다.
- ↻ | 레이어 구성 요소를 업데이트 합니다.
- ⊡ | 새로운 레이어 구성 요소를 만듭니다.
- ⬚ | 선택한 레이어 구성 요소를 삭제합니다.

Layers F7 레이어 패널을 엽니다. 각각의 레이어를 표시하며 레이어에 다양한 효과를 적용할 수 있습니다. 레이어 패널은 [메뉴바 > 레이어]의 기능 중 자주 사용하는 기능을 모아둔 곳이며 작업 시 사용 빈도가 매우 높은 패널 중 하나입니다.

File
Edit
Image
Layer
Type
Select
Filter
View
Windows
Help

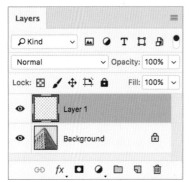

-  | 필터 유형을 선택합니다.

- | 픽셀 레이어용 필터

- | 조정 레이어용 필터

- T | 문자 레이어용 필터

- | 모양 레이어용 필터

- | 고급 개체용 필터

- | 레이어 필터링을 켜기/끄기

- Normal | 레이어 혼합 모드를 설정합니다.

- Opacity: | 불투명도를 조절합니다.

- Fill: | 칠을 조절합니다.

- Lock: | 잠그기를 설정합니다.

- | 투명픽셀을 잠급니다.

- | 이미지 픽셀을 잠급니다.

- | 위치를 잠급니다.

- | 대지 내부 및 외부에 자동 중첩을 방지합니다.

- | 모두 잠급니다.

- | 레이어 가시성 켜기/끄기(**TIP** 레이어 눈을 끄고 저장하면 파일 용량이 줄어듦)

- | 레이어를 연결합니다.

- fx | 레이어 스타일을 추가합니다.

- | 레이어 마스크를 추가합니다.

- | 새 칠 또는 조정 레이어를 만듭니다.

- | 새 그룹을 만듭니다.

- | 새 레이어를 만듭니다(포토샵 2020에서는 아이콘이 으로 변경되었습니다).

- | 레이어를 삭제합니다.

Learn 학습 어도비에서 제공하는 따라 하기 강좌를 이용해 보다 쉽게 포토샵을 학습할 수 있습니다.

Libraries 라이브러리 패널을 엽니다.

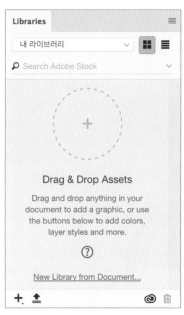 

■ | 내 라이브러리 ⌄ | | 내 라이브러리를 선택합니다.

■ ▦ | 항목을 아이콘으로 표시합니다.

■ ☰ | 항목을 목록으로 표시합니다.

- ■ ⌕ | Adobe Stock에서 검색합니다.
- ■ ⊞ | 문서에서 라이브러리로 추가할 수 있는 내용을 표시합니다.
- ■ ⬆ | 문서에서 라이브러리를 새로 만듭니다.
- ■ ◉ | 라이브러리를 동기화/비활성화합니다.
- ■ 🗑 | 라이브러리를 삭제합니다.

Measurement Log 측정 로그 패널을 엽니다.

- ■ Record Measurements | 측정 기록
- ■ ⊟ | 모든 측정을 선택합니다.
- ■ ⊟ | 모든 측정 선택을 해제합니다.
- ■ ⊡ | 선택한 측정을 내보냅니다.
- ■ 🗑 | 선택한 측정을 삭제합니다.

Navigator 내비게이터 패널을 엽니다. 이미지를 확대하거나 축소할 수 있으며 현재 작업창이 원본의 어느 부분을 보여주는지 표시합니다.

- ■ ▲ ◇ ▲ | 축소/확대 슬라이더를 이용해 화면 배율을 조정할 수 있습니다.

Notes 메모 패널을 엽니다.

- ■ ⬅ | 이전 메모를 선택합니다.
- ■ ➡ | 다음 메모를 선택합니다.
- ■ 🗑 | 메모를 삭제합니다.

Paragraph 단락 패널을 엽니다. 단락 정렬 방법 등을 설정합니다.

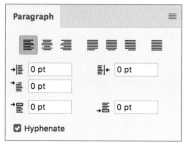
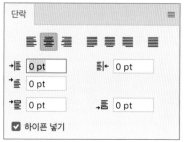

- ■ ▤ | 텍스트를 왼쪽 정렬합니다.
- ■ ▤ | 텍스트를 중앙 정렬합니다.
- ■ ▤ | 텍스트를 오른쪽 정렬합니다.
- ■ ▤ | 마지막 줄을 왼쪽 강제 정렬합니다.
- ■ ▤ | 마지막 줄을 중앙 강제 정렬합니다.
- ■ ▤ | 마지막 줄을 오른쪽 강제 정렬합니다.
- ■ ▤ | 모두 강제 정렬합니다.
- ■ ▤| | 왼쪽 여백을 들여 씁니다. / |▤ : 오른쪽 여백을 들여 씁니다.
- ■ ▤ | 첫 줄을 들여 씁니다.
- ■ ▤ | 단락 앞에 공간을 추가합니다. / ▤ : 단락 뒤에 공간을 추가합니다.
- ■ ☑ Hyphenate | 자동으로 하이픈을 넣습니다.

File
Edit
Image
Layer
Type
Select
Filter
View
Windows
Help

Paragraph Styles 단락 스타일 패널을 엽니다. 자주 사용하는 단락 스타일을 저장할 수 있으며 선택한 단락에 미리 만들어 둔 단락 스타일을 적용할 수 있습니다.

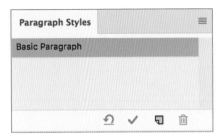 

- 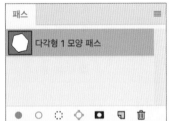 | 원래의 단락 스타일로 되돌립니다. 저장하지 않은 단락 스타일은 지워집니다.
- | 변경한 단락 스타일을 현재 문자 스타일에 병합합니다.
- | 현재 설정으로 새로운 단락 스타일을 만듭니다.
- | 선택된 단락 스타일을 삭제합니다.

Paths 패스 패널을 엽니다. 패스를 저장하고 관리할 수 있습니다.

- | 전경색으로 패스를 칠합니다.
- | 브러시로 획 패스를 만듭니다.
- | 패스를 선택 영역으로 지정합니다.
- | 선택 영역을 패스로 만듭니다.
- | 마스크를 추가합니다.
- | 새 패스를 만듭니다.
- | 선택한 패스를 삭제합니다.

Properties 속성 패널을 엽니다.

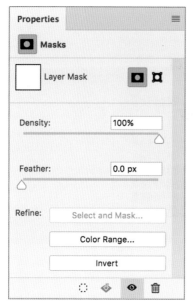 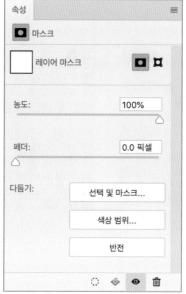

Styles 스타일 패널을 엽니다.

- 🗑 | 적용된 스타일을 지웁니다.
- 🗐 | 새로운 스타일을 만듭니다.
- ⊘ | 선택한 스타일을 삭제합니다.

Swatches 색상 견본 패널을 엽니다. 자주 사용하는 색상이 모여 있으며 사용자 색상을 추가하거나 삭제할 수 있습니다.

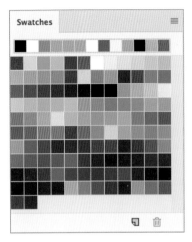 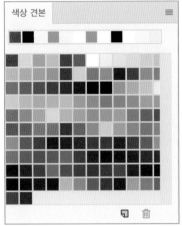

- ■ 🗂 ㅣ 현재 전경색을 색상 견본에 추가합니다.
- ■ 🗑 ㅣ 선택한 색상 견본을 휴지통으로 드래그하여 삭제합니다.

Timeline 타임 라인 패널을 엽니다. gif 애니메이션을 만들 수 있습니다. CS3 이전 버전에 있던 이미지 레디와 이후 버전에 있는 Animation 패널의 기능을 대체합니다.

 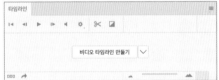

- ■ |◀ ㅣ 첫 번째 프레임으로 이동합니다.
- ■ ◀| ㅣ 이전 프레임으로 이동합니다.
- ■ ▶ ㅣ 재생합니다.
- ■ |▶ ㅣ 다음 프레임으로 이동합니다.
- ■ ◀ ㅣ 오디오를 재생하거나 소거합니다.
- ■ ⚙ ㅣ 재생 옵션을 설정합니다.
- ■ ✂ ㅣ 플레이 헤드에서 분할합니다.
- ■ ▣ ㅣ 변환을 선택하고 드래그하여 적용합니다.
- ■ Create Video Timeline ㅣ 비디오 타임 라인을 만듭니다.
- ■ ▯▯▯ ㅣ 프레임 애니메이션으로 변환합니다.

-  | 비디오를 렌더합니다.
- 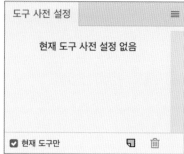 | 타임라인을 축소/확대합니다.

Tool Presets 도구 사전 설정 패널을 엽니다. 자주 사용하는 도구를 저장하고 사용할 수 있습니다.

Tool Presets ≡	도구 사전 설정 ≡
No Tool Presets Defined for Current Tool.	현재 도구 사전 설정 없음
☑ Current Tool Only 🗐 🗑	☑ 현재 도구만 🗐 🗑

- ☑ Current Tool Only | 현재 도구만 표시합니다.
- 🗐 | 새 도구 사전 설정을 만듭니다.
- 🗑 | 선택한 도구 사전 설정을 삭제합니다.

> **TIP** Applcation Frame
>
> 맥 OS에만 있는 기능으로 응용 프레임 보기를 켜거나 끕니다.

▲ Applcation Frame-미체크 적용

옵션 & 도구 패널

Options 옵션 패널을 엽니다.

Tools 도구 패널을 엽니다.

■ 현재 열려 있는 창의 이름이 표시됩니다. 열린 창이 없다면 이 메뉴는 표시되지 않습니다.

LESSON 10

Help 도움말

Home 작업 중 클릭하면 포토샵 시작 화면이 표시됩니다.

Photoshop Help F1 어도비 사이트에서 포토샵 도움말을 찾습니다.

Photoshop Tutorials 어도비 사이트에서 포토샵 튜토리얼 등을 찾습니다.

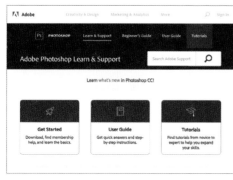

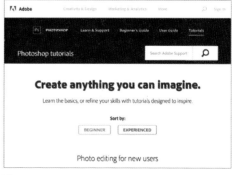

▲ Photoshop Online Help / Photoshop CC Learn and Support

About Photoshop CC 포토샵 CC에 대해 알아봅니다.

About Plug-ins 확장 프로그램을 관리합니다.

System Info 시스템 정보를 확인합니다.

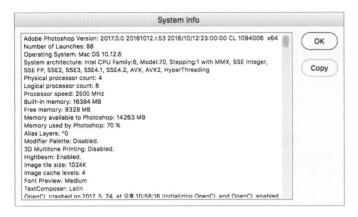

Manage My Account 내 계정을 관리합니다.

Sign Out (사용자 아이디가 표시 됩니다.) 계정을 로그아웃합니다.

Updates 업데이트가 있는지 확인합니다.

진솔한 서평을 올려 주세요!

이 책 또는 이미 읽은 제이펍의 책이 있다면, 장단점을 잘 보여 주는 솔직한 서평을 올려 주세요.
매월 최대 5건의 우수 서평을 선별하여 원하는 제이펍 도서를 1권씩 드립니다!

- **서평 이벤트 참여 방법**
  ❶ 제이펍 책을 읽고 자신의 블로그나 SNS, 각 인터넷 서점 리뷰란에 서평을 올린다.
  ❷ 서평이 작성된 URL과 함께 review@jpub.kr로 메일을 보내 응모한다.

- **서평 당선자 발표**
  매월 첫째 주 제이펍 홈페이지(www.jpub.kr) 및 페이스북(www.facebook.com/jeipub)에 공지하고,
  해당 당선자에게는 메일로 개별 연락을 드립니다.

독자 여러분의 응원과 채찍질을 받아 더 나은 책을 만들 수 있도록 도와주시기 바랍니다.

포토샵
신기능 소개

포토샵 2020에서 도구의 사용 편의 기능이 대거 업데이트되면서 아이패드용 포토샵이 출시되었습니다. 이로써 아이패드에서도 데스크톱과 같은 작업 환경을 이용할 수 있게 되었죠. 그리고 2020년 10월 포토샵 CC 2021 [코드네임 7π(파이)]가 출시되었습니다. 이번 업데이트의 가장 큰 특징은 어도비 인공지능 기능인 어도비 센세이(Adobe Sensei)를 활용한 기능 추가입니다.

TIP 이 책은 포토샵 CC 2019와 2020 일부를 기준으로 하며, 2021 신기능은 책 본문에 포함되어 있지 않습니다.

▲ 포토샵 2020 시작 화면

▲ 포토샵 2021 시작 화면

Neural Filters

클릭과 드래그 몇 번으로 번거롭고 어려운 과정 없이 피부 상태와 나이, 표정, 머리 스타일 등을 자연스럽게 변경할 수 있습니다(메뉴바의 [필터 〉 Neural Filters]).

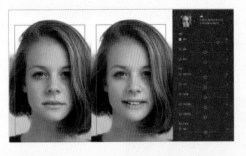

새로운 검색 패널

탐색 기능을 이용해 포토샵에서 제공하는 다양한 도움말과 강의를 포토샵에서 바로 열람할 수 있습니다(단축키 Ctrl + F 또는 메뉴바의 [도움말 〉 Photoshop 도움말]) 또한 모양, 브러시 패널 등에 검색 필드가 추가되었습니다.

하늘 대체

클릭과 드래그 몇 번으로 사진과 어울리는 다양한 하늘을 쉽게 만들고 변경할 수 있습니다(메뉴바의 [편집 〉 하늘 대체]).

패턴 미리 보기

반복되는 패턴의 변화를 실시간 미리 보기 상태로 작업할 수 있습니다. (메뉴바의 [보기 〉 패턴 미리 보기]).

그 밖의 개선된 기능

- **모양 도구** ｜ 사각형 도구, 삼각형 도구 등을 이용하여 각진 모양을 그리면 새로운 형태의 조절점이 표시되어 간편하게 모서리가 둥근 모양을 완성할 수 있습니다.
- **선택 및 마스크 개선** ｜ 개체 선택 도구 등을 선택한 후 옵션바에서 [선택 및 마스크]를 클릭하면 [가는 선 다듬기] 기능을 이용할 수 있습니다. 이제 머리카락도 좀 더 쉽게 선택할 수 있습니다.
- **내용 인식 추적 도구** ｜ 메뉴바의 [환경 설정 〉 기술 미리 보기]를 선택합니다. 그런 다음 [내용 인식 추적 도구 사용]에 체크하고 포토샵을 다시 시작합니다. 도구바에서 펜 도구의 하위 도구로 내용 인식 추적 도구가 추가되어 있습니다. 개체의 가장자리를 클릭해서 손쉽게 패스를 만들 수 있습니다.

2020 포토샵 2020 신기능 정리

클라우드 문서

클라우드 문서를 이용하면 작업 파일들이 포토샵 내의 어도비 클라우드에 저장되며 어디서든 포토샵에 로그인하여 해당 파일을 작업할 수 있습니다. 이 기능은 데스크톱과 아이패드용 포토샵에서도 동일한 방식으로 사용할 수 있습니다.

새로운 오브젝트 선택 도구

이미지에서 드래그한 영역을 분석하여 사용자가 선택하고자 하는 대상을 자동으로 선택해 줍니다.

개선된 속성 패널

문서, 픽셀 레이어 및 유형 레이어 등
에서 속성 패널을 이용해 보다 빠르게
더 많은 기능을 사용할 수 있습니다.

▲ 이전 속성 패널

개선된 속성 패널 ▶

고급 개체를 레이어로 변환

여러 개의 레이어로 만들어진 고급 개체를 보다 간편히 원래의 레이어로 되돌릴 수 있습니다(레이어 패널에서 고급 개체를 선택하고 마우스를 우클릭한 뒤 [레이어로 변환]을 클릭).

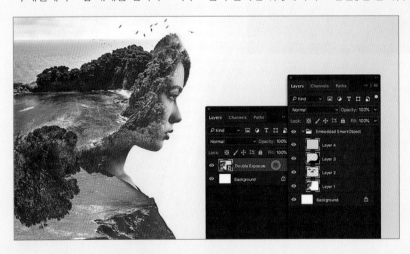

향상된 변형 뒤틀기

뒤틀기 도구에 더 많은 컨트롤이 탑재되어 원하는 곳 어디에나 제어점을 추가하여 더 자유로운 모양
으로 변형할 수 있습니다(메뉴바의 [편집 > 변형 > 뒤틀기]).

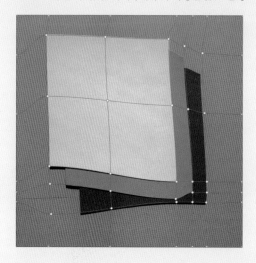

빠른 디자인을 위한 다양한 사전 설정 패널

좀 더 빠른 디자인 작업을 위해 그레이디언트, 모양, 패턴, 스타일 패널이 추가되었습니다. 메뉴바의
[창]에서 각각 선택하여 열 수 있으며, 클릭 한 번으로 원하는 그레이디언트, 모양, 패턴, 레이어 스
타일을 적용할 수 있습니다.

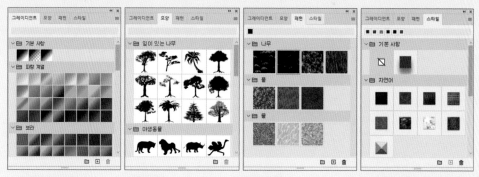

▲ 그레이디언트 패널   ▲ 모양 패널   ▲ 패턴 패널   ▲ 스타일 패널

찾아보기 _ □ ✕